Patrick Taylor

100 englische Gärten

Die schönsten Anlagen des „English Heritage Parks and Gardens Register“

FALKEN

ISBN 3 8068 4885 8

Originaltitel: One Hundred English Gardens

Übersetzung: Helmut Roß, Essen
Redaktion: René Zey, Frechen
Satz: Königsdorfer Verlagsbüro, Frechen
Schlußredaktion: Lars Iffland
Umschlagbilder: Vorderseite: The Garden Picture Library/Brian Carter; Rückseite: (oben links) National Trust Photographic Library/Andrew Lawson, (oben rechts) English Heritage/Stephen Robson, (unten links) English Heritage/Stephen Robson, (unten rechts) English Heritage/Clay Perry; Titelei: Clay Perry (S. 2–3), Stephen Robson (S. 3)

Gesamtherstellung: Falken-Verlag GmbH,
D–65527 Niedernhausen/Ts.

817 2635 4453 62

Danksagung

Beim Schreiben dieses Buchs haben mich zahlreiche Personen selbstlos und bereitwillig unterstützt. Besonderen Dank schulde ich den nachfolgend genannten Eigentümern der Gärten sowie Aufsichtspersonen, die mir wertvolle Informationen gaben oder mir erlaubten, ihre Gärten auch außerhalb der Öffnungszeiten zu besuchen:
Lady Ashcombe, Lord Feversham, Peter Frost-Pennington, Lord Gibson, Lord Ralph Kerr, Christopher Lloyd, Dr. Malcolm Parker, Earl of Sandwich, Lord Somerleyton, Victoria Wakefield und Rosamund Wallinger. Sehr geholfen haben mir die Mitarbeiter von English Heritage und des National Trust sowie die Redakteurinnen des Headline Verlags: Catriona Woodburn, Helen Huckle und Janet Ravenscroft. Meiner Frau Caroline bin ich für zahlreiche technische Hinweise sehr zu Dank verpflichtet.

Der Verlag dankt den Fotografen von English Heritage für die eigens für dieses Buch angefertigten Aufnahmen:
Christopher Gallagher: 34, 35, 52, 53, 60, 61, 70, 71, 86, 87, 94, 95, 116, 117, 120, 121, 132, 133, 164, 165, 188, 189, 198, 199, 210, 211; Paul Highnam: 104, 105; Anne Hyde: 10, 11, 58, 59, 62, 63, 80, 81, 96, 97, 100, 101, 102, 103, 128, 129, 134, 135, 146, 147, 158, 159, 168, 169, 178, 179; Marianne Majerus: 22, 23, 26, 27, 30, 31, 32, 33, 39, 40, 41, 44, 45, 56, 57, 66, 67, 68, 72, 73, 84, 85, 88, 89, 176, 177, 192, 193, 196, 197; Clay Perry: 12, 13, 18, 19, 50, 51, 54, 55, 92, 93, 108, 109, 110, 111, 118, 119, 124, 125, 126, 130, 131, 136, 137, 148, 149, 150, 151, 154, 155, 156, 160, 161, 162, 163, 166, 167, 170, 171, 180, 181, 186, 187, 208; Stephen Robson: 14, 15, 20, 21, 36, 37, 38, 74, 75, 78, 79, 112, 113, 122, 123, 140, 141, 142, 143, 144, 145, 152, 153, 174, 175, 182, 183, 184, 200, 201, 204, 205, 206, 207.
Folgende Einzelpersonen und Agenturen stellten freundlicherweise weiteres Bildmaterial zur Verfügung: English Heritage Photographic Library: (Paul Highnam) 209, (Kim Williams) 69. Garden Picture Library/Clive Boursnell 190–191. Lionel de Rothschild/ Clive Boursnell 30–31. National Trust Photographic Library: (Oliver Benn) 114–115; (Neil Campbell-Sharp) 25, 48–49, 106–107, 194–195, (Vera Collingwood) 91, (Jerry Harpur) 64–65, (David Hunter) 82–83, (Andrew Lawson) 16–17, 202–203, (Nick Meers) 47, 138–139, 157, 172–173, (Marianne Majerus) 99, (Derry Moore) 28–29, (Stephen Robson) 76–77, (Ian Shaw) 90, (Richard Surman) 127, (Robert Thrift) 43. S & O Mathews Photography: 185.

Inhalt

Einleitung

Dem sensiblen Betrachter mag die englische Landschaft als ein prächtig gewobenes Tuch erscheinen, auf dem die Parks und Gärten wie Perlen und Juwelen ins Auge fallen – Glanzlichter und Brennpunkte eines Grundmusters aus Städten, Dörfern, Feldern und Gehölzen. Die Naturanlagen gehören unverzichtbar zu diesem Muster, verschmelzen mit ihm und bilden einen unabtrennbaren Teil des Ganzen. In England ist die Neigung zum Gärtnerischen und zur Gestaltung der Landschaft extrem ausgeprägt. Jede Grafschaft besitzt ihre eigenen Kleinodien – von Cornwall bis Northumberland, von Shropshire bis Norfolk; und alle verdienen sie Lob und Anerkennung.

Die Tradition des Gärtnerns reicht bis ins biblische Paradies und den Garten Eden zurück. In England findet man zwar nur vereinzelt Gärten, deren Entstehung so weit zurückliegt, gleichwohl können die meisten Anlagen auf eine beeindruckende Geschichte verweisen. Gewiß waren sich bereits die Römer der Wonnen des Gärtnerns in England bewußt, was durch Ausgrabungen der Gärten von Fishbourne Palace belegt wird.

Die Gartenbaukunst der nachrömischen Zeit ist recht spärlich dokumentiert; ab dem Hochmittelalter jedoch findet man zahllose Belege, die einen ausgeprägten Drang zur Gartenentwicklung dokumentieren. Dieses Bestreben ist seither ungebrochen und führte zu einer großen Zahl von Parks und Gärten, die einen bedeutenden Teil des heutigen Kulturerbes verkörpern.

Die Erbauer der mittelalterlichen Castles setzten ihre Schöpfungen, denen man sich auf geschwungenen Zufahrten über erhöhten Fußwegen näherte, durch einen umlaufenden Wassergraben ab. Auch die großen Gotteshäuser wurden inmitten von Gärten und Obsthainen plaziert, die derselben Grundregel des Gärtnerns gehorchten wie die ihnen beigesellten Wildparks – der Kombination von Zweckmäßigkeit und Schönheit.

Die Gärten der Tudorpaläste bestanden aus ummauerten Parzellen mit erhöhten Spazierwegen und aus formalen Wassergärten, jenseits derer sich Park und Jagdrevier erstreckten. Im Laufe der Jahrhunderte wurde dann die Enge der ummauerten Parzelle durch ausgreifende geometrische Konzepte abgelöst; ausgehend von großzügigen Terrassen und Parterres legte man strahlenförmige, schnurgerade Reitwege in der agrarisch geprägten Landschaft an.

Noch später folgten Kurven und Serpentinen, und Pfade schlängelten sich durch Ziergärten aus immergrünen und blühenden Sträuchern. Die formalen Terrassen und Umfriedungen verschwanden, Trenngräben hielten Wild und Vieh maßvoll auf Distanz, und Rasenflächen schlossen zu den Häusern auf. Von den Wachhäuschen in den äußeren Parkmauern, die an die neuen Chausseen grenzten, wurden Zufahrten angelegt, die durch das Parkland führten. Die Gartenanlagen wurden mit Baumgruppen bepflanzt, um den Blick über die alten, nunmehr zu Seen vereinten Fischteiche und über den äußeren Schutzgürtel zu optimieren.

Schon bald jedoch kamen die Terrassen erneut in Mode und boten eine Plattform für das stark erweiterte Landhaus – einen mit farbenfrohen Blumenbeeten dekorierten Vordergrund mit Balustrade. Die Rasenflächen der zwischen Pinetum und Arboretum gelegenen Ziergärten wurden mit neu eingeführten Exoten versehen, und der Küchengarten wurde zum Brennpunkt neuer Techniken.

Das Gärtnern beschränkte sich jedoch keineswegs nur auf die ländliche Region. Die meisten Stadthäuser verfügten ebenfalls über Gärten, deren hohe Ziegelmauern Schutz, Wärme und Privatsphäre gewährten. Die zunehmende Landflucht ließ auch die Vorstädte anwachsen. Aufgrund der besseren Expansionsmöglichkeiten entstanden hier Villengärten mit formalen Terrassen und geschwungenen Wegen, die an blühenden Sträuchern und Solitärbäumen bis zu den Weiden und Teichen vorbeiführten.

Mit der Erfindung von Eisenbahn und Automobil kam das »kleine Landhaus« auf – von der Stadt aus leicht erreichbar, doch weit genug entfernt von der zunehmenden urbanen Betriebsamkeit, mit kaltgrünen, ebenen Rasenflächen, mit Terrassen, formalen Seerosenteichen und Staudenrabatten.

Die drückende Übervölkerung der Städte war Anlaß zur Schaffung repräsentativer Stadtparks mit prächtigen Fontänen und Beeten, Bowlingrasen, Teichen (mit angeschlossenem Bootsverleih) und Festpavillons. Als Kontrast zu diesen Anlagen, die vornehmlich dem Amüsement und der Zerstreuung dienten, schuf man bewußt Partien mit einem stilleren Flair und pflanzte düster wirkende Immergrüne, die an die Atmosphäre von Friedhöfen erinnerten.

Gebunden wohl in erster Linie an die Lage und Topographie, den vorhandenen Grund und den Bodentyp, verschmolz eine gärtnerische Mode mit der nächsten, und jeder Entwurf reifte mit der Zeit. Trends wurden dabei immer wieder von individuellen Interessen und der Exzentrik der Besitzer überlagert. Es ist diese Kontinuität und Vielfalt, die die englische Gartenhistorie derart bereichert.

English Heritage verfolgt die wichtige Aufgabe, dafür zu sorgen, daß unsere besten Gärten und Parks zur Erbauung und Schulung auch künftiger Generationen erhalten bleiben. Aus diesem Grund entstand das *Register of Parks and Gardens of Special Historic Interest in England*, eine Liste von Anlagen, die im nationalen Kontext von besonderem historischen Interesse sind. Das *Register* umfaßt derzeit etwa 1500 Stätten und wird im Zuge neuerer Erkenntnisse ständig überarbeitet und erweitert.

Die Aufnahme in das *Register* geht zwar nicht mit Kontrollen einher, wie sie für erhaltenswerte Gebäude oder Monumente üblich sind, dort eingetragen zu sein ist jedoch für die Praxis von großer Bedeutung. Wenn nämlich bei der zuständigen lokalen Planungsbehörde ein Antrag auf Entwicklung eines Parks oder Gartens gestellt wird, muß bei der Entscheidung berücksichtigt werden, ob die Anlage bereits als historisch interessant registriert ist. Die jüngsten Leitlinien der Regierung über das nationale Kulturerbe betonen die Bedeutung der Parks und Gärten als wichtigen Bestandteil der historisch gewachsenen Umwelt.

Zahlreiche Parks und Gärten laufen Gefahr, vernachlässigt zu werden. Viele unserer historischen Parks und Gärten in öffentlicher oder privater Hand leiden bereits heute darunter, daß es an Geld für die Wiederherstellung und Erneuerung ihrer Grundstruktur mangelt. Die 1987 durch die Sturmkatastrophe verursachten Schäden betonten diesen Umstand um so mehr. Kurz nachdem English Heritage ein Hilfsprogramm aufgestellt hatte, um die im Südosten Englands eingetretenen Schäden zu beseitigen, ereignete sich 1990 im Südwesten des Landes ein verheerender Sturm, der die Notwendigkeit und die Kosten einer Neubepflanzung dieser herrlichen Landschaften offenkundig machte.

English Heritage ist in der Lage, Gelder für die Erneuerung der historischen Struktur der im *Register* als besonders erhaltenswert aufgeführten Parks und Gärten zu gewähren. Die ornamentalen Bauwerke, wie wir sie in vielen unserer besten Gärten vorfinden, sind bereits für sich genommen ein Hort der Schönheit, wie etwa der mit Muscheln und Steinen versehene, aus dem 18. Jahrhundert stammende Shell Seat von Mount Edgcumbe. Wir sind uns bewußt, daß derartige Kostbarkeiten eine besondere Pflege und sorgfältige Restaurierung verdienen und haben daher Gelder für die Wiederherstellung von Gartenstrukturen und für Naturschutzflächen mit historischen Parks und Gärten ausgeschüttet.

Wir sind voller Hoffnung, daß der National Heritage Memorial Fund und der Millenium Fund mit Hilfe dringend benötigter Lotterieeinnahmen dazu beitragen werden, die bedrohten historischen Parks und Gärten zu retten.

English Heritage selbst hat die Verantwortung für einige prächtige historische Gärten übernommen: Osborne, Wrest Park, Audley End, Kirby Hall, Belsay und Brodsworth – um nur einige zu nennen. Für alle diese Stätten gibt es Programme, die darauf abzielen, die Gärten zum Wohle unserer zahlreichen Mitglieder und Besucher jetzt und in den kommenden Jahren lebendig zu erhalten.

Eines der attraktivsten Merkmale der historischen Parks und Gärten Englands besteht in ihrer Vielfalt in bezug auf Größe, Alter, Stil, Atmosphäre und Zweck. Jeder Garten hat seine eigene Geschichte, jeder ist für sich genommen und als Teil des Ganzen von Wert und Interesse, und jeder Gartenfreund findet hier seinen speziellen Favoriten. Auf den folgenden Seiten präsentiert Patrick Taylor eine persönliche Auswahl seiner Lieblingsgärten aus dem *Register of Parks and Gardens.* Durch ansprechende Fotos unterstützt, bietet er allen Interessenten von historischen Gärten und Parks – vor allem ausländischen Besuchern – einen reizvollen Einstieg, gibt mancherlei nützliche Anregungen und ruft uns, vermischt mit neuen Fakten, jene Gärten, die viele bereits kennen und lieben, ins Gedächtnis zurück.

Ich hoffe, daß Ihnen die Lektüre dieses Buchs Freude bereitet und Sie sich entschließen werden, mehr von Englands unermeßlichem Erbe, wie es seine historischen Gartenanlagen verkörpern, zu entdecken.

JOCELYN STEVENS
Chairman, English Heritage

Helmingham Hall

SUFFOLK

Die Zufahrt nach Helmingham Hall schlängelt sich durch einen alten Wildpark, in dem heute noch Rot- und Damwild grast. Viele der zahlreichen Eichen wurden im 13. und 14. Jahrhundert gepflanzt. Das Landhaus wirkt wie ein unverändertes Relikt aus der frühen Tudorzeit. Es ist romantisch von einem Graben umsäumt, aus feinem Ziegel erbaut und wartet mit zahlreichen Kaminen, Giebeln und dekorativen steinernen Kreuzblumen auf. Die Nachkommen der Familie Tollemache, die das Gebäude ab 1480 bauen ließ, leben noch heute dort. Die außergewöhnlichen Gärten verdanken wir in erster Linie den gegenwärtigen Eigentümern, Lord und Lady Tollemache.

In Helmingham trifft man nur andeutungsweise auf alte Gärten. Südöstlich des Herrenhauses führt eine um 1700 angelegte Eichenallee von den Eingangshäuschen quer durch den Wildpark zur Zugbrücke. Der 162 Hektar große Park wird erst im Jahr 1660 als Wildpark erwähnt. Eine berühmte alte Eiche nordwestlich des Herrenhauses wurde im frühen 19. Jahrhundert mehrmals von John Constable gemalt (»A Dell in Helmingham Park«). Eine Luftbildaufnahme aus dem Jahr 1949 zeigt sehr wenig von einem Garten, obwohl der südwestlich gelegene, von einem Wassergraben gesäumte, ummauerte Küchengarten auf dem Bild seine volle Pracht entfaltet.

Bis 1745, als dort Mauern errichtet wurden, schützte eine hölzerne Palisade diesen Inselgarten vor eindringendem Wild. Es gibt Anhaltspunkte dafür, daß der Garten womöglich bereits existierte, bevor das Haus gebaut wurde. Heute bilden die Insel und ein völlig neu angelegter Kräuter- und Knotengarten nordöstlich des Herrenhauses die wichtigsten Areale ornamentaler Bepflanzung.

Am Eingang zur Insel wurden ein altes Parterre und die umgebenden Beete in den 1960er Jahren erneuert. Die buchsbaumumsäumten Abteilungen des Parterres sind mit *Santolina incarna* bepflanzt; die Rabatten entlang der Mauern warten mit einer Sammlung hybrider Moschusrosen auf, die von der Mutter des gegenwärtigen Lord Tollemache angelegt wurde. Schmiedeeiserne Tore führen zum Gemüsegarten, dessen Hauptachse durch einige üppige Staudenrabatten verläuft. Mit Feuerbohne, Flaschenkürbis und Gartenwicke bepflanzte Querpfade bilden dekorative Vegetationstunnel. Hinter diesen Zierbeeten werden auch heute noch, wie früher in geachtelten Beeten, Obst und Gemüse angebaut.

Der Kräuter- und Knotengarten wurde 1982 auf einer bisher nicht als Garten genutzten Fläche angelegt. Eine entlang der Westseite verlaufende erhöhte Terrasse bietet einen Blick über Buchsbaumknoten. Sie sind mit Pflanzen gefüllt, die dort vor 1750 angelegt wurden. Ein Graspfad führt durch massierte Anpflanzungen von *Rosa gallica* 'Versicolor' (»Rosa Mundi«), hinter denen sich zahlreiche Alte Rosen in lavendelgesäumten Beeten befinden. Inmitten der Rosenbeete steht eine Statue der Flora, die – umgeben von goldenem Thymian, Narzissen und Madonnenlilien – Richtung Haus blickt.

Die prachtvoll angelegten und perfekt gepflegten Gärten von Helmingham nutzen die außergewöhnliche Lage auf das beste. Beide Ziergärten liegen auf einer Achse mit dem Haus, das somit nie aus dem Blick gerät.

LINKS: *Der Hauptpfad des von einem Wassergraben umgebenen ehemaligen Küchengartens wird von Staudenrabatten gesäumt.*

RECHTS: *Der Garten wurde erst in jüngerer Zeit ornamental bepflanzt. Zwei Staudenrabatten erstrecken sich vom Haus zu einem schmiedeeisernen Tor, das mit dem Tollemache-Emblem, ein die Pfeiler krönender geflügelter Pferdekopf, geschmückt ist.*

Wentworth Castle Gardens

SOUTH YORKSHIRE

LINKS: *Die Broad Avenue führt den Hügel hinauf zu einem Obelisken, der 1747 zum Gedenken an Lady Mary Wortley-Montagu errichtet wurde. Seit ihrer 1978 begonnenen Restaurierung präsentieren sich die Gärten mit zahlreichen Rhododendronarten.*

RECHTS: *Eine Seite des Lady Lucy's Walk, der zum Obelisken hinaufführt, ist von einer Lindenreihe gesäumt. Trotz der recht jungen Bepflanzung folgt die Allee der aus dem 18. Jahrhundert stammenden Grundanlage.*

Wentworth Castle entstand als Ergebnis der Rivalität zweier Zweige der Wentworth-Familie, die beide den vakanten Titel des Earl of Strafford für sich beanspruchten. Die unterlegenen Wentworths errichteten das in der Nähe gelegene, nicht minder glanzvolle Wentworth Woodhouse. Das Anwesen von Wentworth Castle hatte Thomas Wentworth (Lord Raby) 1708 von der Familie Cutler erworben. Stainborough Hall, das bereits vorhandene Haus, konnte jedoch den Ambitionen von Lord Raby nicht im entferntesten gerecht werden. So begann man gegen 1709 nach Plänen von Jean de Bodt mit der östlichen Erweiterung des Gebäudes. In den 1760er Jahren kamen einige südliche Anbauten im Stil des strengen Palladianismus hinzu, für die der Architekt Charles Ross verantwortlich zeichnete.

Mit der Erweiterung des Gebäudes entstanden entsprechend große Gärten. Ein Kupferstich von Kip aus dem Jahr 1714 zeigt einen Vorhof von der Breite der Ostfassade mit einem stufigen, achteckigen Wasserbecken in der Mitte. Dahinter verläuft eine großzügige Doppelallee, die exakt der Breite des Hauses entspricht. Im Süden liegen formale Parterres und im Westen einige Fußwege, die durch ein naturbelassenes, bewaldetes Areal führen. Ein Kupferstich von Badeslade aus dem Jahr 1739 präsentiert einige neue Entwicklungen. Auf dem Hügel hinter dem Haus erhebt sich Stainborough Castle, eine bemerkenswerte neogotische Narretei. Ebenfalls deutlich sichtbar sind die konvergierenden Alleen Lady Lucy's Walk und Broad Avenue, die den Hügel hinaufführen. In den 1750er Jahren entfernte der 2. Earl of Strafford Wasserbecken und Doppelallee und gestaltete die östlich des Hauses gelegenen Flächen im damals modernen naturalistischen Stil. Im 19. Jahrhundert gab es nördlich des Hauses ein prachtvolles Gewächshaus, einen großen Küchengarten und erlesene Blumenparterres.

Der letzte überlebende Wentworth veräußerte das Anwesen 1948 an den Barnsley Council, doch erst 1978 wurde dort ein Team von Gärtnern eingesetzt, nachdem Wentworth Castle Heimstatt des Northern College geworden war. Seitdem erfolgten vornehmlich an den Hangwaldungen westlich des Hauses weitreichende Neuanpflanzungen. Hier begegnen wir einer ausgezeichneten Sammlung

von Rhododendren (darunter auch die nationale Artensammlung innerhalb der *Falconera*-Gruppe), verschiedenen Arten des Himalaja-Scheinmohns (*Meconopsis*), einigen Magnolien und zahllosen asiatischen Primeln, die von dem feuchten, sauren Boden profitieren.

Grundlage dieser Pflanzenfülle und einer zunehmend informellen Gestaltung ist der Garten, wie er vor 250 Jahren existierte. An der Stelle des achteckigen Wasserbeckens befindet sich heute ein Parkplatz. Dort, wo sich die großen Parterres südlich des Hauses ausbreiteten, zeigt ein breiter Rasen deutlich den planierten Grund. Lady Lucy's Walk und Broad Avenue, die beiden durch spätere Bepflanzung aufgelockerten Alleen, laufen unverändert an den westlich des Hauses gelegenen Hängen aufeinander zu. Ihr Schnittpunkt wird durch den Obelisken (1747) von Lady Mary Wortley-Montagu markiert. Jenseits des Obelisken und eines Trenngrabens schweift der Blick hinab auf eine paradiesische Landschaft, die im auffälligen Kontrast zur im Osten verlaufenden Schnellstraße und dem auswuchernden Stadtrand von Barnsley steht. Am Ende einer Grasterrasse trifft der Besucher erneut auf Stainborough Castle.

Bowood House

WILTSHIRE

Bowood Park verkörpert ein anschauliches Beispiel für die wechselhaften Moden englischer Gartenbaukunst vom 18. Jahrhundert bis heute.

Als Teil eines alten Waldes im einstigen Besitz der altsächsischen Könige wurde »King's Bowewood Park« bis weit nach der normannischen Eroberung als königlicher Jagdgrund erhalten. Über einen dortigen Garten erfahren wir erstmals durch ein Gemälde des Hauses (um 1725), kurz nachdem es durch Sir Orlando Bridgeman errichtet worden war. Es zeigt einen ummauerten, nach Süden weisenden Vorhof. Hinter dem Haus erstreckt sich eine Allee durch sanft gewelltes Gelände mit einem ausgedehnten See.

Der 1. Earl of Shelburne, der das Anwesen 1754 erworben hatte, erweiterte das Gebäude und errichtete den ummauerten Küchengarten sowie einen Teil des Trenngrabens. Seine Witwe beauftragte Robert Adam 1761 mit dem Bau des Familienmausoleums, und sein Sohn (später der 1. Marquess of Lansdowne) ließ durch die Gebrüder Adam weitere Arbeiten an dem Haus ausführen.

Der 1. Earl of Shelburne sprach 1757 mit dem Landschaftsarchitekten Capability Brown über die Anlage eines Parks. Unsicher über die richtige Verwendung seiner Gelder, schrieb er seinem Sohn über die Begegnung mit Brown: »Was würde man geben, um die Folgen des Besuchs des berühmten Mr. Brown und die Früchte jener 30 Guineen zu erfahren, die ich ihm gab? Zwei Tage verbrachte er bei mir ... und 20mal versicherte er mir, daß er keine prachtvollere Stätte in England wisse als Bowood Park.« Brown begann seine Arbeit erst nach dem Tod des Grafen im Jahr 1761. Sein Plan, der heute noch vor Ort aufbewahrt wird, datiert aus dem Jahr 1763 und bezog sich vornehmlich auf die Anlage eines engschleifigen Sees am Fuß der östlich des Hauses gelegenen Hänge. Außerdem pflanzte er eine Unzahl von Bäumen und schuf Reit- und Spazierwege. Browns Park ist bis heute in einem tadellosen Zustand erhalten. Vom Haus aus zum See hinab gehend, bietet sich einer der herrlichsten Ausblicke, mit denen ein Landschaftspark aufwarten kann. Am jenseitigen Ufer steht ein kleiner dorischer Tempel. Er stammt wohl aus dem 18. Jahrhundert und wurde 1864 von den Ziergärten nördlich des Hauses an seinen gegenwärtigen Platz verlegt. In den Waldungen verborgen finden wir einen erlesenen, vielstufigen Wasserfall. An seinem Entwurf war in den 1780er Jahren offenbar Charles Hamilton beteiligt. Die Kaskade gehört zu einem großflächigen, für das späte 18. Jahrhundert typischen »pittoresken« Garten mit Felsen, Höhlen und einer Grotte. Diese wurden von Josiah Lane angelegt.

Der 1. Marquess besaß eine ausgeprägte Vorliebe für ungewöhnliche Bäume. Als J. C. Loudon die Gärten 1838 erblickte, schrieb er, daß »viele der vom ersten Marquess gepflanzten fremdländischen Bäume eine beträchtliche Größe erreicht (haben), insbesondere die Zedern und Tulpenbäume«. Die erste Chilefichte (*Araucaria araucana*) wurde 1828 gepflanzt – erst in den späten 1830er Jahren war diese Spezies überall im Handel erhältlich. Aus den ersten Samen, die von David Douglas im US-Bundesstaat Washington beschafft worden waren und 1827 in England eintrafen, wurde eine Gelbkiefer (*Pinus ponderosa*) gezogen. So entstand ein Vorläufer des für die vik-

RECHTS: *Der dorische Tempel am Ostufer des Sees wurde 1864 an diesen markanten Standort verlegt.*

LINKS: *Die Kaskade wurde um 1785 angelegt. Als Berater fungierte Charles Hamilton, dem wir Painshill verdanken. Der Entwurf der sich seitlich anschließenden Grotte stammt von Josiah Lane.*

torianischen Landsitze typischen Pinetum. Seit Mitte des 19. Jahrhunderts entstand in den Gehölzen um Adams Mausoleum ein beispielhafter Rhododendrongarten, wobei sich eine vorhandene Schicht aus fruchtbarem Grünsand als nützlich erwies.

Die Terrassen, die sich längs der großen, an erhöhter Stelle gelegenen Adam-Orangerie erstrecken, wurden vom 3. Marquess in Auftrag gegeben. Der Entwurf für die Upper Terrace stammt von Sir Robert Smirke, der für die 1851 vollendete Lower Terrace von George Kennedy. Die stark viktorianisch geprägten Terrassen werden heute durch Irische Eiben charakterisiert, die zwischen Rosenbeeten und Staudenrabatten stehen. Trotz seiner Größe wird Bowood durch den gegenwärtigen Earl of Shelburne tadellos bewirtschaftet.

Hidcote Manor

GLOUCESTERSHIRE

Vita Sackville-West betrachtete Hidcote als einen Cottage-Garten, dem ein besonderer Genius zu aristokratischem Rang verholfen habe; sie erkannte vermutlich als erste die Neuartigkeit dieses Gartentyps. Hidcote verkörpert in der Tat eine Pionierleistung und ist möglicherweise der einflußreichste Garten Englands im 20. Jahrhundert. Der Garten wurde als eine Abfolge von Räumen entworfen, deren atmosphärische Kontraste, erzielt durch ein eklektisches Spektrum dekorativer Stile, ein überaus wichtiges Element darstellen. Diese Mischung bietet den englischen Gärtnern bis heute eine unerschöpfliche Quelle der Inspiration.

Hidcote verdanken wir dem Amerikaner Lawrence Johnston, dessen Familie eine Vorliebe für Europa hatte. Er wurde 1871 in Paris geboren, hatte einen französischen Hauslehrer, konvertierte zum Katholizismus und absolvierte ein Geschichtsstudium am Trinity College in Cambridge. Johnston wurde 1900 britischer Staatsbürger und nahm als Kavallerist am Burenkrieg teil. 1907 erwarb seine Mutter für ihn ein Anwesen namens Hidcote Bartrim in einer entlegenen Ecke der Cotswolds. Einen eigentlichen Garten gab es dort nicht, wohl aber einige schöne alte Bäume wie etwa eine herrliche Libanonzeder und prächtige alte Rotbuchen. Zudem bot die erhöhte Lage manch schönen Blick über das Tal von Evesham. Johnstons Interesse galt zunächst der Landwirtschaft, doch nachdem er sich mit einigen passionierten Gärtnern in seiner Nachbarschaft angefreundet hatte, begann er mit der Anlage eines Gartens.

Über seine gärtnerischen Vorstellungen ist nichts Genaues bekannt. Wohl aber gibt es Anklänge an jene Formalität, mit der er aufgrund der Französischen Gärten vertraut gewesen sein mag. Auch Einflüsse aus dem Umfeld der Arts-and-Crafts-Bewegung sind sichtbar. Im Gegensatz zu diesen beiden Stilrichtungen stand jedoch ein reges und sehr originäres Interesse an Pflanzen, die er im Anschluß an Reisen nach Südafrika (1927) und China (1931) in großen Mengen einführte. Über ihren Besuch im Jahr 1947 schrieb Vita Sackville-West: »Dieser Ort ist ein Dschungel der Schönheit, ein Dschungel, der von einem einzelnen Geist kontrolliert wird.«

Wie Sissinghurst ist auch Hidcote ein Garten der Räume, doch die Grundanlage ihres Gartens in Sissinghurst war bereits abgeschlossen, bevor Vita Sackville-West Hidcote kennenlernte. Die von Johnston geschaffenen Räume zeigen auffallend unterschiedliche Eigenschaften und bieten eine Reihe von köstlichen Überraschungen. Am Garteneingang etwa verlieh er der bereits vorhandenen Gruppe prächtiger Rotbuchen (*Fagus sylvatica*) ein Umfeld, das alle Aufmerksamkeit auf sie konzentrierte. Die Bäume stehen auf einer leichten Erhebung, die er wie eine Bühne behandelte, indem er vor ihr einen breiten Rasen anlegte und das Ensemble mit Eibenhecken einrahmte. Johnston schuf außerdem ein Paar roter und purpurner Rabatten (Red Borders), die im Spätsommer und Herbst ihre volle Pracht entfalten und bei denen Farbe und Form des Blattwerks ebenso wichtig sind wie die Blüten. Am Ende der beiden Rabatten stehen zwei elegante Sommerhäuschen. Als Kontrast zum Überschwang der Rabatten erstreckt sich vom südlich gelegenen Haus wegführend eine lange Allee aus Hainbuchen (*Carpinus betulus*), die kurze Blicke auf die dahinter liegenden Ländereien zuläßt.

Die unterschiedlichen Gartenräume – einige von ihnen sind von feierlicher Schlichtheit, andere wiederum quellen vor großzügiger Zierbepflanzung über – verkörpern eine Reihe kontrastierender Intermezzi.

Die Rosenrabatten im Mai, mit verschiedenen Fliederarten zwischen den Eibensäulen und den purpurnen Köpfen des Zierlauchs Allium aflatunense, *der zwischen dem Blattwerk von Strauchrosen aufschießt.*

Bramham Park

WEST YORKSHIRE

Die Attraktivität von Bramham Park besteht in seinem prächtigen formalen Garten. Er stammt aus einer Zeit, als die traditionellen Gartenanlagen noch nicht die naturalistischen Landschaftsparks abgelöst hatten. Das klassizistische Haus aus cremefarbenem Sandstein wurde vor 1710 für Robert Benson, den späteren Lord Bingley, erbaut. Obwohl als möglicher Schöpfer mehrere Architekten erwähnt sind, geht der Entwurf höchstwahrscheinlich auf Benson selbst zurück. Sir Nikolaus Pevsner schrieb über Bramham: »Wenn Haus und Garten überhaupt als ein Ensemble anzusehen sind, so hier.« Auf einer Kavaliersreise dürfte Benson 1697 die Arbeit von André Le Nôtre in Frankreich gesehen haben. John Wood der Ältere, der große Architekt von Bath, war als junger Mann zwischen 1724 und 1725 in Bramham tätig; man nimmt an, daß er am Entwurf des Gartens beteiligt war. Doch auch dies ist eine bloße Vermutung, und Benson selbst kommt hierfür ebensogut in Frage. Sicher ist jedoch, daß Wood 1731 einen Plan des Anwesens veröffentlichte, der uns Informationen über dessen frühes Erscheinungsbild gibt.

Der Garten ist als Gitter aus langen, von Buchenhecken gesäumten Alleen angelegt, deren Schnitt- und Endpunkte durch Gebäude oder durch Ornamentik verziert werden. Ausgangspunkt für dieses auffällige Muster ist das Haus selbst, über dessen südwestliche Terrasse die Hauptblickachse verläuft. Beginnend bei einem 1760 von James Paine entworfenen, später in eine Kapelle umgewandelten Sommerhaus setzt sich die Hauptachse über ein sehr großes ornamentales Wasserbecken in Richtung auf einen kreisförmigen ionischen Tempel (vermutlich von James Paine) fort, um bei einem entfernt stehenden Obelisken ihren Höhepunkt zu finden. Die Gesamtdistanz dieses Durchblicks beträgt etwa 1600 Meter.

Unmittelbar vor dem Haus liegt an der Stelle eines alten Parterres im Südwesten ein moderner, formaler Rosengarten, hinter dem sich das komplexe Muster aus Buchenalleen erstreckt. Die ungewöhnlich hohen Hecken formen dramatische grüne Korridore. Der Besucher stößt auf eine weitere Blickachse, die über ein formales Wasserbecken und einer Freifläche mit einem neogotischen Tempel verläuft; der Entwurf dafür wurde der Vorlagensammlung *Gothic Architecture* (1742, Batty Langley) entnommen. Das sanft gewellte Land wird an der südwestlichen Gartengrenze durch einen Mauerwall erhöht, wodurch sich prächtige Blicke auf die umgebende Landschaft bieten. Obwohl diese Anlage deutlich durch die französische Gartenbaukunst des Barock inspiriert wurde, besitzt sie eine Verspieltheit und Unregelmäßigkeit, an der man in Frankreich keinen Gefallen gefunden hätte.

Die Nachfahren von Lord Bingley, die heute in Bramham leben, machen den Park, der vom Wandel der Zeit fast unberührt blieb, regelmäßig der Öffentlichkeit zugänglich.

Die zwischen 1700 und 1710 geschaffenen Obelisk Ponds sind Teil einer langen Blickachse. Sie endet bei einem Obelisken, der 1600 Meter vom Haus entfernt steht.

RECHTS: *Der Schnittpunkt der Buchenalleen wird durch eine Steinvase aus dem frühen 18. Jahrhundert markiert.*

Hestercombe House

SOMERSET

Diese Gärten wurden von Gertrude Jekyll und Sir Edwin Lutyens kurz vor dem Ersten Weltkrieg entworfen. In einer seltenen Eintracht arbeitete Lutyens hier als Architekt mit seiner Partnerin zusammen, die für die Pflanzen zuständig war. Ihre Ideen wurden zu einem Wesenselement der Gartenarchitektur, die Lutyens' Entwürfe kongenial ergänzten.

»Hestercombe Gardens«, so Lutyens' Biograph Christopher Hussey, »stehen für den Höhepunkt der Zusammenarbeit mit Miss Jekyll, als er ihre Genialität erstmals für einen klassischen Gartenentwurf in großem Maßstab nutzte.« Das Anwesen hatte Viscount

Im Dutch Garden stehen gelungene Kopien von Pflanzkübeln, die von Lutyens entworfen wurden. Die von Wollziest (Stachys byzantina) *gesäumten Beete sind abwechselnd mit Katzenminze, Lavendel und Heiligenkraut bepflanzt, bereichert mit Rosen und den cremeweißen Blüten von* Yucca gloriosa.

Portman seinem Enkel E. W. B. Portman zum Hochzeitsgeschenk gemacht, der Lutyens 1903 mit der Anlage eines neuen Gartens beauftragte. Die erlesene Lage bot wunderschöne Blicke über Weiden und Parkland in Richtung auf das Vale of Taunton und die Blackdown Hills. Bedauerlicherweise hatte Lord Portman das bisherige Gebäude zu einem Haus von viktorianischer Plumpheit umbauen lassen. Lutyens entschloß sich daher, den Garten so anzulegen, daß das Haus kaum sichtbar wurde und sich alle Blicke nach außen auf die idyllische Landschaft konzentrierten. An einigen südlich des Hauses gelegenen Hängen schuf er ein weitgehend symmetrisches Arrangement mit einer zentralen quadratischen Fläche, flankiert von langen, erhöhten Terrassen. Sie waren in der Mitte mit schmalen, in das Steinpflaster geschnittenen Rillen versehen.

Von einem Laubengang aus, der an seiner südlichen Grenze über die gesamte Breite des Gartens verläuft und die an den Enden der

Rillen gelegenen Wasserbecken verbindet, konnte der Besucher Blicke auf Garten und Landschaft werfen.

Der Reiz von Hestercombe liegt in der subtilen Verknüpfung der unterschiedlichen Ebenen, den wechselnden Aussichtspunkten und vor allem in der harmonischen Auswahl von Bepflanzung und Baumaterial. Der lokale Schiefer (»Morte«) ändert seine Farbe mit den Launen des Wetters vom düsteren Grau bis zum leuchtenden Grün. Als harmonisierendes Bindeglied benutzte Lutyens die ortstypische Trockenmauer. Dieses Stilelement setzte er bei Grenzmauern, Bepflasterung, Säulen und Terrassen ein. Für ornamentale Details von Nischen, Balustraden, geschnittenen Masken und der alles krönenden Orangerie wählte er den lohfarbenen Hamhill-Stein.

Lutyens' große Sorgfalt bei der Auswahl lokaler Materialien erzeugt eine willkommene Vielfalt. Die Stufen bestehen aus blauem Lias, die Mauern aus einfachem Hamhill-Stein und die Balustrade ebenfalls aus – diesmal jedoch fein geschnittenem – Hamhill.

Die Bepflanzung hat einen sowohl verstärkenden als auch mildernden Effekt auf die Architektur – so etwa wird einer der größeren Durchlässe von einem Paar Myrten (*Myrtus communis*) flankiert. Die Auswahl der Pflanzen ist durchweg auf die Lage abgestimmt. Beispielsweise wird ein gut entwässertes Sonnenbeet oberhalb eines terrassierten Weges von graublättrigen Pflanzen mit mediterranem Charakter wie etwa Zistose (*Cistus*), Zypressenkraut (*Santolina chamaecyparissus corsica*) und Rosmarin dominiert.

Hestercombe erlebte seinen Höhepunkt zwischen 1914 und 1945. Im Zweiten Weltkrieg von der amerikanischen Armee besetzt, wurde das Anwesen nach dem Krieg stark vernachlässigt und vom Somerset County Council aufgekauft, der 1973 damit begann, den Garten anhand historischer Aufzeichnungen genaustens zu restaurieren.

Borde Hill

WEST SUSSEX

In manchen Regionen Englands haben Böden und Klima einen besonders starken Einfluß auf den gärtnerischen Stil. In diesem Teil von Sussex ist der Boden entweder kalkfrei oder stark sauer, der Niederschlag ist vergleichsweise gering, und die Sonne scheint meist länger als anderswo in England. Dies begünstigte die Kultivierung von kalkfliehenden und empfindlichen Sträuchern, speziell Rhododendren, von denen Sussex einige ausgezeichnete Sammlungen hat.

Das alte, aus der spätelisabethanischen Zeit stammende Haus besitzt einige schöne Interieurs aus dieser Epoche. Sein äußeres Erscheinungsbild datiert jedoch weitgehend aus dem frühen 20. Jahrhundert, als es von Colonel Stephenson Clarke umgebaut wurde, der das Anwesen 1892 erworben hatte. Über die frühe Geschichte des Gartens ist nichts überliefert. Seine heutige Attraktivität verdankt er der von Clarke begonnenen Pflanzensammlung. Clarke war einer jener Gentleman-Gärtner, der die um die Jahrhundertwende beliebten Pflanzenexpeditionen finanziell unterstützte. Viele der Bäume und Sträucher von Borde Hill wurden aus Wildsaaten gezogen, einige resultieren aus den erstmals nach Europa gelangten Samen. Derartige Wildzuchten sind durchaus sinnvoll, da Samen, die in der künstlichen Gartenumgebung gewonnen werden, oftmals durch andere Pflanzenarten befruchtet werden, dadurch wird die wahre Identität der Pflanze verwässert.

Trotz einiger schöner Rabatten in der Nähe des Hauses und eines formalen Rosengartens verkörpert Borde Hill im wesentlichen einen Waldgarten, der angelegt wurde, um die Pflanzen in einer mehr oder weniger natürlichen Umgebung zu zeigen, wobei man sich in den einzelnen Bereichen auf bestimmte Pflanzengruppen konzentriert. Den Liebhaber von Raritäten erwarten gleich hinter dem Eingangshäuschen *Emmenopterys henryi* – mit den Worten seines Entdeckers, E. H. Wilson, »einer der auffallend schönsten Bäume der chinesischen Wälder«. Dieses spezielle Exemplar wurde 1928 gepflanzt und aus Samen gezogen, die ein weiterer großer Pflanzensammler, George Forrest, in Südwestchina sichergestellt hatte. An einer Seite des ummauerten Gartens steht eine prächtige alte *Magnolia delavayi* – nach W. J. Bean »das schönste aller immergrünen Blütengehölze«. Von Père Delavay 1886 in Yünnan entdeckt, blühte dieser Baum im Westen erstmals 1908 in den Kew Gardens. Das prächtige Exemplar von Borde Hill wurde bereits 1910 gepflanzt.

In Borde Hill entstanden Camellia 'Donation' und 'Salutation'. Eine ausgezeichnete Sammlung von Rhododendren enthält zahlreiche seltene Arten und höchst dekorative Sorten wie die Knap-Hill-Azaleen. Eucryphia, prächtige Stuartia, eine erlesene Sammlung von Hickorynußbäumen, zahlreiche Magnolien und unzählige weitere Holzgewächse sind ebenfalls vertreten. Die Gärten wurden 1987 durch den verheerenden Sturm stark in Mitleidenschaft gezogen. Daß dennoch so viel Schönes und Interessantes erhalten blieb, läßt erahnen, mit welch reicher Vielfalt der Garten vorher aufzuwarten wußte.

OBEN: *Penstemon säumt den Bride's Pool, der südliche Ausblicke über bewaldetes Parkland bietet.*

RECHTS: *Der Long Walk mit Fächerpalmen* (Trachycarpus fortunei) *hinter Dahlia 'Bishop of Llandaff'*.

Montacute House

SOMERSET

Das Magazin *Country Life* schwärmt 1898: »Dieser Garten in Somerset atmet den Geist seiner Zeit. Er verkörpert alle guten Elemente der alten Gartenwelt und ist ein wertvolles Exempel für die sonnige Glorie des althergebrachten Lustgartens.« In Montacute haben Garten und Haus in der Tat ihren traditionellen Charakter weitgehend erhalten und zählen sicherlich zu den schönsten Ensembles in England. Als Pevsner schrieb »für manche bleibt Montacute das liebenswerteste aller elisabethanischen Häuser«, muß er sich selbst zu diesen Personen gezählt haben. Das Gebäude wurde in den letzten Jahren des 16. Jahrhunderts für Sir Edward Phelips errichtet, einen Anwalt, der später Parlamentarier wurde und am Königshof einträgliche Posten bekleidete. Das in Form eines E angelegte Gebäude hat holländische Giebel und eine Dacheinfassung voller Kreuzblumen (aus goldfarbenem Hamhill-Stein). Terrassen, Balustraden und Belvederes zieren den Garten. Gerard erwähnt 1630 »große, geräumige Höfe, Gärten, Obsthaine und einen Park«.

An der Westseite wurde 1787 ein neuer Eingang geschaffen, wodurch der exquisite East Court mit seinen Balustraden, erlesenen Kreuzblumen und den mit Glockendächern versehenen Belvederes als Garten nutzbar wurde. Als William Phelips 1845 Ellen Helyar aus dem nahegelegenen Coker Court heiratete, brachte seine Braut mit Pridham einen ausgezeichneten Gärtner mit in die Ehe. Unter seiner Federführung wurde der West Drive mit einer Allee aus Irischen Eiben (*Taxus baccata* 'Fastigiata'), diversen Libanonzedern (*Cedrus libani libani*) und Riesenmammutbäumen (*Sequoiadendron giganteum*) verschönert. Zu Pridhams Zeiten wurde außerdem der nördliche Garten neu bepflanzt und der elisabethanische Wall durch eine zentrale Fontäne und prachtvolle Parterres ersetzt. Bis zum Jahr 1898, als der Garten in *Country Life* beschrieben wurde, waren drastische Vereinfachungen erfolgt, die dem heutigen Erscheinungsbild weitgehend entsprechen: ein Wasserbecken mit Balustrade in der Mitte eines abgesenkten Rasens, umgeben von Terrassen mit geformten Eiben.

Ein Aquarell von G. S. Elgood aus dem Jahr 1886 zeigt einige Rabatten vor der nach Süden weisenden Mauer des östlichen Vorhofs. Krautige Pflanzen, mit Sonnenblumen und scharlachroten Zinnien, überwiegen darauf. Die Rabatten wurden in den 1950er Jahren nacheinander von Vita Sackville-West (die ihre Flitterwochen in Coker Court verlebte und deren Arrangement man als für den Stein zu blaß einschätzte) und von Phyllis Reiss, die aus einem in der Nähe gelegenen distinguierten Haus (Tintinhull) stammte, neu bepflanzt. Sie wählte ein sehr farbenfrohes Arrangement mit Einsprengseln von *Cotinus coggygria* 'Royal Purple', tiefrotem Penstemon, Salbei und Kissen aus *Clematis recta* und *Thalictrum flavum glaucum*. Eine ebenfalls gelungene Erweiterung aus diesem Jahrhundert ist eine mit *Hosta fortunei* var. *hyacinthina* unterpflanzte Strauchrosenrabatte nördlich der Terrasse; sie trennt den östlichen Vorhof vom Senkgarten.

Dieser in den späten 1940er Jahren von Vita Sackville-West und Graham Stuart Thomas entworfene Gartenteil vermischt Rosenarten wie *R. glauca* und *R. moyesii* mit alten Sorten wie *R.* × *alba* 'Alba Maxima' und *R. gallica* var. *officinalis*, die man nachweislich bereits in jener Zeit kultivierte, als das Gebäude errichtet wurde.

Die Familie Phelips verweilte auf Montacute, bis ihr gegen Ende des 19. Jahrhunderts das Geld ausging. Das Haus wurde an Lord Curzon verpachtet, der seine Geliebte – Elinor Glyn – dort einquartierte.

Nächster Eigentümer war der zurückgezogen lebende Millionär Ernest Cook (mit den Betreibern der Reiseagentur Thomas Cook verwandt), der sich die Rettung historischer Gebäude zum Hobby auserkoren hatte. Seit langem seines ursprünglichen Mobiliars entledigt, ging das Haus 1931 als Geschenk an den National Trust über.

Im East Court wird die Wirkung der farbenfrohen Rabatten durch den goldbraunen Hamhill-Stein verstärkt. Das leuchtende Gelb der Goldgarbe kontrastiert mit den düster-violetten Blättern von Sauerdorn und Perückenstrauch.

Penns in the Rocks

EAST SUSSEX

Manche Gärten sind nach innen gekehrt und beziehen sich nur auf das Haus, das sie umgeben. Andere wiederum – Penns in the Rocks ist hierfür ein hervorragendes Beispiel – besitzen eine bemerkenswerte Lage, die ihre Form aus sich heraus beeinflußt. Im hiesigen Landstrich The Weald, an der Grenze von Sussex und Kent, findet man noch zahlreiche Landschaften von beeindruckender Schönheit. Am Rand des alten Ashdown Forest schaut man von kehrte sie mit ihresgleichen, unter ihnen auch Vita Sackville-West, mit der sie die Passion für das Gärtnern verband. Diese Region ist stark von der berühmten Autorin geprägt: Vita Sackville-West ist in der Sackville Chapel der St. Michael's Church im nahegelegenen Withyam bestattet. Auf einer zur Südseite des Hauses weisenden Erhebung ließ Lady Dorothy einen Tempel zum Gedenken an »die Poeten mit einer Liebe für die Penns« errichten, unter ihnen W. B. Yeats. Ein Graspfad führt durch

Penns in the Rocks auf eine hügelige, gehölzreiche Landschaft hinab. Der Name geht auf William Penn zurück, der im späten 17. Jahrhundert hier lebte. Die »Felsen« sind noch vorhanden – Sandstein, der südlich des Hauses aus dem Boden zu wachsen scheint und in auffälligem Kontrast zur georgianischen Fassade (um 1730) des Gebäudes steht.

Über die Geschichte des Gartens weiß man kaum etwas. Dorothy Wellesley, deren Gatte später der 7. Duke of Wellington wurde, erwarb das Anwesen 1928. Als Dichterin verHaine aus süß duftendem *Rhododendron luteum* zum Tempel hinauf. Eine hinter dem Tempel befindliche Eichenlichtung füllt sich im Frühling mit Gelber Narzisse (*Narcissus pseudonarcissus*).

Östlich des Hauses wandelte Lady Dorothy einen ummauerten Küchengarten in einen Ziergarten um. Dieser wurde von den jetzigen Eigentümern, Lord und Lady Gibson, die von Lanning Roper beraten wurden, zu einem reichen Blumengarten umgestaltet, der Formbewußtsein und Überschwang miteinander ver-

OBEN: *Im ummauerten Garten wird eine zentrale Allee aus 'Conférance'-Birnen durch dekorative Intermezzi verziert – buchsgesäumte Parterres sind mit Lavendel und Heiligenkraut gefüllt, aus deren Mitte sich Buchskuppeln erheben.*

LINKS: *Die Felsen, denen das Anwesen seinen Namen verdankt, scheinen förmlich aus der Erde zu wachsen. Ihre eindrucksvolle natürliche Gestalt ergibt einen prächtigen Kontrast zu der eleganten Fassade des Gebäudes.*

eint. Neben der zentralen Allee aus 'Conférance'-Birnen liegen auf jeder Seite drei Beete mit je drei Birnbäumen. Sie sind mit *Rosa rugosa* 'Fru Dagmar Hastrup' unterpflanzt, die den ganzen Sommer lang ihre hellrosafarbenen Einzelblüten zeigen. Die Zwischenräume werden durch zwei Paar rechteckiger Beete eingenommen, die – buchsgesäumt – mit Lavendel und Heiligenkraut gefüllt sind und durch Buchskuppeln gleichsam gekrönt erscheinen. Die Mauerrabatten sind kräftig bepflanzt; die Grasflächen werden durch Solitärbäume aufgelockert. Hier stoßen wir auf eine prächtige *Styrax japonica* und etwas jüngere *S. hemsleyana* und *S. obassia.* Diese Kombination aus konsequentem Entwurf, erlesenen Pflanzen und reichbesetzten Rabatten verkörpert wohl *den* englischen Gartenstil der zweiten Hälfte dieses Jahrhunderts. Obwohl der Raum durch verlängerte Alleen optisch mit dem übrigen Garten verbunden ist, erinnert er stark an den *giardino segreto.*

Das Wesen von Penns in the Rock versteht man am besten, wenn man sich mit dem Rücken zur Südfassade des Hauses stellt. Zur Rechten bieten sich hinter einer imposanten Libanonzeder exquisite Blicke auf altes Waldland und einen Tempel, der in größerer Entfernung am jenseitigen Ufer eines Sees steht. Zur Linken finden sich in Richtung auf den ummauerten Garten Anzeichen für eine eher exotische Bepflanzung mit einigen schönen Solitärbäumen. Wer nach vorn schaut, wird den pikanten Kontrast zwischen den urwüchsigen Felsen und dem luftigen Temple of Friendship von Lady Dorothy bemerken.

Tatton Park

CHESHIRE

Nur sehr wenige Gärten sind derart abwechslungsreich und interessant wie Tatton Park. Zwar ließen sich die Egertons bereits im 16. Jahrhundert in Tatton nieder, doch das heutige klassizistische Herrenhaus wurde erst ab etwa 1790 durch Samuel Wyatt erbaut und ab 1807 von seinem Neffen Lewis Wyatt vollendet. 1958 überließen die Egertons das Anwesen dem National Trust.

Die erste bekannte gärtnerische Aktivität datiert aus dem Jahr 1737, als eine Buchenallee angelegt wurde, die schnurgerade von Knutsford zum Herrenhaus führt. 1768 bat man William Emes, dessen Arbeiten sich auf das englisch-walisische Grenzland konzentrierten, einen Park zu entwerfen. Zwischen 1791 und 1792 erstellte Humphry Repton ein Verzeichnis (»Red Book«) der geplanten Verbesserungen. Er machte sich vor allem Gedanken darüber, wie sich der Besucher einem großen Haus nähern solle. Anstelle der von ihm vehement abgelehnten Allee schlug er die noch heute vorhandene, geschwungene Zufahrt vor, die an markanter Stelle einen attraktiv eingerahmten Blick auf das Haus am jenseitigen Ufer eines Sees (Tatton Mere) bot. Repton schrieb in seinem »Red Book«: »Besonders wünschenswert ist es, das Haus in gefälliger Lage erstmals zu präsentieren, und zwar nach Möglichkeit auf einmal und nicht stückweise.« Lewis Wyatt entwarf 1818 eine große Orangerie, in der noch heute Zitrusfrüchte gezogen werden. Sie beherbergt dekorative tropische und subtropische Pflanzen wie Mimosen (*Acacia dealbata*), Bougainvillea und Tibouchine (*Tibouchina urvilleana*). Im 19. Jahrhundert wurde die Orangerie mit dem Haus verbunden und als blumenreicher Salon genutzt. Ein der Öffentlichkeit zugängliches, ebenfalls besonders interessantes Gewächshaus ist die in den 1850er Jahren nach Plänen von Sir Joseph Paxton errichtete Fernery, auch Palm House genannt. In naturalistischer Weise bepflanzt, besitzt sie einen sich zwischen Felsen windenden Pfad, über dem Baumfarn (*Dicksonia ant-*

arctica) wächst. Paxton entwarf darüber hinaus ein spektakuläres Parterre für den sich südlich an das Herrenhaus anschließenden Italienischen Garten, der 1986 anhand alter Fotografien restauriert wurde und konsequent jeweils im Frühling, Sommer und Herbst saisonal bepflanzt wird.

Derartige komplizierte Pläne waren im späten 19. Jahrhundert üblich, werden heute jedoch aufgrund des großen Arbeitsaufwands nur selten realisiert. Im Zentrum des Italienischen Gartens steht ein steinerner Triton – von Lord Egerton 1920 aus Venedig mitgebracht –, der Wasser aus einer Muschel versprüht.

Die südlich des Hauses auf wellenförmigem Terrain liegenden Gärten werden zunehmend informeller. Auf Grasflächen wachsen Bäume und Sträucher. Ein gerader Weg führt durch Waldland zu einer aus dem frühen 19. Jahrhundert und von William Cole stammenden Kopie des Lysikrates-Denkmals. Neben dem Weg erstreckt sich ein komplexes Seenmuster. An einer schattigen, abgeschiedenen Stelle stößt man auf einen bezaubernden Japanischen Garten. Auf einer nahen Insel steht ein aus Japan stammender Shinto-Tempel.

Tatton Park liegt in einer der am dichtesten besiedelten Regionen Englands. Vom Cheshire County Council auf hohem Standard unterhalten, ist er für die unterschiedlichsten Besuchergruppen von hohem Unterhaltungswert, da er die Attraktionen eines öffentlichen Parks mit gärtnerischem Raffinement vereint.

Der Japanische Garten im Frühling – mit frischem Ahorn-Blattwerk und den leuchtenden Farben des Rhododendron. Er wurde von japanischen Gärtnern geschaffen, als diese europäische Mode um 1910 ihren Höhepunkt erreichte.

Exbury House

HAMPSHIRE

Die Gattung der Rhododendren umfaßt mehr als 1000 verschiedene Arten, die überwiegend im Südwesten Chinas entdeckt wurden. Neben Habitus und Größe sind auch Wachstum, Blütenfarbe und Blattgestalt höchst unterschiedlich. Die ersten Rhododendren (*R. arboreum* und *R. barbatum*) gelangten im frühen 19. Jahrhundert in englische und vor allem schottische Gärten. Um die Jahrhundertwende ereignete sich dank der Aktivitäten von Père Delavay, Abbé David, George Forrest, E. H. Wilson und Frank Kingdon-Ward ein enormer Zuwachs der Neuzugänge. Es ist eine Merkwürdigkeit der Natur, daß die weitgehend aus der Himalaja-Region stammenden Rhododendren in den gemäßigten, meist küstennahen Teilen Großbritanniens eine Umgebung fanden, in der sie besser gedeihen als anderswo außerhalb ihres ursprünglichen Lebensraums. Die Pflanzen übten einen starken Einfluß auf den gärtnerischen Stil aus, indem sie im 19. Jahrhundert eine Vorliebe für Waldgärten erzeugten, mit denen eine idealisierte Naturlandschaft geschaffen werden sollte.

Die von Lionel de Rothschild ab 1919 angelegten Gärten von Exbury entstanden in der letzten Phase der großen Zeit der Pflanzensammler. Zwischen den Kriegen gelangen vor allem Frank Kingdon-Ward, von Lionel de Rothschild eifrig unterstützt, einige hervorragende Neueinführungen.

Exbury besitzt eine Lage, die für einen Waldgarten vorzüglich geeignet ist – im Westen am Ufer des Beaulieu River und im Süden entlang des Solent verlaufend. Hier herrscht ein recht mildes Klima, und trotz der nicht besonders hohen Regenmengen erhalten die Rhododendren dank der Nähe der Flüsse und des Meeres genügend Feuchtigkeit. Der saure Boden ist reich an altem Mulch und verläuft angenehm wellenförmig.

Lionel de Rothschild, der damals dem Bankunternehmen seiner Familie vorstand, machte sich mit erstaunlicher Energie und beträchtlichen Ressourcen an die Schaffung seines Gartens. Er rekrutierte 150 Männer, die den Boden zwei Spaten tief umgruben und dann Torf untermischten – eine Arbeit, die zehn Jahre in Anspruch nahm. Rothschild hatte bereits im Londoner Gunnersbury Park, dem Anwesen seiner Eltern, mit der Züchtung neuer Rhododendren zu experimentieren begonnen, und genau durch diese Aktivität wurde Exbury später berühmt: Es entstand eine schier unerschöpfliche Menge neuer, gartenwürdiger Pflanzen, die mit verblüffender Regelmäßigkeit von der Royal Horticultural Society ausgezeichnet wurden. Rothschild interessierte sich jedoch noch für viele andere Gehölzarten (Beispiele finden sich bis heute überall in dem Garten) und begann ein – nicht mehr bestehendes – Arboretum, in dem jede im gemäßigten Klima überdauernde Baumart vertreten sein sollte.

Die Gärten von Exbury zeigen sich heute in einem prächtigen Zustand der Reife. Lionel de Rothschilds Sohn Edmund konnte die Familientradition der Züchtung neuer, preisgekrönter Pflanzen fortführen. Dank der gründlichen Vorbereitung des Bodens kann der heutige Besucher einen außergewöhnlichen und außergewöhnlich attraktiven Garten erleben und auf einer Fläche von über 80 Hektar viele vergnügliche Stunden verbringen. Rhododendren mit ihren leuchtenden Farben sind vermutlich in solch großzügiger naturalistischer Umgebung am besten aufgehoben – flüchtig aus der Ferne erblickt oder vom Morgennebel umhüllt, zeigen sie den wahren Charakter der ursprünglichen Wildformen.

Eine elegante kleine japanische Brücke überspannt einen Wasserlauf. Das Blattwerk des Japanischen Ahorns erzeugt einen dunklen Kontrast zu den kräftigen Farben immergrüner Azaleen.

RECHTS: *Im Frühling erhalten die Farben der blühenden Azaleen eine außergewöhnliche Intensität – noch verstärkt durch die traumhaften Spiegelungen.*

Hever Castle

KENT

Hever Castle ist in Wahrheit ein befestigtes Herrenhaus mit starken, pechnasenbewehrten Türmen auf einer Seite. Dahinter befindet sich ein eher ländliches Gewirr von Gebäuden, die sich um einen Hof gruppieren. Das Anwesen stammt weitgehend aus dem 15. Jahrhundert, als es von der Familie Bullen – oder Boleyn, zu der auch Anna, eine der Frauen Heinrichs VIII., gehörte – umgebaut wurde. Über den Garten wurde erstmals etwas bekannt, als William Waldorf Astor, der amerikanische Zeitungstycoon, das Anwesen 1903 erwarb und gefühlvoll restaurierte. Pevsner schrieb: »Nirgendwo sonst zeigt sich edwardianisches Kunsthandwerk mit extravaganterer Verve, ohne jedoch das mittelalterliche Interieur zu beeinträchtigen.« Obwohl er den sicherlich grandiosesten Entwurf der edwardianischen Periode verkörpert, präsentiert sich der Garten als attraktive Mischung aus Empfindsamkeit und Pracht.

Im Italienischen Garten verbindet ein Achsenkreuz die Pompejische Mauer mit dem Pergola-Garten und seinen römischen Statuen. Diese stehen – einander zugewandt – an den Enden eines Eibenkorridors.

Mit Ausnahme der nördlich gelegenen Flußschleifen des Eden besitzt der flache Grund keine besonderen Lagen oder Aussichten. Die Gärten wurden zwischen 1904 und 1908 von Joseph Cheal und Sohn errichtet, wofür über 1000 Männer angestellt wurden. Neben dem Festungsgraben entstand ein modischer Garten mit einem Labyrinth aus Eibenhecken und Tierfiguren – ebenfalls aus Eibe. W. W. Astors Vision nahm jedoch im Italienischen Garten östlich des Castle Formen an. In den 1880er Jahren als amerikanischer Gesandter in Rom tätig, hatte er sich eine Sammlung von römischen Antiquitäten und Renaissance-Statuen zugelegt, die nun im Italienischen Garten eine passende Umgebung finden sollten.

Der Italienische Garten wurde als Rahmen für William Waldorf Astors Sammlung klassischer Antiquitäten konzipiert. Die nach Süden ausgerichtete »Pompejische Mauer« vermittelt ein mediterranes Ambiente. Ihre einzelnen Abteilungen sind verschiedenartig bepflanzt.

Dieser ummauerte Raum wird hier und da von Eibenhecken unterteilt, wobei sich die sogenannte »Pompejische Mauer« über die gesamte Länge der nach Süden weisenden Außenwand erstreckt. Bei der durch Bögen und Leibungen aufgelockerten Mauer finden sich prachtvolle römische Säulenbüsten, Sarkophage, Tierfiguren und weitere Skulpturen, mit Kletterpflanzen an den Wänden im Hintergrund und vereinzelten Blütensträuchern. Die Südlage und der Schutz durch die Mauern erzeugen ein mediterran anmutendes Mikroklima, für das eine passende Bepflanzung gewählt wurde: Weinreben (sowohl *Vitis vinifera* als auch die hochdekorative, purpurblättrige Sorte *V. v.* 'Purpurea') und empfindliche Pflanzen wie Indigofera und das brasilianische *Abutilon megapotamicum*. Eine Bepflanzung ganz anderen Charakters findet man auf der entgegengesetzten Seite des Italienischen Gartens, wo einige künstliche, schattenreiche Grotten mit Astilben, Farn, Hosta und zahlreichen anderen, Feuchtigkeit und Schatten liebenden Pflanzen verziert sind.

Am anderen Ende des Italienischen Gartens befindet sich eine grandiose Loggia mit einer prächtigen Fontäne und einer von Wassernymphen bewachten Kaskade, die an den Mittelpunkt mancher römischen Piazzas erinnern. Von der Loggia blickt man auf einen von W. W. Astor konzipierten und von 800 Arbeitern ausgehobenen See. Entlang des Südufers verläuft Anne Boleyn's Walk mit exzellenten Bäumen und Sträuchern, die nach dem verheerenden Sturm 1987 gepflanzt wurden.

Broughton Castle

OXFORDSHIRE

Broughton Castle – mit seinem Ensemble aus Burg, Gärten, Kirche und Parkland jenseits des Wassergrabens – besitzt eine der schönsten Lagen Englands. Das Gebäude datiert aus dem frühen 14. Jahrhundert, die aus dem lokalen, warm-toffeefarbenen Stein errichteten Außenmauern stammen jedoch im wesentlichen aus dem 16. Jahrhundert. Mitte des 15. Jahrhunderts ging das Anwesen durch Heirat an Sir William Fiennes, den 2. Lord Saye und Sele, über und ist seither im Besitz dieser Familie.

Es gibt keine Aufzeichnungen darüber, welche Art von Garten in den frühen Jahren an dieser Stelle existierte. Unsere ersten Kenntnisse stammen aus dem späten 19. Jahrhundert, als es der Familie Fiennes schlechtging und die Burg in den 1890er Jahren an Lord Algernon Gordon Lennox vermietet wurde, der viel in die Neugestaltung des Gartens investierte.

Ein Artikel in *Country Life* (1898) beschreibt seine Leistungen unter »dem alles durchdringenden Einfluß wählerischen und kultivierten Geschmacks«. Zeitgenössische Fotografien zeigen einen weithin inkohärenten Garten mit einem rustikalen Laubengang, Korkenzieherhecken und einer exzentrischen Sonnenuhr mit einem Zeiger aus zugeschnittener Eibe. Der weitaus ansprechendste Gartenteil ist My Lady's Garden, dessen Grundstruktur noch heute erhalten ist.

Seit dem Zweiten Weltkrieg wurden die Gärten unter Wahrung der am besten erhaltenen Partien umgestaltet und äußerst planvoll neu bepflanzt. Lanning Roper, 1969 als Berater hinzugezogen, schrieb in seinem Bericht: »Areal schlicht behandeln und die Schönheit der Gebäude, Mauern und Landschaft nutzen.« Dieser ausgezeichnete Ratschlag lief den Grundsätzen, die den Garten in den 1890er Jahren beherrscht hatten, exakt zuwider.

Entlang einer nach Westen weisenden Mauer zwischen Castle und Wassergraben verläuft eine 180 Meter lange, gemischte Rabatte mit perennierenden Stauden, die in markanten Gruppen angeordnet sind. Die Rabatte ist in zwei dominierende Farbgruppen unterteilt: Gelb und Blau am nördlichen Ende und Rosa, Mauve, Weiß und Silber im Süden, mit einem gelegentlichen Hauch Blau als Bindeglied zum entgegengesetzten Ende.

Der dicht bei den Burgmauern liegende, spätviktorianische My Lady's Garden behielt seine buchsumsäumten, lilienförmigen Beete. In der Mitte wurde aber die Fontäne durch einen schmiedeeisernen, mit empfindlichen Beetpflanzen gefüllten Korb ersetzt, an dessen Sockel ein Zitat aus dem *Rubáiyát* des Omar Khayyám erhalten ist: »I sometimes think that never blows so red / The Rose as where some buried Caesar bled.«

Die Bepflanzung der Beete entlang den umgebenden Mauern wurde von Randall Anderson, dem in jüngerer Zeit verantwortlichen Gärtner, deutlich verbessert. Die vorherrschenden Farben sind Rosa und Mauve, mit Rosen wie 'Belle Amour' und 'Ballerina', die üppige Stauden wie Glockenblume, Fingerhut, *Lychnis coronaria*, Penstemon, Nelke und Veilchen überragen. Dem Besucher bietet sich die Gelegenheit, die Schönheit dieser Rabatten aus der Nähe zu betrachten. Da jedoch auch das Dach des Castle der Öffentlichkeit zugänglich ist, läßt sich die Anordnung der Beete und die exquisite Lage auch in der Gesamtschau voll auskosten.

OBEN: *Ein Detail aus der Bepflanzung der Rabatten von My Lady's Garden – eine Wolke aus rosafarbener und weißer* Lychnis coronaria *'Oculata' vermischt sich mit rosafarbenem Geranium und den karmesinroten Blütenständen von* Knautia macedonica.

RECHTS: *My Lady's Garden, der ursprünglichen Absicht entsprechend vom Dach aus betrachtet. Die buchsgesäumten, lilienförmigen Beete sind spätviktorianisch, die Bepflanzung ist jedoch vollkommen modern.*

Forde Abbey

DORSET

In einer gehölzreichen Hügellandschaft an der Grenze von Dorset und Somerset gelegen, konnte Forde einen unverdorben ländlichen Charakter bewahren. 1141 als Zisterzienserabtei gegründet, besitzt es ein prächtiges normannisches Stiftshaus (die spätere Kapelle) aus dem 12. Jahrhundert. Forde präsentiert Merkmale der meisten Baustile bis zur spätgeorgianischen Periode. Nach Auflösung der Klöster im 16. Jahrhundert wechselte das Anwesen mehrmals den Besitzer und ging Ende des 19. Jahrhunderts in den Besitz der Ropers über.

Über die Klostergärten ist nichts überliefert. Die frühesten Detailinformationen über den Garten stammen aus dem Jahr 1727, als Edward Prideaux, dessen Familie die Abtei Mitte des 17. Jahrhunderts erworben hatte, Zeichnungen von dem Anwesen anfertigte. Sie zeigen im Süden ein formales, bis heute weitgehend erhaltenes Arrangement zu beiden Seiten des Hauses. So etwa ist die Zufahrt zur Abtei mit ihrer Lindenallee Teil einer langen Achse, welche die Südseite der Abtei quert und sich auf der jenseitigen Terrasse fortsetzt. Einige Wasserbecken südwestlich der Abtei wurden später einem formalen Ensemble angepaßt. Nach Süden hin auf die Mitte der Abtei ausgerichtet, folgt eine Allee aus 1937/38 neugepflanzter Schwarznuß (*Juglans nigra*) und Holländischer Linde (*Tilia × europaea*) dem Verlauf einer weit älteren Allee.

OBEN: *Die aus Süditalien stammende Gartenwicke gelangte Ende des 17. Jahrhunderts erstmals nach England. Im 19. Jahrhundert waren neue Sorten sehr begehrt, die aus wildem* Lathyrus odoratus *gezüchtet wurden und in zahlreichen Landhausgärten noch heute angepflanzt werden.*

RECHTS: *Die Südfront der Abtei, von der gegenüberliegenden Seite des Long Pond betrachtet. Die Mixtur von Baustilen (14. bis 18. Jahrhundert) und verschwenderische gemischte Rabatten mit Formschnitthecken aus Eibe sind typisch für den Englischen Garten. Die moderne Bepflanzung fußt auf Resten des ursprünglichen Entwurfs.*

Trotz des noch vorhandenen ursprünglichen Grundgerüsts wurde die heute sichtbare Bepflanzung erst im 19. Jahrhundert angelegt. Auffallendes Merkmal des Gartens ist der natürliche Übergang vom Formellen zum Informellen in den einzelnen Bereichen. Forde Abbey ist kein in strenge Räume gegliederter Garten. Im Südwesten (von der Abtei ausgehend und entlang eines kanalartigen Wasserbeckens) wird ein breiter Rasenweg von Rabatten flankiert, die beidseitig durch Säulenreihen aus zugeschnittener Eibe miteinander verbunden werden. An der dem Haus zugewandten, nach Süden weisenden Seite des Pfads stößt man auf empfindliche Sträucher wie *Carpenteria californica* und die exotische *Feijoa sellowiana* aus Brasilien. Am anderen Ende dieses langen Wegs führt ein Pfad in eine Waldung mit einer im Schatten verborgenen Dianenfigur. Die Bepflanzung hat einen markant viktorianischen Charakter, mit Douglasien (*Pseudotsuga menziesii*), Eibennadligem Mammutbaum (*Sequoia sempervirens*) und Monterey-Kiefer (*Pinus radiata*) – Bäumen, die im 19. Jahrhundert erstmals nach England gelangten und dort rasch modern wurden. Hier finden wir außerdem eine Sammlung von Ziersträuchern und kleinen Bäumen: schönen Ahorn, *Eucryphia × nymansensis* 'Nymansay', Magnolie und Lavendelheide. Auf einer Seite des abschließenden Beckens (The Great Pond) erstreckt sich ein Sumpfgarten mit zahlreichen asiatischen Primeln, die im Frühling blühen, gefolgt von Schmuckblattstauden wie Scheincalla (*Lysichiton americanus*), *Gunnera manicata* und Königsfarn (*Osmunda regalis*).

Die Gärten von Forde Abbey verdanken ihren Abwechslungsreichtum der Vielfalt der Elemente – Waldland, Wassernähe und sonnengeschützte Rabatten.

Der Waldgarten ist reich an heimischen breitblättrigen Bäumen: Esche, Rotbuche, Eiche und – hier abgebildet – Hainbuche (Carpinus betulus).

Hampton Court

SURREY

Kräftiges Blattwerk von Canna indica *'Purpurea' im Great Fountain Garden.*

Als Zeichen des Ruhmes von Kardinal Wolsey errichtet, wurde Hampton Court 1525 von Heinrich VIII. in Besitz genommen und als »ähnlich eher einem Paradies denn einer irdischen Behausung« beschrieben. Baron Waldstein, ein mährischer Reisender, der Hampton zu Tudorzeiten in seiner Blüte erblickte, schrieb in sein Tagebuch, daß »es als prächtigster aller Paläste angesehen wird« und erwähnt einen erlesenen Garten mit »einer großen Zahl wachsender Pflanzen mit der Form von Tieren; ja es gab gar Sirenen, Centauren, Sphinxe und andere fabelhafte poetische Kreaturen, die hier als Formschnitt porträtiert sind«. Die zwischen Palast und Fluß gelegenen Gärten waren jedoch noch recht bescheiden. Der heute dort befindliche Senkgarten (Pond Garden) hingegen zeigt eine moderne Bepflanzung und Gesamtatmosphäre.

In der zweiten Hälfte des 17. Jahrhunderts erfuhr der Garten stärkere Veränderungen. John Evelyn beschrieb 1662 in seinem Tagebuch die neu angelegten Lindenalleen und östlich des Palastes den zentralen Kanal. Dieser wurde durch den wiedereingesetzten König Karl II. geschaffen – »einst ein nacktes Stück Boden, nun bepflanzt mit lieblichen Reihen von Lindenbäumen, und das Kanalgewässer beinahe vollendet«. Eine solche barocke Neuheit hatte der König während seines Exils in Frankreich mit großer Wahrscheinlichkeit aus erster Hand kennengelernt.

Ab 1689 errichtete Sir Christopher Wren unter der Regentschaft von Wilhelm III. von Oranien und Maria II. Stuart seine grandiosen Anbauten, und es entstand ein nicht weniger ambitionierter Garten. Ein Palast und Garten dieser Größe verfolgte in erster Linie den Zweck, die Machtfülle des Monarchen zu demonstrieren – genau so, wie Ludwig XIV. dies mit Versailles vorgemacht hatte. Ein von Leonard Knyff stammendes Gemälde (um 1702) stellt die Größe des Unternehmens aus der Vogelperspektive dar. Der Garten Heinrichs VIII. ist in seiner Grundstruktur stellenweise noch erhalten, doch nun erstrecken sich vier große Parterres südlich des von Wren geschaffenen Gebäudes. Diese *parterres de broderie* wurden vermutlich von dem hugenottischen Künstler Daniel Marot entworfen, den König Wilhelm aus Holland mitgebracht hatte. Östlich des Palastes stößt man auf einen riesigen Halbkreis aus Parterres mit zahlreichen Fontänen, von denen die Alleen Karls II. strahlenförmig ausgehen. Im Norden präsentiert sich eine vollkommene Neuheit: ein teils noch heute als Irrgarten erhaltenes Areal aus hohen Hainbuchenhecken, deren Zwischenräume mit Ulmen bepflanzt sind.

Königin Anna, die 1702 den Thron bestiegen hatte, führte, was die Kosten für die Erhaltung von Hampton Court anging, ein strenges

Regiment. Georg II. (gest. 1760) war der letzte regierende Monarch, der hier lebte. Nachdem Hampton Court 1838 von Königin Viktoria für das allgemeine Publikum zugänglich gemacht worden war, nahm es den Charakter eines öffentlichen Parks an. Daran hat sich bis heute nichts geändert. Die Entwürfe früherer Perioden sind in großen Teilen noch deutlich erkennbar, obwohl sich die Bepflanzung im Lauf der Jahrhunderte verändert hat. Der Privy Garden jedoch wurde so restauriert, wie er in den Jahren 1701/02 ausgesehen hat. Dies war eine der komplexesten und fundiertesten Restaurierungsarbeiten, die in England jemals für einen Garten erfolgt sind. Vor dem Besucher entfalten sich die neuen Parterres mit ihren unzähligen Statuen und Eibenfiguren. Die schmiedeeisernen Schirmblenden, die von Jean Tijou entlang des Flusses angelegt und jahrelang durch kümmerliches Gebüsch verdeckt wurden, sind nun erneut in voller Pracht zu bewundern. Zu hoffen ist, daß auch andere Teile des Gartens etwas von ihrem ursprünglichen Charakter zurückbekommen.

OBEN: *Blick nach Osten über The Great Fountain.*

LINKS: *Im Great Fountain Garden dominieren pilzförmig zugeschnittene Eiben.*

Sizergh Castle

CUMBRIA

Die Stricklands leben seit dem 13. Jahrhundert auf Sizergh. Das Castle mit seinem Glockenturm aus dem 14. Jahrhundert wurde im 16. und 17. Jahrhundert umgebaut und bietet noch heute ein pittoreskes Bild. Auch die Gärten haben im Laufe der Zeit diverse Veränderungen erfahren und präsentieren ein breites Spektrum unterschiedlicher Einflüsse. Das Anwesen ist heute im Besitz des National Trust.

Den ältesten Teil des Gartens machen die Terrassen und Rasenflächen südlich des Glokkenturms aus. Die aus dem 18. Jahrhundert stammende nördliche Grenze dieses Areals – eine lange Mauer – weist nach Südosten und diente einst Obstbäumen als schützendes Spalier; heute gedeiht beispielsweise der Feigenbaum 'Brown Turkey' noch hier. Die Mauer bietet außerdem den Zierpflanzen Schutz, die sie auf der gesamten Länge säumen. Hier stoßen wir auf die graublättrige *Buddleja fallowiana* var. *alba*, die Schönmalve *(Abutilon × suntense)*, *Solanum crispum* und andere relativ empfindliche Gehölze.

Südwestlich des Rasens steht ein mit feinen Steinpfeilern verziertes Tor, gefolgt von einer Allee aus Ebereschen (*Sorbus aucuparia* 'Beissneri'). Dieser elegante kleine Baum hat einen sehr geraden Wuchs, attraktive kupferrote Rinde und Triebe und eignet sich hervorragend für eine schmale Gartenallee. Am anderen Ende der Allee bildet eine Bank vor einem gekrümmten Eibenschirm einen geeigneten Blickfang. Verschiedene Arten von Zierpflanzen beleben die beiden Seiten der Allee. Auf der einen Seite stößt man auf eine Rosensammlung – vor allem Arten wie die Kletterrose *R. longicuspis* und *R. sericea omeiensis* mit durchscheinenden roten »Dornen« und prächtigen weißen Einzelblüten.

Der Rosengarten ist durch Stufen mit dem Dutch Garden verbunden – mit diesem Begriff bezeichnet man seit dem 19. Jahrhundert einen Garten mit einer komplexen Anordnung von Beeten und planvoller Blütenfolge. Die sanft abfallenden Rasenterrassen waren noch in den 1920er Jahren so gestaltet, doch die Beete wurden später durch eine Reihe von Paaren panaschierter Buchskuppeln ersetzt, die den Niveauübergang markieren.

Am jenseitigen Ende des Hauses trifft man auf einen bemerkenswerten Steingarten, der 1926 für Lord Strickland geschaffen wurde. Felsgärten kamen Anfang dieses Jahrhunderts in Mode, vor allem durch den Pflanzensammler und Bergsteiger Reginald Farrer, dessen Buch *My Rock Garden* (1911) ein Bestseller wurde. Der Felsgarten von Sizergh wurde von einem örtlichen Gartenbaubetrieb, T. R. Hayes aus Ambleside, entworfen und verwirklicht. Für einen echten Alpingarten regnet es in diesem Landesteil viel zu stark. Der Felsgarten ist daher mit einer – stattlichen – Sammlung aus (vornehmlich zwergwüchsigen) Koniferen bepflanzt, zudem mit japanischen Ahornen (Sorten von *Acer japonicum*) und einer außergewöhnlichen Sammlung von Farnen (mehr als 100 Arten und Sorten), die Teil der National Collection sind. Alle diese Gewächse gedeihen in der feuchten Umgebung; sie gehorchen Reginald Farrers Grundregel des Gärtnerns: Wähle die für das vorhandene Klima geeigneten Pflanzen.

Der Felsgarten durchläuft derzeit eine auf zehn Jahre angelegte Phase der Ausdünnung und Neubepflanzung. Danach wird sich dem Betrachter ein noch beeindruckenderes Bild bieten.

Der 1926 geschaffene Steingarten steht nun in voller Reife und präsentiert ein üppiges Arrangement von Zwergkoniferen, Farnen und Ahorn.

Port Lympne Gardens

KENT

Die Grasquadrate des Chess Board Garden alternieren mit kontrastreichen Sommerbeetpflanzen.

In England gibt es nur wenige Gärten, die im 20. Jahrhundert angelegt wurden. Bereits diese Tatsache macht Port Lympne besonders interessant. Ab 1911 von Sir Philip Sassoon geschaffen, trägt Lympne den Stempel von Kultur und hohem ästhetischem Empfinden. Sassoon fand eine passende Lage für sein Haus auf dem Kamm eines Steilhangs. Nach Süden blickend sieht man über das flache Land von Romney Marsh, mit dem Ärmelkanal im Hintergrund, und kann an besonders klaren Tagen sogar die französische Küste sehen. Das rote Ziegelhaus wurde von Sir Herbert Baker auf unbebautem Terrain als dekorative Ausgabe der Cape Dutch Häuser errichtet, die ihm während seiner Zeit als Architekt in Südafrika bestens vertraut waren. Nach dem Zweiten Weltkrieg fügte Philip Tilden etwas hinzu, das der Gartenarchitekt Russell Page als »einen Katarakt von Gärten« bezeichnete. Page, der lange danach an der Restaurierung der Gärten mitwirkte, hegte ein besonderes Interesse für Port Lympne, denn Tildens Entwurf strafte eine von Pages Grundregeln Lügen: »Auf einem Hügelkamm versuche ich die wichtigsten Horizontalen zur Seite hin auszurichten. Einfach bergab in Richtung auf den Horizont verlaufende Pfade oder Baumreihen wirken so oft bedeutungslos.«

Tildens Garten besteht aus einer Reihe geschlossener Räume, ursprünglich mit Hecken aus Kalifornischer Zypresse (*Cupressus macrocarpa*) oder Eibe versehen, die entlang den Steilhängen südlich der geschwungenen Hausfront verlaufen.

Die Hecken aus Kalifornischer Zypresse erwiesen sich als wenig ausdauernd und wurden später durch Leyland-Zypressen (× *Cupressocyparis leylandii*) ersetzt, doch die Eibenhecken,

Die West Court Terrace ist mit Quadraten aus hochkant eingelegten Ziegeln und Steinplatten gepflastert. Buchskugeln in Versailleskübeln folgen einem symmetrischen Arrangement.

die gelegentlich in dekorativen Kurven oder Zinnen enden, sind heute wunderbar ausgereift. Einige der ursprünglich in geometrischen Mustern angelegten Räume wurden restauriert, als das Anwesen 1973 von John Aspinall aufgekauft wurde, um als Zoo genutzt zu werden. Der Chess Board Garden besteht aus Grasquadraten und Feldern aus roten oder weißen Sommerbeetpflanzen. Die bepflanzten Quadrate liegen tiefer als die Rasenflächen, so daß sich Blumen und umgebender Rasen exakt auf gleicher Höhe befinden. Der jenseits eines formalen Wasserbeckens gelegene Striped Garden besteht aus einer Reihe schmaler Rasenstreifen, die einige meist von Jahr zu Jahr unterschiedlich bepflanzte Langbeete voneinander trennen. Unterhalb des Beckens mündet eine steile Steintreppe in eine Waldung.

Die auf beiden Seiten verlaufenden Hecken aus Leyland-Zypresse mildern den Effekt des von Durchblicken gekreuzten senkrechten Abstiegs. Unterhalb zweier geometrischer Gärten befanden sich einst ein Weinberg und ein Feigengarten. Westlich dieses Areals trifft man auf zwei gemischte Rabatten, die den Hügel hinabführen und durch einen zentralen Rasenpfad voneinander getrennt werden; sie wurden 1974 unter Leitung von Russell Page vollständig neu bepflanzt. Die formalen Terrassen jenseits der Rabatten widmen sich Rosen, Dahlien und perennierenden Stauden.

Dem am Haus stehenden und nach Süden blickenden Besucher präsentieren sich hangabwärts einige scharf konturierte, reizvolle Gartenräume. Trotz ihres formalen Charakters fügen sich die Gärten unerwartet gut in die Landschaft ein, dicht umrahmt von Waldland.

Blickling Hall

NORFOLK

Wer sich Blickling Hall nähert, wird hinter einer Kurve plötzlich das prächtige jakobitische Gebäude erblicken, das jenseits eines langen Vorhofs liegt, der von alten Eibenhecken flankiert wird. Blickling Hall wurde nach 1616 für Lord Chief Justice, Sir Henry Hobart, nach Plänen von Robert Lyminge erbaut, der auch Hatfield House entworfen hatte. Der Ziegel- und Steinbau quillt förmlich über von Türmen, Giebeln, Kreuzblumen und feinen Schornsteinen und gilt als eines der unwiderstehlichsten englischen Häuser seiner Art. Das Anwesen ging als Erbe an den 11. Marquis of Lothian über, der es 1940 dem National Trust überließ.

Das äußere Erscheinungsbild des Gebäudes blieb weitgehend unverändert und hat viel von seinem ursprünglichen Charakter bewahrt. Trotz veränderter Bepflanzung zeigt sich auch der Garten stark durch die Vergangenheit beeinflußt. Der abgeteilte Garten östlich des Hauses wurde ab 1616 eingerichtet und erscheint 1729 in einer Lageskizze, mit einem jenseitigen zentralen Weg, der durch zwei formale Naturareale hindurchführt. Die Grundstruktur stand bereits fest, als vor 1738 am östlichen Ende des Wegs ein kleiner Tempel als Blickfang errichtet wurde. Dies blieb im wesentlichen bis heute unverändert.

In den 1870er Jahren schuf Marchioness of Lothian, ehedem Lady Constance Talbot, ein raffiniertes Parterre, das im Osten unmittelbar an das Haus grenzt. Die Aufsicht führte Markham Nesfield; das architektonische Beiwerk, wie etwa eine neue Terrasse mit Balustrade, stammte von Matthew Digby Wyatt. Die für das Pflanzschema verantwortliche Marchioness bestand, im Gegensatz zur damaligen Gepflogenheit, auf der Verwendung mehrjähriger Pflanzen. Die Illustration zu einem 1898 in *Country Life* erschienenen Artikel zeigt ein Parterre mit einer verwirrenden Fülle dekorativer Stilmittel. Ausgehend von einem runden Wasserbecken, das durch eine aus dem nahegelegenen Oxnead Hall stammende Fontäne aus dem 17. Jahrhundert verziert wird, erstreckt sich ein komplexes Muster aus Formbeeten mit unterschiedlich geführten Kletterrosen und zahlreichen verstreuten Eiben. Für unser Auge erscheint all dies ungemein wirr und geradezu klaustrophobisch. *Country Life* jedoch spricht von »Beeten mit schlichtem Charakter, angelegt auf eine breite Wirkung«. Hinter ihnen entsteht in der Tat ein schlichterer Effekt durch Eibenblöcke in der Form riesiger Konzertflügel, hinter denen helle Steinurnen auf sich aufmerksam machen.

Das Parterre wurde 1932 durch Norah Lindsay verändert. Sie ersetzte die Kleinbeete durch vier große quadratische Beete, deren Ecken durch eichelförmig zugeschnittene Eiben markiert werden. Ihr Pflanzschema orientierte sich an einigen strikten Farbregeln: kühle Farben in den beiden hausnächsten Beeten (Weiß, Blau, Mauve und Hellrosa), dagegen kräftiges Gelb und Orange in den weiter entfernten Beeten. Obwohl die ursprüngliche Bepflanzung stellenweise verändert wurde, wird das von Norah Lindsay entworfene Farbschema noch heute befolgt. Zur Beetmitte hin sind zunehmend größere Pflanzen plaziert, so daß im Hochsommer blühende Pyramiden entstehen. Die Eiben»flügel« wurden an Ort und Stelle belassen und bilden einen schönen Kontrast zu den dekorativen Blumenbeeten.

Das im 20. Jahrhundert vereinfachte viktorianische Parterre wird durch eine Blickachse geteilt, die in einem Tempel aus dem frühen 18. Jahrhundert mündet.

The Courts

WILTSHIRE

The Courts hat vieles von einem umschlossenen Garten, der im Kern eines Dorfes oder einer Stadt liegt, nach innen gekehrt ist und keinen Blick nach draußen ermöglicht. Das Haus setzt einen Akzent stilistischer Originalität und veranlaßte Pevsner in seinem ansonsten leidenschaftslosen Mehrbänder *Buildings of England* zu einem überaus gefühlsbetonten Kommentar: »... in sämtlichen Details unmäßig überzogen; ein lehrreiches Beispiel dafür, was ein gewöhnlicher Kopf mit vielversprechenden Elementen anrichten kann«. Das Haus entstand um 1720 und wirkt wie das Produkt eines örtlichen Baumeisters, der darauf bedacht war, nahezu alle in seinem Musterbuch aufgeführten Mittel einzusetzen. Die Fassade quillt über vor geschwungenen oder geraden Ziergiebeln, Säulen, Schlußsteinen, schnörkeligen Auskragungen und Ecksteinen. Das Haus wurde von einem Tuchweber aus Bradford-on-Avon erbaut, der das Wasser, mit dem der Garten noch heute reichlich versehen wird, für eine Tuchmühle benötigte.

Die Gartenhistorie beginnt im Jahr 1900, als der Architekt Sir George Hastings das Haus kaufte und den Garten mit Eiben- und Buchshecken unterteilte. Das Anwesen ging 1921 in den Besitz von Major T. C. E. Goff über, der es 1943 dem National Trust übereignete. Seine Gattin, Lady Cecile Goff, bepflanzte die formalen Areale und war weitgehend für den Charakter des Gartens verantwortlich.

Als Garteneingang dient eine schlichte Öffnung in einer Steinmauer an der Dorfstraße. Ein zum vorderen Hauseingang hinaufführender, gepflasterter Pfad wird von einer Allee aus Sommerlinden (*Tilia platyphyllos*) beschattet, deren große Blätter bereits bei der leichtesten Brise in Bewegung geraten. Die wichtigsten Gartenpartien deuten einen formalen Charakter an, verfügen jedoch kaum über Symmetrie und stehen optisch in keinem Bezug zum Haus. Hinter einer Eibenhecke trifft man südöstlich des Hauses auf ein merkwürdiges Arrangement aus Steinsäulen, die einst durch Ketten verbunden waren, an denen die Stoffe zum Trocknen aufgehängt wurden. Ein weiteres Relikt aus der Tuchweberzeit ist ein unförmiges Becken, in dem das Brauchwasser aufgefangen wurde. Der von Lady Goff angelegte, langgestreckte Lily Pond ist mit verschiedenfarbigen Seerosen bepflanzt. Hier stehen auch einige prächtige Zierbäume wie *Acer griseum* mit seiner dekorativen, rotbraunen Schälrinde und der chinesische Blasenbaum (*Koelreuteria paniculata*), in vieler Hinsicht der schönste unter den kleinen Zierbäumen. Sein Blattwerk ist rosa gesprenkelt und nimmt im Herbst eine buttergelbe Färbung an; im Spätsommer bilden sich hellgelbe Rispen – daher der englische Name »golden rain tree«.

Hinter einer Eibenhecke mit Schnittfiguren, die offenbar Tanzbären darstellen sollen, trifft man südwestlich des Hauses auf den Main Lawn, an dessen einer Ecke die Reste einer Tuffgrotte erhalten sind. Dahinter erstreckt sich eine formale Rabatte, verziert mit einem Paar strenggeschnittener, silberblättriger Zierbirnen (*Pyrus salicifolia*) und anderen silbergrauen Pflanzen wie Artemisia und *Phlomis fruticosa*, die eine passende Begleitung der sie umgebenden, gelben und blauen krautartigen Pflanzen abgeben.

Ein venetianisches Doppeltor aus Schmiedeeisen führt zu einem informellen Arboretum mit Kirsche, Ahorn und Farnblättriger Buche (*Fagus sylvatica* 'Aspleniifolia'). Auf einer Seite verläuft dagegen eine Stechpalmenhecke mit »Cottage Loaf«-Formschnitt – ein weiteres Beispiel für die launige Formalität weiter Teile dieses Gartens.

Der Lily Pond ist mit Seerosen übersät. Zahlreiche farbenfrohe Pflanzen verzieren die Ränder: im Hintergrund rosafarbener Phlox, im Vordergrund Lavendel und die Floribundarose 'Frensham'.

Arley Hall

CHESHIRE

Der heutige Charakter von Arley Hall (Haus wie Garten) wurde in den 1840er und 1850er Jahren weitgehend durch Rowland Egerton-Warburton bestimmt. Das Anwesen ist seit dem 12. Jahrhundert bis heute ununterbrochen im Familienbesitz. Egerton-Warburton baute das Haus in frühviktorianisch-spätjakobitischem Stil um und fügte eine Kapelle (von Anthony Salvin und G. E. Street) hinzu.

Egerton-Warburton bezog ein reiches Erbe von seinem Großonkel, Sir Peter Warburton. Der Park war in den späten 1780er Jahren nach Entwürfen von William Emes entstanden. Um 1790 legten Sir Peter und Lady Warburton den Alcove Walk an, eine breite, zu einem Sommerhaus hinaufführende Allee, die durch Mauern und Hecken zum Schutz der Blumenrabatten flankiert war. Dieser Weg wie auch ein parallel von Osten nach Westen durch die ummauerten Gärten verlaufender Pfad wurde im rechten Winkel von einem breiten Weg gekreuzt. Am Ende all dieser Wege boten sich Blicke über das Parkland, denen die Gärten noch heute ihre außergewöhnliche räumliche Offenheit verdanken.

Egerton-Warburton verbesserte den Garten in den 1850er Jahren durch Verlängern des Furlong Walk, der nunmehr einen weiten Blick auf den Park bietet. Außerdem ließ er die Ziegelmauern an der Nordseite des Alcove Walk vollenden und wertete sie mit verzierten Säulen und zwei schönen schmiedeeisernen Toren auf. An der Südseite des Alcove Walk ersetzte er eine Dornenhecke durch stattliche Eiben und fügte 1856 selbstentworfene Formschnittfiguren und Stützpfeiler hinzu. Die hiesigen Rabatten wurden einmal als die ältesten Staudenrabatten in England bezeichnet.

Durch die Mitte der Staudenrabatte verlief ursprünglich ein Kiespfad, der durch ein Rasenband ersetzt wurde. Die spätviktorianischen Gemälde von G. S. Elgood zeigen ein weitaus fleckenhafteres Pflanzschema und ein unruhigeres Farbenspiel, als dies heute modern ist. Seit den 1960er Jahren konnte Lady Ashbrook, Egerton-Warburtons Urenkelin, die Bepflanzung mit prägnanteren Gruppen, zahlreichen Variationen von Form und Blattwerk und geschickt gewählten Farbharmonien wiederbeleben. »Ich denke«, so schrieb sie, »daß Farbtupfen, die aus einem Teppich verschiedener Grün- und Grautöne hervortreten, ebenso schön sein können wie ein lärmendes Medley der Buntheit.«

In Arley begegnet man jedoch noch weiteren Gartenstilen. Von Egerton-Warburton stammt ein modischer Steingarten (The Rootery), der in jüngerer Zeit zur Heimstatt von schattenliebenden Pflanzen und Blütensträuchern umgestaltet wurde. Ein ähnliches Bild bietet The Stumpery in Biddulph Grange, geschaffen von seinem Schwager, James Bateman. Beide diskutierten oft über gärtnerische Fragen, und Bateman bekundete sein Unbehagen angesichts Rowlands Vorhaben, eine Allee mit jenen Steineichen (*Quercus ilex*) zu säumen, die heute eine prächtige Prozession riesiger Zylinder darstellen. Seit den 1960er Jahren restaurierte Lady Ashbrook nicht nur die besten erhaltenen Gartenpartien, sondern führte zahlreiche Neuheiten ein, darunter eine ausgezeichnete Sammlung von Strauchrosen und einen Kräutergarten. Gertrude Jekyll hatte 1904 voller Bewunderung über Arley Hall geschrieben, dies sei »die beste Art eines Englischen Gartens formalen Typs«. Der formale Charakter wurde inzwischen auf attraktive Weise abgeschwächt, was jedoch nichts an der Grundeigenschaft ändert.

LINKS: *Blick auf das viktorianische Sommerhaus. Zu der für einen Cottage-Garten typischen Bepflanzung zählen die Echte Geißraute* (Galega officinalis) *und die scharlachrote Lichtnelke* (Lychnis chalcedonica), *die in der Wuchshöhe mit gelber Königskerze und* Macleaya cordata *kontrastieren.*

RECHTS: *Die überquellende Fülle der alten Staudenrabatten wird durch die Formenstrenge der Torpfeiler und Eibenhecken im Zaum gehalten. Lilafarbene Glockenblume und Rittersporn mischen sich mit den cremegelben Blüten von* Thalictrum speciosissimum.

Rousham Park

OXFORDSHIRE

William Kent »sprang über den Zaun und sah, daß die ganze Natur ein Garten war« – um es mit Horace Walpole auszudrücken. Kent, der den Park von Rousham entwarf, stand im Zentrum einer Revolution des gärtnerischen Geschmacks; beherrschte Formalität, in der – wie Alexander Pope schrieb – »die Haine miteinander vereint sind und jede Allee einen Bruder hat, wandelte sich zur Idee eines Landschaftsgartens. Der Park von Rousham ist der einzige unveränderte Garten Kents. Er ist von besonderer historischer Bedeutung, weil Kent hier einen etwas früheren und weitaus formaleren Garten, den Charles Bridgeman entworfen hatte, auf subtile Weise veränderte.

Rousham House wurde im frühen 17. Jahrhundert für Sir Robert Dormer errichtet. William Kent beauftragte man 1738 mit der Umgestaltung von Haus und Garten. Charles Bridgeman, der entscheidend an der Verknüpfung althergebrachter Formalität mit dem neu aufkommenden Naturalismus beteiligt war, hatte bereits zwischen 1715 und 1720 einen neuen Garten angelegt – eine Mischung aus kühnen Durchblicken, geometrischen Wasserbecken und geschwungenen Pfaden. Er war jedoch asymmetrisch konzipiert und lag in einiger Entfernung zum Haus, war daher nicht von dessen strenger Architektur beherrscht wie ein früherer formaler Garten. Kent hielt stark an Bridgemans Entwurf fest, so auch am Long Walk, der das Waldland pfeilgerade durchschneidet. Bridgeman wußte bereits, wie reizvoll es ist, die umgebende Landschaft mit einzubeziehen; er zeigte sich als Pionier in der Verwendung des Trenngrabens, jener unsichtbaren, versenkten Barriere, die das Weidevieh fernhielt, doch einen unverstellten Blick in die Ferne ermöglichte. Kent ging jedoch noch weiter und lenkte die Aufmerksamkeit des Besuchers auf die außerhalb des Gartens gelegenen Dinge. Er schuf eine liebliche Steinarkade (Praeneste) mit eleganten Sitzen, von denen sich Blicke auf ländliche Szenen nordöstlich des Flusses Cherwell boten. Die Enden der Arkade, die von zahlreichen Gartenpartien aus in den Blick gelangt, werden durch große Urnen markiert. Im ganzen Garten stehen – mit einer einzigen Ausnahme – alle Statuen nach außen gewandt, so als wollten sie den Blick des Besuchers von der Pracht dieses privaten Elysiums ablenken.

Eine aus dem frühen 18. Jahrhundert stammende Bleistatue des Merkur lenkt den Blick auf die naturbelassene Landschaft jenseits des Flusses Cherwell.

Wo Bridgeman scharf konturierte quadratische Becken angelegt hatte, schuf Kent das Venus Vale – eine lange, zum Flußufer hinabführende Schneise durch das Waldland. Aus einem der quadratischen Becken machte er ein wesentlich weicher wirkendes Achteck und ersann eine Reihe schlichter Kaskaden, um das Wasser in den Fluß hinabzuleiten. Die am Ende des Vale auf einem Steinbogen plazierte Venus-Statue wird von Schwänen bewacht. An einer Seite des achteckigen Beckens führt ein gewundener Pfad durch die Waldung, begleitet von einem kleinen Rinnsal. Kent integrierte Statuen eher beiläufig in das Umfeld, so daß sie nicht als billiger Blickfang wirkten. Überall in dem Garten entsteht der Eindruck von gemäldehaften Szenen, die sich mit der Position des Betrachters verändern und deren Vielfalt durch die unregelmäßige Struktur immens bereichert wird. Walpole sprach von »Kents reizvollster Arbeit – einfach Kentissimo«.

LINKS: *Im Landschaftsgarten des 18. Jahrhunderts wurden die Statuen mit großem Raffinement plaziert. Hier bildet eine Apollo-Figur den Endpunkt eines Durchblicks.*

Muncaster Castle

CUMBRIA

Das Castle steht in herrlicher Lage auf einer Landzunge, die nach Westen in das Ästuar des Flusses Esk hineinragt. Die Höhe von 30 Metern über dem Meeresspiegel läßt eine prächtige Aussicht über das Eskdale zu, die John Ruskin, ein Kenner derartiger Panoramen, als »Tor zum Paradies« beschrieb. Mit dem Bau des aus rosa Granit bestehenden Castle wurde 1325 an einem Platz begonnen, der weiter vom Meer entfernt war als eine frühere Wohnstätte – »besser und trefflicher gelegen für Würdigkeit und Vermeiden von Lüften und scharfen Unbilden der See«, wie es in einer Schilderung aus dem 17. Jahrhundert heißt. Das Castle jedoch verdankt sein heutiges Erscheinungsbild weitgehend Anthony Salvin, der es zwischen 1860 und 1866 umbauen ließ. Die Penningtons werden seit dem 13. Jahrhundert mit Muncaster in Verbindung gebracht, der Wildpark wurde vermutlich im 15. Jahrhundert angelegt. Nicht lange nach 1769 wurde zu Zeiten Sir Joseph Penningtons ein Teil des Parks in die gestaltete Landschaft einbezogen; östlich des Castle legte man einen Baumgürtel an, um es förmlich aus dem Grün herauswachsen zu lassen, wie dies damals modern war. 1780 trat mit der Terrasse ein herrliches neues Stilelement hinzu, das Ausblicke auf die schönsten Szenerien bot. Die Terrasse wurde 1860 erweitert, und als Grenzmarkierung wurde eine Buchshecke mit abwechselnden Säulen aus grüner und goldener Eibe gepflanzt. In den 1790er Jahren kamen unzählige Hartholzbäume hinzu – zwischen 1793 und 1794 fast 50000 an der Zahl. Ein späterer Glanzpunkt von Muncaster wird 1893 in *Gardener's Chronicle* erwähnt: »eine große Zahl aller Arten von Rhododendren und Azaleen ... erlesene Exemplare von *Rhododendron jacksonii, R. praecox* und *R. hirsutum*, und viele der schönen Hybriden.« Kürzlich wiederentdeckte Fotografien aus dem Jahr 1860 zeigen eine Anpflanzung junger Rhododendren am Rand von The Gyll, einem tief eingeschnittenen Tal. Diese Hybriden gehören heute mit einer Höhe von 14 bis 15 Metern zu den größten in Großbritannien. Anfang des 20. Jahrhunderts erhielt die Sammlung durch Sir John Ramsden, der das Anwesen 1917 geerbt hatte, neue Impulse.

OBEN: *Die Hänge unterhalb des Castle sind mit Zierbäumen und -sträuchern reich bepflanzt. Jenseits der herbstlich gefärbten Rhododendren und Ahorne zeigt sich das Eskdale von seiner besten Seite.*

RECHTS: *Das vom Blattwerk alter Rhododendren umrahmte Castle.*

Sir John beteiligte sich zwischen den Kriegen an der Finanzierung zahlreicher Pflanzenexpeditionen, vor allem von Frank Ludlow und George Sherriff (ab 1933) sowie von George Forrest und Frank Kingdon-Ward. Dank einer 1924 von Kingdon-Ward und Sir Johns Vetter, Earl Cawdor, im südöstlichen Tibet durchgeführten Expedition gelangten zahlreiche neue Rhododendronarten nach Muncaster, die noch heute dort gedeihen – *R. ramsdenianum* ist zu Ehren Sir Johns so benannt. Wahre Fluten neuer Pflanzen, vornehmlich Rhododendren, fanden ihren Weg nach Muncaster, dessen Klima – hohe Regenmengen und relativ milde Winter – für die Rhododendren förderlich war. Zudem boten die hinter dem Castle bis auf eine Höhe von 90 Metern ansteigenden, reich bepflanzten Hänge einen idealen Schutz vor den stets wehenden Winden.

Nach Ende des Zweiten Weltkriegs wurde Muncaster jedoch vernachlässigt. Der derzeitige ehrgeizige Restaurierungsplan sieht vor, nur Wildpflanzen mit bekanntem Ursprungsort zu verwenden und die Saison durch die unterschiedlichsten sino-himalajischen Pflanzen zu verlängern. Zwischenzeitlich bleibt jedoch vieles zu sehen und zu bewundern. Die noch vorhandene Terrasse bietet dem Besucher unvergeßliche Aussichten, die auch Ruskin einst verzaubert hatten.

Kew Gardens

SURREY

Ein aktuelles Handbuch schreibt: »Die Royal Botanic Gardens von Kew besitzen die weltweit größte und artenreichste Sammlung lebender Pflanzen und die umfassendste Studiensammlung konservierten Pflanzenmaterials.« Im Gegensatz zu vielen anderen botanischen Gärten ist Kew außerdem in einer herrlichen Landschaft gelegen. Mit einer faszinierenden Historie ist es eine Stätte, die gärtnerische Praxis auf höchstem Niveau präsentiert.

Das »Royal« geht auf die Ursprünge des Gartens in den 1720er Jahren zurück, als

Das Seerosenhaus wurde 1852 nach Plänen Richard Turners errichtet. Außer Seerosen werden hier auch Nutzpflanzen gezogen wie die exotische Schwammgurke (Luffa cylindrica).

Georg II. und Königin Caroline in Ormond Lodge, an dem in der Nähe von Kew gelegenen Fluß lebten. Ihr Sohn Frederick, Prince of Wales, pachtete das angrenzende Anwesen Kew, und seine Witwe Augusta gründete hier im Jahre 1759 einen botanischen Garten. Ihr Chefgärtner, der Schotte William Aiton, war unter Philip Miller bereits im Chelsea Physic Garden tätig gewesen und übernahm nach dem Tod von Prinzessin Augusta 1772 die Leitung des zusammengelegten Anwesens unter König Georg III. Der Garten war für Prinzessin Augusta von dem Architekten Sir William Chambers konzipiert worden. Von ihm stammen auch Gartenbauwerke wie die Orangerie (1757), Ruined Arch (1759), die Pagode (1761/62) und andere mehr, die später leider abgerissen wurden. In diese Zeit fällt auch der Aufbau der Pflanzensammlungen, so daß Aitons 1789 erschienener Katalog *Hortus Kewensis* bereits 5500 kultivierte Arten aufführte.

Georg III. ernannte Sir Joseph Banks 1771 zu seinem wissenschaftlichen Berater und übertrug ihm die Leitung von Kew Gardens. Unter seiner Regie wurden einige Expeditionen nach Süd- und Westafrika, Australien und China durchgeführt, die Kew eine Flut neuer Pflanzen bescherten.

Der erste förmlich bestellte Direktor war Sir William Hooker (1841), der die Gärten umgestaltete und der Öffentlichkeit zugänglich machte; im ersten Jahr kamen 9000, in seinem Todesjahr 1865 bereits 73000 Besucher. Ihm folgte sein Sohn Joseph, der bereits Pionierexpeditionen vor allem in den Himalaja unternommen hatte. Sein Buch *Rhododendrons of the Sikkim-Himalaya* (1849/51) beeinflußte das im 19. Jahrhundert aufkommende Interesse an den Rhododendren entscheidend. Durch die Hookers wurde Kew zu einer der maßgeblichen botanischen Instanzen. In ihrer Zeit entstanden mit dem Palm House (1848) und dem Temperate House (1860/68) zwei der schönsten Gewächshäuser, die je erbaut wurden. Im 20. Jahrhundert setzte Kew seine wissenschaftlichen Aktivitäten mit sehr großem Nachdruck fort. Ein ab 1995 laufendes Programm hat die Vermehrung bedrohter Pflanzen und ihre Auswilderung zum Ziel. Starkes Interesse gilt dem medizinischen Potential von Pflanzen.

Für zahlreiche Besucher von Kew ist der wissenschaftliche Sektor jedoch nur von flüchtigem Interesse. Für sie bilden die herrliche Lage an der Themse und die immense Vielfalt der auf höchstem Standard gezüchteten Pflanzen die Hauptattraktion.

Das 1995 eröffnete Evolution House führt den Besucher durch 3,5 Milliarden Jahre der Pflanzenevolution – von den urzeitlichen bis zu den ersten blühenden Gewächsen.

Das 1848 nach Entwürfen von Decimus Burton und Richard Turner vollendete Palm House.

Abbots Ripton Hall

CAMBRIDGESHIRE

Obwohl Abbots Ripton Hall nach dem Zweiten Weltkrieg vollendet wurde, präsentiert sich der Garten in einem ausgereiften Zustand. Das Herrenhaus wurde im 18. Jahrhundert dort errichtet, wo einst mittelalterliche Abteigebäude gestanden hatten. Das flache, jedoch gehölzreiche Gelände wird von einem Bach durchflossen, der es ausgiebig mit Wasser versorgt. Garten und benachbartes Dorf besitzen Hunderte von Ulmen; sie sind das Resultat baumchirurgischer Eingriffe, die Lord De Ramsey und seine Tochter über einen Zeitraum von 17 Jahren vornahmen. Alter Baumbestand aus Eiche, Esche, Ahorn und Haselnuß sowie jüngere, im 19. Jahrhundert gepflanzte Kastanien, Linden und Platanen schützen das Anwesen vor den schneidenden Winden, die hier oft wehen.

Trotz Unterstützung durch Gartenarchitekten wie Humphrey Waterfield und Lanning Roper stammen die meisten Inspirationen von den Eigentümern selbst: Lord und Lady De Ramsey schufen eine Mischung aus gestalteten und naturbelassenen Partien, die den verschiedenartigsten, teils seltenen Pflanzen eine abwechslungsreiche Umgebung bietet. Lord De Ramsey starb 1993. Sein ältester Sohn lebt heute auf dem Anwesen, und dessen Gattin führt den Garten mit großem Enthusiasmus weiter.

Das Haus ist harmonisch mit dem Garten verbunden, dessen einzelne Umfriedungen Überraschung, Intimität und Schutz für heikle Pflanzen bieten. Die Durchblicke, die diese Räume und einen Großteil der bewundernswerten Bepflanzung verknüpfen, sind weitgehend das Werk von Humphrey Waterfield (gest. 1971). Waterfield entstammt einer Familie von Künstlern und Gärtnern und schuf den Garten von Hill Pasture im nahegelegenen Broxted (Essex), der ein modernes, von Ernö Goldfinger entworfenes Haus umgibt. Seiner Arbeit für die Gärten von Abbots Ripton gedenkt eine Urne mit der Aufschrift »Remember Humphrey Waterfield who made this garden anew. Nov. 1971«.

Ein Laubengang im edwardianischen Stil, verziert mit Kletterrosen und unterpflanzt mit Iris, graublättriger Stachys byzantina *und Tupfen aus magentaroter* Lychnis coronaria.

Die gut strukturierten Durchblicke und der logische Zusammenhalt der einzelnen Elemente verleihen dem Garten seine Einheitlichkeit. An der Südwestseite des Hauses wird einer der Durchblicke durch eine in riesige Eibenhecken geschnittene Öffnung eingerahmt und vom jenseitigen Ufer eines Kanals aus sichtbar, den eine Brücke mit erlesenem chinesischem Schnitzwerk überspannt. Jenseits der Eibenhecken führt ein breiter Rasenpfad durch zwei tiefe gemischte Rabatten, die abwechselnd durch Säulen aus Irischer Eibe und goldenem Philadelphus stabilisiert werden. Hier finden sich Rosen (etwa die Moschusrose 'Penelope'), ein reiches Sortiment an Stauden sowie Einjährige, die im Spätsommer der Belebung des Bildes dienen.

Der Durchblick wird von einem Gitterrondell unterbrochen, dessen Pfosten von emporstrebenden neogotischen Verzierungen gekrönt werden (es wurde von Peter Foster entworfen). Dahinter setzt sich die Achse zwischen weiteren Rabatten mit Eibenhecken im Hintergrund fort und kulminiert in einem schmiedeeisernen Tor, hinter dem der Blick entlang einer Allee aus Kastanien das jenseitige Parkland erfaßt.

Eine der augenfälligsten von Waterfield eingeführten Neuerungen ist eine gewaltige Rabatte aus silber- und graulaubigen Pflanzen, die sich entlang der Gartengrenzmauer aus roten Ziegeln erstreckt. Artemisia, Schmetterlingsstrauch, Ölweide, Eukalyptus und Salbei erinnern mit ihrer mediterranen Note an den Garten von Menton, dem Waterfield neues Leben einhauchte.

Abbots Ripton ist Sinnbild für eine gelungene Mischung aus architektonischer Verschönerung, konsequentem Entwurf und engagierter Bepflanzung, wie sie für das englische Gärtnern in diesem Jahrhundert kennzeichnend ist.

RECHTS: *Kontraste zwischen gestalteten und naturbelassenen Partien prägen den Charakter des Gartens. Über hohem Gras erhebt sich eine altehrwürdige Urnensäule. Allerorten erzeugt ein Hintergrund aus alten Bäumen einen dramatischen Größenkontrast zu der intimen, formalen Bepflanzung der Beete und Wegränder. Ziergehölze – links eine Mehlbeere* (Sorbus aria *'Lutescens') – knüpfen in dem Garten ein optisches Band zu den Waldungen, die sich unmittelbar anschließen.*

Hawkstone Park

SHROPSHIRE

Am Grund der mit Moos und Frauenhaarfarn bewachsenen Felsschlucht verläuft ein schmaler Pfad.

In einer berühmten Passage beschrieb Horace Walpole die im späteren 18. Jahrhundert üblichen Zutaten des *sublime* als »Abgründe, Berge, Sturzbäche, Wölfe, Gepolter, Salvator Rosa!« Diese Aufzählung drückt jene Gefühle aus, die durch den pittoresken Garten erzeugt werden sollten – eine wilde, unbändige Reaktion auf die lieblichen Harmonien der feinen Rasen, friedlichen Wasser und angenehm runden Baumgruppen eines Capability Brown. Der große Theoretiker des pittoresken Landschaftsgartens war Richard Payne Knight, der in Downton Castle, nicht weit von Hawkstone, lebte. In *The Landscape, A Didactic Poem* (1794) attackierte er die »fade, leblose, glattzüngige und unbewegte Szene« aus den Gefolgsmännern Browns – jenen Genies »des schmucklos Nüchternen«. Er schrieb: »Gepriesen auch sei, wer den Reichtum der Bäume mit den Türmen einer Burgruine hoch oben über dem Bergkamm oder dem Tal mit schlängelndem Flusse vereint.«

Hawkstone war einst der Sitz der Familie Hill, deren aus dem 13. Jahrhundert stammendes Castle durch Cromwell zerstört wurde. In der zweiten Hälfte des 18. Jahrhunderts schufen zwei Generationen der Hills (Sir Rowland und Sir Richard) eine sublime Landschaft, ein getreues Abbild der Ideen von Walpole und Payne Knight. Entgegen kam ihnen dabei die hervorragende Lage des Anwesens: ein Tal mit

Felswänden und schroffen Vorsprüngen aus rotem Sandstein, gesäumt von zahlreichen Bäumen. Der Besucher wird auf einem kurvenreichen Rundweg durch den Park geführt. Dieser Weg ist so angelegt, daß der Abwechslungsreichtum der natürlichen und künstlichen Partien anhand subtil arrangierter Kontraste und Überraschungselemente deutlich wird. Der Wanderer folgt zunächst einem schmalen Pfad, der sich an das hügelige Gelände anschmiegt und stößt auf eine stattliche Sockelurne, die an den standhaften Royalismus der Hills während des Civil War erinnert. Unmittelbar dahinter beginnt eine senkrecht abfallende, bewaldete Schlucht. Auf einem Hügel steht, halb hinter Bäumen verborgen, White Tower, ein neogotischer Belvedere aus Ziegeln, mit Maßwerk-Fenstern und einem exquisiten Interieur aus hellblauen Wänden und einem schmiedeeisernen Kamin im Stil der Zeit. Weiter hinten am Weg erhebt sich ein Monument (1785) inmitten eines Hains aus Chilefichten. Eine Spiraltreppe führt zum eigentlichen Gipfel mit einer riesigen Statue eines weiteren Sir Rowland Hill, der 1550 erster protestantischer Bürgermeister Londons war und, so heißt es, nun auf 15 englische und walisische Grafschaften hinabschaut.

Am anderen Ende des Tals zeichnet sich Grotto Hill in der Ferne prägnant gegen den Himmel ab. Hier befindet sich eine außergewöhnliche Labyrinthgrotte, »merkwürdig verziert mit versteinertem Spat, buntem und bemaltem Glas und anderem passendem Beiwerk, und am westlichen Ende mit einer Tür zu einer Galerie in den Felsen so unmittelbar am Abgrunde, daß es den Besucher beim Hinabschauen graust«, wie es in einer Parkübersicht aus dem Jahr 1787 heißt. Die Verzierungen sind nicht mehr erhalten, wohl aber der unverändert furchteinflößende Abgrund.

Von Zeit zu Zeit taucht der Weg in unterirdische Passagen, aus denen der Besucher plötzlich wieder ans helle Tageslicht tritt (sofern das Wetter dies zuläßt). Manchmal steht er auch am Grund einer steilen Felsschlucht, die mit Moos und Frauenhaarfarn ausgekleidet ist. Der Park wurde seit 1990 hervorragend restauriert.

Grotto Hill wird von einer romantischen Ruine gekrönt. Verschlungene Pfade bieten Ausblicke auf die imposante Schlucht.

Somerleyton Hall

SUFFOLK

Somerleyton Hall zeigt ein charakteristisches frühviktorianisches Phänomen – die Umwandlung eines alten Hauses mit neuem Geld und die Anlage eines Gartens nach der neusten Mode. Zwar stand hier schon im 13. Jahrhundert ein Haus, doch als der Baumagnat Sir Morton Peto das Anwesen 1843 erwarb, war das Gebäude längst durch die späte Tudorzeit geprägt. Peto gab bei dem Steinmetz und Bildhauer John Thomas ein neues Herrenhaus in Auftrag, welches das ältere Haus umschloß und nur die Grundmauern und ein oder zwei Innendetails bewahrte. Geldprobleme zwangen Peto zum Verkauf des Anwesens, das 1863 in den Besitz von Sir Francis Crossley gelangte, einem Mitglied der Halifax-Familie, die sich mit der Teppichweberei ein Vermögen erwirtschaftet hatte. Sein Sohn erhielt den Titel des 1. Baron Somerleyton; dessen Enkel ist der heutige Eigentümer.

Somerleyton zeichnete sich vor allem durch den Winter Garden aus, ein gewaltiges Gewächshaus mit kuppelförmigem Dach, das sich im Norden an das Wohnhaus anschließt. Da es zur gleichen Zeit entstand wie das neue Wohnhaus, dürfte es von John Thomas entworfen worden sein. Als »Wintergarten« bezeichnete man damals ein sehr großes Gewächshaus, in dem ein Garten angelegt wurde, der die ganze Vielfalt an Gewächsen zeigte, die Anfang des 19. Jahrhunderts ins Land kamen. In Petos Handelskatalog wird der Wintergarten beschrieben als »ein prächtiges Gebilde, in

Hier stand früher der Wintergarten, von dem leider nur noch die elegante Loggia erhalten ist – heute Teil einer Teestube.

seiner Art einzigartig in ganz Europa. Ein kristallenes Gebäude im Renaissancestil mit Moscheekuppel«. Er besaß außerdem ein großes, zentrales Wasserbecken, und laut *The Garden* vom 20. April 1872 waren die eisernen Dachträger geschmückt mit »Passiflora, Kennedya, Fuchsia, Tecoma, Lapageria, Tacsonia und Mandevilla«. Dieses großartige Gebäude wurde 1914 leider abgerissen, ein Teil jedoch hat als Teestube bis heute überlebt.

Die Gärten haben ihren viktorianischen Charakter noch bewahrt. Zwar ist der Winter Garden nahezu verschwunden, doch andere Gewächshäuser sind in Somerleyton in einem hervorragenden Zustand erhalten. Um 1850 entwarf Sir Joseph Paxton zwei Reihen von Gewächshäusern mit Furchendach, um die Lichtausbeute zu erhöhen. Von ihm stammen vermutlich auch die eleganten, kürzlich restaurierten Pflanzkästen, die entlang der südlichen Mauer des Küchengartens stehen.

W. A. Nesfield, der renommierte Schöpfer von Parterres, war auch in Somerleyton tätig und dürfte um 1846 die formalen Gärten westlich der Sonnenuhr angelegt haben, sicherlich aber das halbkreisförmige Labyrinth aus Eibenhecken östlich des Walled Garden. Solche Irrgärten waren im Zeitalter des Viktorianismus bei zahlreichen, historistisch orientierten Gartenarchitekten sehr beliebt.

Zwischen dem Wohnhaus und dem ummauerten Küchengarten stößt man auf zahlreiche Koniferen, die Mitte des 19. Jahrhunderts großen Anklang fanden: Atlaszeder (*Cedrus atlantica*), Riesenmammutbaum (*Sequoiadendron giganteum*) und Riesen-Lebensbaum (*Thuja plicata*).

Der Garten von Somerleyton ist der Öffentlichkeit bereits seit langem zugänglich. Schon im Jahre 1863 wurden Besucher aus Lowestoft per Kutsche herantransportiert – immer Donnerstag nachmittags, wegen der verkürzten Ladenöffnungszeiten. An dieser liebenswürdigen Tradition der Öffnung hält man bis heute fest, denn dies ist in der Tat ein Garten, der am besten wirkt, wenn sich zahlreiche Menschen in ihm tummeln.

RECHTS: *Im Walled Garden präsentieren sich breite Staudenrabatten vor einer Kulisse von Bäumen wie Chilefichte* (Araucaria araucana) *und Riesenmammutbaum* (Sequoiadendron giganteum), *die für die viktorianische Zeit charakteristisch waren.*

Stowe Landscape Gardens

BUCKINGHAMSHIRE

Stowe zählte im 18. Jahrhundert zu den meistbesuchten und -besprochenen englischen Gärten. Einige der besten Gartenarchitekten der Zeit waren hier tätig: Charles Bridgeman, John Vanbrugh, William Kent und Capability Brown. Sie entwarfen eine weitläufige, komplexe Landschaft, die sie mit der landesweit größten Sammlung von Gartengebäuden bereicherten. »Eine solche Fülle vermittelt einen unaussprechlichen Reichtum«, schrieb Horace Walpole 1753.

Das Wohnhaus steht der Weite der Landschaft in nichts nach. Die Familie Temple, Schafzüchter aus den Midlands, hatten das Anwesen im 16. Jahrhundert erworben. General Sir Richard Temple, ein machtbewußter Whig und ab 1714 1. Viscount Cobham, baute das Haus um und wandte sich dem Garten zu. Im 18. Jahrhundert verwandelten Vanbrugh, Kent, Leoni, Adam und Soane das aus dem 17. Jahrhundert stammende Herrenhaus in einen palastartigen Wohnsitz.

Zwischen 1714 und 1720 legte Charles Bridgeman südlich des Hauses einige formale Gärten an. Sie waren von einer zentralen Achse beherrscht, die in einem achteckigen Wasserbecken kulminierte. Trotz dieses im wesentlichen eher altmodischen formalen Arrangements erzeugen die Pfade, die sich westlich der Achse durch Waldland winden, eine neuartige Zwanglosigkeit. William Kent, der in den späten 1720er Jahren nach Stowe kam, war zunächst allein mit architektonischen Fragen befaßt. Nur wenige Jahre später jedoch gestaltete er den Garten gänzlich neu um. In einem flachen Tal östlich von Bridgemans Zentralachse schuf er die Elysian Fields, ein waldiges Arkadien mit einem sich dahinschlängelnden Fluß und Wasserbecken, darüber – ebenfalls bis heute erhalten – der kuppelförmige Temple of Ancient Virtue, den Kent um 1735 entworfen hatte. In der Nähe steht Kents Temple of British Worthies, eine geschwungene Steingalerie, in deren Nischen Statuen von Heroen stehen, die dem patriotischen Geist der Whigs entsprachen.

In den frühen 1740er Jahren entstand östlich von Kents Elysium mit Hawkwell Field eine Art Schmuckfarm (*ferme ornée*), ursprünglich mit einem Heufeld in der Mitte. Sie hat ihr Gepräge bis heute bewahrt, da Schafe unter den Mauern von James Gibbs' Gothic Temple grasen. Von Gibbs stammt auch die palladianische Brücke über den Fluß südlich von Hawkwell Field. Die *ferme ornée* ist durch Vergils Beschreibung des bukolischen Landlebens inspiriert. Palladio – einige seiner Villen waren in der Tat vollwertige Farmen – hätte sich über diese Hommage angesichts der trefflichen Lage auf saftigem Weideland und des grasenden Viehs sicher gefreut.

Capability Brown wurde 1741 zum Chefgärtner von Stowe ernannt. Im Alter von nur 25 Jahren bekleidete er damit seinen ersten wichtigen Posten. Bis 1747 hatte er nördlich von Hawkwell Field das Grecian Valley angelegt, wobei mit den Charakteristika kurzgemähter Rasen sowie leicht wellenförmige Baumgürtel bereits einige Elemente zum Einsatz kamen, die ihn später auszeichnen sollten.

Stowe war in England der erste Garten, für den 1744 ein Führer veröffentlicht wurde. Landschaftsgärten wurden zu Beginn des 19. Jahrhunderts unmodern. Daran änderte sich bis weit ins 20. Jahrhundert hinein wenig, so daß Stowe noch 1918 in Methuens *Little Guide* für Buckinghamshire als »ein melancholisches Geschmacksrelikt aus dem 18. Jahrhundert« beschrieben wurde, »gefüllt mit pseudoklassischen Ansammlungen aller Art«. Heute wird das Haus als Schule genutzt, und der National Trust ist für das Anwesen mit seinen herrlichen Bauten und Ornamenten verantwortlich, deshalb ist Stowe in einem besseren Zustand als er es jemals seit dem 18. Jahrhundert war.

Der Temple of British Worthies – eine prachtvolle Galerie aus goldenem Stein – ziert William Kents Elysian Fields.

Penshurst Place

KENT

Nur wenige mittelalterliche Herrenhäuser reichen in puncto Schönheit und Bedeutung an Penshurst Place heran. Obwohl das Haus 1380 durch eine Vorhangwand befestigt wurde, diente es seit jeher vornehmlich als gewöhnliche Wohnstätte. Penshurst ist seit 1552 unverändert im Besitz der Sidneys. Mit der gut erhaltenen Hall aus dem 14. Jahrhundert und den prächtigen elisabethanischen und jakobitischen Zugaben steht das Gebäude in einem großen ummauerten Garten, dessen Grundstruktur aus dem 17. Jahrhundert datiert.

Ein von Kip Anfang des 18. Jahrhunderts angefertigter, 1719 in John Harris' *History of Kent* abgedruckter Kupferstich vermittelt ein anschauliches Bild von Haus, Garten und dem umgebenden Parkland.

Im ummauerten Garten steht diese polyedrische Sonnenuhr aus dem 17. Jahrhundert. Derartige Uhren geben die Uhrzeiten verschiedener Breitengrade an und enthalten oft auch eine Monduhr. Sie finden sich in Gärten von der frühen Tudorzeit bis ins ausgehende 17. Jahrhundert.

Nicht nur der formale Gartenbereich ist bereits in der gleichen Weise ummauert wie heute, auch das Arrangement der Pfade, Hecken und Einfriedungen hat sich kaum geändert. Im mittelalterlichen Wildpark beispielsweise, nördlich des Hauses, finden sich vereinzelt noch einige sehr alte Bäume, etwa eine angeblich aus dem Spätmittelalter datierende »Sidney-Eiche«.

Ausgehend von einem der ursprünglichen Eingänge, bilden zwei Staudenrabatten im Walled Garden eine markante zentrale Achse. Penshurst liegt im Herzen des Obstanbaugebiets von Kent. Kein Wunder also, daß es hier Apfelbäume gibt.

Der ummauerte Garten entstand zwischen 1570 und 1666 und bedeckt eine Fläche von 4 Hektar. Die Mauern bestehen aus feinem Ziegel, das Haus jedoch ist aus Stein – bei Profanbauten eine Seltenheit in diesem Landstrich. Der Walled Garden wurde im 18. Jahrhundert vernachlässigt; sein derzeitiger Aufbau ist das Ergebnis eines umfassenden Restaurierungsprogramms, das George Devey

Die Farbmuster des Flag Garden entstehen durch Lavendel (Lavandula angustifolia *'Munstead') sowie rote und weiße Beetrosen. Im Frühjahr erzeugen Tulpen einen ähnlichen Effekt.*

Mitte des letzten Jahrhunderts durchgeführt hatte. Eine historistische Grundhaltung war für die damalige Zeit typisch. Zwar blieben die Mauern unverändert, doch man weiß nicht genau, wie aufwendig sich die Arbeiten für Devey gestalteten, das Erscheinungsbild aus dem 17. Jahrhundert wiederherzustellen. In Penshurst wurde jedoch niemals landschaftsgärtnerisch gearbeitet; dank der geldbedingten Vernachlässigung im 18. Jahrhundert ist es wahrscheinlich, daß die ursprüngliche Anlage weitgehend erhalten blieb.

Die Bepflanzung des Walled Garden stammt vermutlich aus dem 19. Jahrhundert und in großen Teilen aus der Nachkriegszeit. Zieräpfel und ortstypischer Haselnußgarten verkörpern einen bewußten, attraktiven Bezug auf die Obstgärten von Kent. John Evelyn notierte 1652 in sein Tagebuch: »Wir begaben uns nach Penshurst, berühmt für seine Gärten und exzellenten Früchte.« Die Gartenräume verlaufen patchworkartig entlang zweier Achsen – eine erstreckt sich von Norden nach Süden auf einer Linie mit einem Tor in der Südmauer, die andere wird im rechten Winkel gekreuzt. Beide Achsen bieten verlockende Durchblicke und verbinden die unterschiedlichen Gartenpartien auf harmonische Weise. Zwei renommierten Gartenarchitekten der Nachkriegszeit verdanken wir attraktive Ergänzungen: John Codrington entwarf den Nut Garden und den Grey and White Garden, und Lanning Roper konzipierte eine Doppelrabatte.

Penshurst verfügt über den größten erhaltenen ummauerten Ziergarten in ganz England. Dank aufwendiger Pflege und ausgiebiger moderner Bepflanzung konnten die Sidneys einen außergewöhnlichen Hort der Gastlichkeit schaffen.

Audley End

ESSEX

Als John Evelyn die Anlage 1654 besuchte, notierte er: »Ohne Vergleich ... und einer der stattlichsten Paläste des Königsreichs, die Gärten aber sind nicht in Ordnung.« Audley wurde zwischen 1603 und 1614 für Thomas Howard, den 1. Earl of Suffolk, errichtet und war zum Zeitpunkt von Evelyns Besuch einer der größten Paläste Englands. Ein Kupferstich (um 1676) von Henry Winstanley zeigt zahlreiche, um zwei Höfe gruppierte Gebäude und im Süden den »Mount Garden« – ein recht strenges formales Arrangement – sowie im Norden den »Cellar Garden« (»Wilderness«) – ein Baumdickicht. Anläßlich eines zweiten Besuchs im Jahr 1655 sprach Evelyn von einem »fröhlichen gotischen Gebäude, gelegen jedoch auf obskurem Grunde«. Er registrierte allerdings auch »eine Allee von Linden« und einen Park.

In der ersten Hälfte des 18. Jahrhunderts wurden zwei Drittel des Hauses abgerissen, und nur der verkürzte zentrale Court blieb bestehen. Sir John Griffin Griffin beauftragte Capability Brown 1762 mit dem Entwurf eines Landschaftsparks. Die Lage des Hauses dicht am Ufer der Cam verwandelte Brown in einen Vorteil. Er entfernte die alten Parkmauern westlich des Hauses und legte ausgreifende Rasenflächen an. Sie führten zum Fluß hinab, dessen Ufer auf pittoreske Weise in Kurven gelegt wurde. Zur gleichen Zeit erhielt der Architekt Robert Adam den Auftrag, für den Park einige Bauwerke zu entwerfen. Adam errichtete 1763/64 südwestlich des Hauses eine dreibogige Brücke, welche die Saffron Walden Road über den Fluß führte. Dies und noch mehr zeigt ein Ölgemälde von Edmund Garvey aus dem Jahr 1782: Der Fluß schlängelt sich durch den Vordergrund, und das Haus steht halb verborgen hinter Baumgruppen – ein für Brown charakteristischer Effekt. Jenseits der London Road errichtete Adam 1772 in einiger Entfernung zum Haus den Temple of Victory, um an das Ende des Siebenjährigen Krieges im Jahr 1764 zu erinnern.

Das vielleicht originärste Gartenelement war das 1830 östlich des Hauses unter Beteiligung von William Sawrey Gilpin angelegte Blumenparterre. Dieser frühe historistische Entwurf bestand aus einem komplexen Muster von Beeten, leicht beeinflußt von den französischen Barockanlagen des 17. Jahrhunderts, doch mit verschiedenen Stauden und mit Rosen bepflanzt. Durch Mangel an Arbeitskräften, der während des Zweiten Weltkriegs entstand, mußte das Parterre aufgegeben werden. Die ursprüngliche Gliederung der Beete ließ sich 1985 durch eine archäologische Grabung ermitteln; dank einiger erhaltener Aufzeichnungen über das Pflanzschema aus dem Jahr 1830 konnte das Parterre 1993 seine Wiedergeburt feiern. Strauchrosen und Sträucher sind mit den verschiedenartigsten Stauden unterpflanzt (Glockenblume, Tränendes Herz, Fingerhut, Lilie, Pfingstrose, Veilchen), und Sommerlücken werden durch einjährige Beetpflanzen ausgefüllt. Den besten Blick auf dieses Blumenparterre ermöglichen die im ersten Geschoß liegenden Räume. Sie bieten dem Besucher ein Erlebnis, wie es ein Gast zu Zeiten Jakobs I. beim Blick auf die nüchterneren Parterres vor fast 400 Jahren gehabt haben mochte.

Das vor der Ostfassade des Hauses gelegene, 1830 mit Hilfe von W. S. Gilpin angelegte Blumenparterre.

Sudeley Castle

GLOUCESTERSHIRE

Sudeley Castle liegt hoch über dem abgeschirmten Tal von Winchcombe im Schutz von Waldland, das nach Osten und Norden hin auf größere Höhen ansteigt. Seit der altsächsischen Ära hatte an dieser Stelle bereits ein Haus gestanden, das derzeitige Gebäude datiert jedoch aus der Zeit von Ralph Boteler, der es als Nachfahre des letzten Lord Sudeley 1398 ererbt hatte. Das Haus fiel im 15. Jahrhundert an die Krone und durchlief eine komplizierte Historie, bis es 1649 während des Civil War unbewohnbar wurde. Im 19. Jahrhundert wurde es von den Brüdern William und John Dent gekauft, zwei Handschuhmacher aus Worcester, die es restaurierten und somit seinen Fortbestand sicherten.

Die Umgebung des Castle hat weitgehend den Charakter von mittelalterlichem Parkland und blieb von den gartengestalterischen Einflüssen des 17. und 18. Jahrhunderts unberührt, da das Anwesen während dieser Perioden nicht bewohnt war. Einige der mittelalterlichen Parkmauern sind zwar noch erhalten, doch der Garten, wie er sich dem heutigen Besucher präsentiert, entstand ausschließlich im 19. und 20. Jahrhundert. Der südöstlich des Castle gelegene Queen's Garden stammt aus den 1850er Jahren, aus der Zeit der Restaurierung durch die Dents. Breite Eibenhecken umschließen hier schattige Wege und münden an den Enden und in der Mitte in gerundete Pfeiler. Die Endpunkte des Gartens werden von Paaren gewaltiger Eibenkuppeln bewacht. Kiespfade führen durch Beete mit einer sauber geschnittenen Raseneinfassung. Die Beete sind geradlinig und symmetrisch angeordnet. In ihrer Mitte trifft man auf ein Wasserbecken mit Balustrade und Fontäne.

Im 19. Jahrhundert blühte dieser Garten nach einem raffinierten saisonalen Pflanzplan, seit 1988 aber wurden unzählige alte Strauchrosensorten gepflanzt. Östlich von Queen's Garden bietet eine erhöhte Terrasse einen Blick wahlweise auf die Gärten oder das südlich jenseits der Mauer liegende Parkland. Solche erhöhten Wege wurden im ausgehenden Mittelalter oftmals am Rand des Parklands angelegt, damit die Damen der Gesellschaft die Jagd aus sicherer Entfernung, gelegentlich von einem Belvedere aus, verfolgen konnten.

Nordwestlich des Hauses trifft man auf die dachlosen Reste einer aus dem 15. Jahrhundert stammenden Scheune und auf ein langes, rechteckiges Seerosenbecken. Die Scheunenmauern sind reich mit Rosen, Wisteria, Clematis und vielen ungewöhnlicheren Pflanzen wie der Trompetenblume (*Campsis radicans*) geschmückt.

Die aus blassem Cotswold-Stein bestehenden Gebäude des Castle sind von jedem Gartenteil aus sichtbar und erheben sich zu einer romantischen Kulisse.

Die Walnuß (Juglans regia) *gelangte vermutlich durch die Römer nach England. Dieses alte Exemplar ist eine wahre Zierde.*

RECHTS: *Die von Eibenhecken gesäumten viktorianischen Parterres erhielten eine lebendige Neubepflanzung. Im Vordergrund die blaßblaue* Veronica gentianoides *und dahinter Rosmarin, Lavendel und eine Fülle von Strauchrosen.*

Painshill Park

SURREY

Die Geschichte von Painshill Park ist ein seltenes Beispiel dafür, wie ein berühmter Garten fast vollständig verschwinden und später eine triumphale Wiederauferstehung feiern kann.

Schöpfer des Gartens war Charles Hamilton, der das Land 1738 erworben hatte und es umgestaltete, bis ihn 1773 Schulden zum Verkauf zwangen. Sein Grundstück bestand aus sehr kargem Farmland – »ein verfluchter Hügel«, wie Horace Walpole schrieb, doch mit den Hängen, die zum Fluß Mole hinabführten, bot es eine ansehnliche Lage. Als jüngstes der 14 Kinder des Duke of Abercorn war Charles Hamilton keineswegs in der Lage, sich das Vergnügen der Reichen zu leisten und eine weite Landschaft zu gestalten. Mit Hilfe einträglicher Posten hielt er sich jedoch über Wasser und konnte einen der bemerkenswertesten und meistkommentierten Landschaftsgärten des 18. Jahrhunderts schaffen.

Über Hamiltons Leben ist nur bekannt, daß er zwei Kavaliersreisen absolvierte und sich in Italien und Frankreich intensiv mit Kunst befaßt hat. Auch weiß man von seinem großen Interesse für Pflanzen. Sein Garten gleicht einer Reihe individuell geprägter Etappen, die sich entlang des Flusses und des Ufers eines von ihm selbst geschaffenen Sees erstrecken. Obwohl auch Architektur und arkadische Szenen eine Rolle spielen, verdankt Painshill seine besondere Wirkung Hamiltons Leidenschaft für Pflanzen. Er führte zahlreiche Exoten ein, vor allem Immergrüne aus Nordamerika, die er nicht als Solitäre, sondern in naturalistischer Weise pflanzte. In seiner *Encyclopaedia of Gardening* (1822) spricht John Claudius Loudon von Painshill als »eine(r) der wunderbarsten und verdienstvollsten Stätten Englands«. Er schreibt: »Die Gehölze sind so angelegt, daß sie aus sich heraus Abwechslung schaffen, und zwar durch Gruppierung in natürlicher Ordnung; so überwogen in einem Teil Kiefern und Tannen, in einem anderen Wasserpflanzen.«

Die Inselgrotte ist ein gelungenes Beispiel für eine Grotte aus dem 18. Jahrhundert. Nach jahrelanger Restaurierung entfaltet sie heute ihre wahre Natur in voller Pracht.

Die Bepflanzung scheint somit jene am Lebensraum orientierte Form des natürlichen Gärtnerns vorweggenommen zu haben, die William Robinson mehr als 100 Jahre später populär machen sollte.

Hamiltons Bauwerke verleihen den einzelnen Gartenpartien eine jeweils eigene Atmosphäre. Der in den 1750er Jahren errichtete Gothic Temple blickt auf heitere Szenen mit grasenden Schafen und friedlichen Wassern. Ruined Abbey, das direkt am Seeufer liegt, verkörpert dagegen etwas düster Bedrohliches.

Das an einer Flußschleife plazierte Mausoleum ist als Ruine eines römischen Triumph-

bogens angelegt und regt an zu wehmütigen Gedanken über den Niedergang der Weltreiche und den Verfall alles Irdischen.

Von Hamiltons Weggang im Jahr 1773 bis zum Zweiten Weltkrieg wurde das Anwesen gut unterhalten, doch danach ging es rasch bergab. Painshill war in einem bedauernswerten Zustand, als 1981 eine Treuhandgesellschaft gegründet wurde. Ihre Leistungen grenzen an ein Wunder, und Hamiltons mysteriösem, magischen Garten blieb das absehbare Ende erspart. Zahlreiche Bauten wurden bereits restauriert, und die Arbeiten dauern an. Sein eben erst vollendetes, exotisches Türkisches Zelt, das aus Ziegeln, Blei und bemalter Leinwand besteht, thront erneut auf den Hängen über der Kaskade, und auch die auf der Insel gelegene, außergewöhnliche Labyrinthgrotte, in den 1760er Jahren von Joseph Lane aus Tisbury geschaffen, erhielt ihre alte Pracht zurück. Elizabeth Montagu schrieb 1755: »Ach, begleite mich zu Mr. Hamiltons Garten. Er ist einfach unbeschreiblich. Welch liebliche Vollendung der Kunst, die Kunst zu verbergen.« Der heutige Besucher kann es nunmehr Elizabeth Montagu gleichtun und die geniale Schöpfung Hamiltons mit eigenen Augen bestaunen.

Ruined Abbey, die am nördlichen Ufer des Sees steht, mit dem frisch restaurierten Weingarten. Laut Hamilton soll der hiesige Wein »eine feinere Blume denn der beste Champagner« gezeigt haben.

Mount Edgcumbe

CORNWALL

Das in den 1550er Jahren von Sir Richard Edgcumbe errichtete Gebäude brannte im Zweiten Weltkrieg bis auf die Grundmauern nieder. Das derzeitige Haus entstand 1951 nach Plänen von Adrian Gilbert Scott und hat die gleichen Abmessungen wie das alte Herrenhaus. Am schönsten jedoch ist die herrliche Klippenlage, mit Meeresblick zur einen und Sicht auf den Plymouth Sound zur anderen Seite. Seit dem 17. Jahrhundert zeigten sich die Besucher angetan von den reich bewaldeten Hängen. Die Edgcumbes hatten hier jedoch nur einige kahle Hügel vorgefunden.

Bei einem Besuch sprach Celia Fiennes 1698 von »Hügeln, geziert von Gehölzen, die durch Wege in mehrere Reihen von Bäumen geteilt werden« – eine Wirkung, die auch dem heutigen Besucher nicht verschlossen bleibt; eine spektakuläre Dreierallee aus Kastanien, Eichen und Bergahornen verläuft unterhalb des Hauses weiter hangabwärts. Einen Überlebenden der ersten Anpflanzung, eine 400 Jahre alte Linde, findet man hinter dem Haus in Earl's Garden, dem außerdem eine Spanische Eiche (*Quercus × hispanica* 'Lucombeana'), eine seltene mexikanische Kiefer (*Pinus patula*) und ein imposanter »Muschelsitz« (Shell Seat) aus dem 18. Jahrhundert zur Zierde gereichen. John Claudius Loudon erblickte hier 1842 auf einer seiner Baumerkundungen viel Bewundernswertes: neun Meter hohe Magnolien, zahlreiche Korkeichen (*Quercus suber*, die empfindliche immergrüne Eiche aus dem Mittelmeerraum), zwölf Meter hohe Erdbeerbäume (*Arbutus unedo*) und vieles mehr.

Im 18. Jahrhundert wurde das Anwesen zumindest partiell mit spektakulär geschwungenen Wegen zwischen Wald und Meer, unmittelbar am Rand der Klippen, landschaftsgärtnerisch gestaltet. An der höchsten Stelle befand sich eine vor 1750 von Lord Edgcumbe errichtete Aussichtsterrasse.

Aus der Zeit dieser Aktivitäten datiert eine künstliche Ruine, passenderweise romantisch mit Efeu berankt und mit einem schlanken Maßwerk-Fenster versehen. Nordöstlich des Hauses entstand im späten 18. und frühen 19. Jahrhundert knapp oberhalb der Küstenlinie eine Reihe symmetrisch angelegter Gärten. Dort befand sich früher ein verwildertes Areal, wie aus einem Kupferstich (1737) von Badeslade hervorgeht. Dieser Bereich wird von riesigen Hecken aus Steineiche (*Quercus ilex*) umsäumt, die Loudon bereits 1842 bewundert hatte und die Schutz vor den Meereswinden bieten. Im Italienischen Garten trifft man auf ein schönes, vor 1788 entstandenes Gewächshaus, ein zentrales Bassin mit Flammenfontäne und eine mit Statuen geschmückte Doppeltreppe mit Balustrade. Ein Französischer Garten datiert aus der gleichen Epoche. Ganz in der Nähe, im Herzen der einstigen »Gartenwildnis«, steht ein zauberhaftes englisches Gartenhaus klassischen Stils aus der Zeit vor 1729. Gleich nebenan trifft man auf die mit 20 Arten und 450 Sorten größte Kameliensammlung Englands, die zur National Camellia Collection gehört.

Plymouth City Council und Cornwall County Council erwarben den Garten von Mount Edgcumbe 1971. Bis zur Fertigstellung des geplanten Landschaftsparks ist allerdings noch vieles zu tun.

OBEN: *Ein 1789 errichteter ionischer Tempel trägt eine Inschrift aus Miltons »Das verlorene Paradies«. Er bietet einen Blick auf das Meer und auch auf den landeinwärts gelegenen Garten.*

RECHTS: *Möglicherweise überkommen den heutigen Besucher ganz ähnliche Gefühle wie einst William Beckford, der 1781 schrieb: »Hier atme ich die sanfte Luft von Mount Edgcumbe, am Rande einer Meeresklippe stehend und Notturnos singend.«*

Knightshayes Court

DEVON

Der Autor C. L. Eastlake schrieb in seiner *History of the Gothic Revival:* »Knightshayes ist ungemein pittoresk, ausgeführt mit großer Eindringlichkeit.« Das Haus entstand zwischen 1869 und 1874 nach Entwürfen des präraffaelitischen Architekten William Burges für John Heathcoat Amory, dessen Familie durch Spitzenklöppelei zu Reichtum gelangt war. Burges war für seine glitzernden, polychromen Interieurs berühmt, doch Heathcoat Amory war bedauerlicherweise nicht reich genug, um das Haus nach seinen Plänen fertigstellen zu lassen. Für den Garten jedoch ist dies kaum von Belang, da das Äußere planmäßig ausgeführt wurde und die Südfassade einen dekorativen Hintergrund abgibt.

Das Haus ist prachtvoll gelegen, und das mit schönen Bäumen besetzte Parkland erstreckt sich nach Süden Richtung Tiverton. An dieser Hausseite wurden in den 1870er Jahren durch Edward Kemp, den einflußreichen Gartenarchitekten und Autor von *How to Lay out a Small Garden* (1850), einige formale Terrassen mit zentralen Treppen angelegt, die zu einem Wasserbecken führen. Sie blieben bis heute erhalten. Aus der gleichen Epoche stammt auch ein formaler, von Eibenhecken umschlossener Bereich östlich des Hauses. Eine echte Auszeichnung erfuhr der Garten jedoch erst durch die Arbeiten von Sir John und Lady Heathcoat Amory seit 1946.

Die Erde in diesem Teil Devons ist von dem gleichen rötlichen Braun wie der Stein, aus dem Knightshayes Court erbaut ist. An diesem Ort ist der Boden in den Terrassenbeeten neutral, während er in dem alten Waldland östlich des Hauses sauer ist. Die Heathcoat Amorys schufen hier »einen Garten in einem Wald«, und weniger einen landläufigen Waldgarten. Bei der Auswahl der Pflanzen wurde der Standort berücksichtigt, wobei sowohl der Lebensraum als auch ästhetische Aspekte eine Rolle spielten. Gehölze wurden ausgelichtet und zahlreiche Zierbäume und -sträucher zu weiten Lichtungen gepflanzt: Magnolie, Ahorn, Scheinbuche (*Nothofagus*), zahlreiche Rhododendren und der exquisite blaßgelbe, frühblühende *Stachyurus praecox*. Große Aufmerksamkeit gilt der Unterpflanzung mit verschiedenen Arten von Hundszahn, Farn, Wellen von Hasenglöckchen und Buschwindröschen. Im Sommer gefallen Lilien sowie blau- und weißblütiger Schwalbenwurzenzian (*Gentiana asclepiadea*).

Auch für die näher am Haus gelegenen formalen Bereiche wählten die Heathcoat Amorys eine distinguierte Bepflanzung. Zu Edward Kemps Zeiten noch für saisonale Pflanzen vorgesehen, warten die Terrassenbeete heute mit einer erlesenen Mischbepflanzung auf. Knightshayes wird zwar oft als »Pflanzergarten« angesehen, doch es gibt durchaus Bereiche, die sich vor allem durch Einfachheit und Effizienz des Entwurfs auszeichnen.

Im alten, eibenumsäumten Pool Garden mit einer weißen Figur vor kantigen Eibenmauern steht nur eine einzige Weidenblättrige Birne (*Pyrus salicifolia* 'Pendula') am Wasserbecken, neben einigen Seerosen und einem Saum aus Iris. Beschränkung ist eben genauso wichtig wie das Wissen um Art und Zeitpunkt der Bepflanzung.

Die Formenstrenge des runden Bassins wird nur durch einige Seerosen und Iris aufgelockert. Vor den zinnenbewehrten Eibenhecken hebt sich eine Weidenblättrige Birne (Pyrus salicifolia *'Pendula') ab.*

Abbotsbury Sub-Tropical Gardens

DORSET

Die Gärten von Abbotsbury an der Küste von Dorset liegen auf abschüssigem, zum Chesil Beach hinabführendem Gelände. Küstenlage und Schutz durch höhergelegenes Waldland bedeuten, daß Minustemperaturen sehr selten vorkommen. Große Teile des Waldlands bestehen aus Steineichen (*Quercus ilex*), die vor allem im Winter besonderen Schutz bieten und als Windfänge angelegt sind. Teile von Cornwall und die Westküste Schottlands sind zwar ebenfalls praktisch frostfrei, doch die ausgiebigen Niederschläge beschränken das Sortiment gartenwürdiger Pflanzen. In Abbotsbury regnet es vergleichsweise wenig, doch dank der seebedingten hohen Luftfeuchtigkeit gedeihen hier weitaus mehr unterschiedliche Pflanzen als in jedem anderen Garten auf dem britischen Festland. Der Boden ist hinreichend sauer, um den großen Blütensträuchern asiatischer Provenienz – Kamelien, Magnolien, Rhododendren – ausgezeichnete Bedingungen zu bieten.

In Abbotsbury wurde 1765 von der 1. Countess of Ilchester, die auch einen ummauerten Garten anlegte, ein Gebäude errichtet. Diese Burg brannte 1913 ab. Das nachfolgende Gebäude wurde 1936 abgerissen, doch der alte Walled Garden ist noch erhalten, ebenso die Pflanzensammlung, die weitgehend aus dem 19. Jahrhundert stammt.

William Fox-Strangways (gest. 1865), der spätere 4. Earl of Ilchester, zählt zu jener Schar aristokratischer Pflanzensammler, die im 19. Jahrhundert eine schier endlose Flut neuer Pflanzen nach England brachten. Zu seinem Angedenken wählte der Botaniker John Lindley, der ihn als »einen gelehrten und unermüdlichen Erforscher der europäischen Pflanzenwelt« beschrieb, den Gattungsnamen *Stranvaesia*. Doch seine Interessen reichten in Wirklichkeit weit über Europa hinaus, denn wir

LINKS: *Ältester Teil der Anlage ist der aus dem 18. Jahrhundert stammende Walled Garden. Ein Eingang wird durch stattliche Urnen mit* Helichrysum petiolare *verziert, während Hängepelargonien, Kapuzinerkresse und Kübel mit rosa und weißem Argyranthemum das Tor flankieren. Weiter hinten strebt der kahle Stamm von* Trachycarpus fortunei *in die Höhe.*

Die dschungelartige Atmosphäre wird durch geschickt bepflanzte Lichtungen aufgelockert. Unter den exotischen Wedeln der Fächerpalme (Trachycarpus fortunei) *bilden die violetten Kerzen aus Wollziest* (Stachys byzantina) *und das Silbergrau von Artemisia im Spätsommer einen passenden Hintergrund für die frischen blauen Dolden der Schmucklilie.*

verdanken ihm auch Pflanzen wie *Photinia* (früher: *Stranvaesia*) *nussia* aus dem Himalaja und die immergrune, im Herbst blühende *Citronella mucronata* aus Chile.

Der Ausbau des Gartens setzte sich im 19. Jahrhundert ungebrochen fort, so daß 1899 in einem Katalog bereits über 5000 verschiedene Pflanzen aufgeführt sind. Danach verlief die Entwicklung etwas langsamer, bis die Gärten in den 1960er Jahren restauriert und erweitert wurden.

Heute gibt es nach jeder Biegung eine Rarität oder eine zauberhafte Aussicht zu entdekken. Das gut bewässerte, leicht hügelige Gelände erhielt ein naturalistisches Aussehen, und Pfade laden zum Schlendern durch das exotische Blätterwerk ein. Eine ausgezeichnete Pflanzensammlung mit sehr großen Einzelexemplaren – wie die gut 30 Meter hohe Kaukasische Flügelnuß (*Pterocarya fraxinifolia*), die in England nur durch ein im benachbarten Melbury ebenfalls auf einem Anwesen Strangways stehendes Exemplar übertroffen wird – bereichert diese Partie.

Überall stoßen wir auf prächtige Bäume, darunter eine außergewöhnliche Sammlung von Hartriegelgewächsen mit nur für das mildeste Klima geeigneten Arten wie *Cornus capitata*. Die Uferbepflanzung besteht aus asiatischen Primeln, im Sommer gefolgt von Gunnera, Pestwurz und Zierrhabarber mit seinen spektakulären Blättern.

Nach den verheerenden Sturmschäden vom Januar 1990 wurde ein zehnjähriges Restaurierungsprogramm aufgelegt. Angepflanzt werden nun auch Arten aus speziellen geographischen Zonen wie dem Himalaja, Neuseeland und Südamerika.

Abbotsbury ist dadurch zu einer Schatzkammer für den Botaniker und zu einer Stätte nachhaltigen Vergnügens für den normalen Besucher geworden.

Chiswick House

GREATER LONDON

Alexander Pope schrieb 1732: »Ich versichere Ihnen, Chiswick House war für mich das Prächtigste, auf das diese glorreiche Sonne je geschienen hat.« Das ab 1726 von Richard Boyle, dem 3. Earl of Burlington, entworfene Haus wurde in England zu einem Wegbereiter des Palladianismus. Lord Burlington hatte das Wesen dieser Bauweise vor Ort studiert (vor allem in Vicenza) und besaß auch einige Zeichnungen Palladios. Das kuppelförmige Haus in Chiswick wurde Palladios Villa Rotonda nachempfunden und neben einem alten Herrenhaus errichtet, das im späten 18. Jahrhundert abgerissen wurde. Lord Burlington hatte Titel und Anwesen 1703 im Alter von zehn Jahren geerbt. Sein erstes Bauwerk war ein Gartenhaus, das 1717 errichtet und als *casina* oder *bagnio* bekanntwurde. Es wurde von Statuen Inigo Jones' und Andrea Palladios flankiert, die heute an anderer Stelle plaziert sind. Das *bagnio* jedoch wurde 1778 abgerissen. Der Garten, wie er vor dem Bau der palladianischen Villa bereits existiert hatte, war ein für die damalige Zeit typisches, raffiniertes Konstrukt. In *A Journey Through England* (1724) schieb John Macky: »Des Earl of Burlington feine Gärten in Chiswick. Ihre ganze Bewerkstelligung ist die Wirkung des eigenen Genies und sonderlich feinen Geschmacks seiner Lordschaft. Jeder Weg mündet bei einem kleinen Bauwerk, einer bei einem heidnischen Tempel wie etwa dem Pantheon, ein anderer bei einer kleinen Villa, wo Mylord oftmals diniert anstatt zu Hause.«

Aufgelockert durch Statuen und Urnen, säumen alte Libanonzedern und neu gepflanzte Echte Zypressen den vom Haus zur Exedra führenden Weg.

Nur wenige Gärten wurden in ihrer Blütezeit in Gemälden, Zeichnungen und Stichen so häufig dargestellt wie Chiswick. Diese zeigen eine verblüffende Vielzahl von beabsichtigten oder verwirklichten Veränderungen. Lord Burlington schwebte ein Garten vor, wie er seiner Vorstellung nach in alten Zeiten existiert hatte. In den 1720er Jahren begann William Kent, der bereits am Haus mitgearbeitet hatte, auch auf den Garten Einfluß zu nehmen. Der in Rysbracks Gemälde (um 1728) dargestellte Orange Tree Garden besaß einen von Kent entworfenen Tempel, ähnlich einem Pantheon en miniature, ein Wasserbecken mit Obelisk

und Orangenbäume in Kübeln, arrangiert auf Rundterrassen, die einem Amphitheater glichen. In Kents Zeichnungen finden sich auch Ideen für eine Exedra – eine mit Figuren verzierte, gewölbte Mauer oder Hecke. Eine Exedra entstand tatsächlich nach 1733 und blieb, entlang des Orange Tree Garden, mit Eibenhecken und einer Mixtur aus Statuen und Urnen bis heute erhalten.

Nach Lord Burlingtons Tod im Jahr 1753 gelangte das Anwesen durch seine Tochter in den Besitz der Cavendishs aus Chatsworth. Der 6. Duke of Devonshire fügte 1813 ein von Samuel Ware entworfenes Gewächshaus hinzu. Südlich davon legte Lewis Kennedy 1814 einen Italienischen Garten an.

Nach längerer Verpachtung veräußerte der 9. Duke das gesamte Anwesen schließlich an den Middlesex County Council. Die Grundstücksverwaltung liegt heute in Händen der London Borough of Hounslow, das Haus selbst wurde an English Heritage übertragen und inzwischen hervorragend restauriert.

Die Gärten, deren früherer Charakter weitgehend erhalten blieb, werden derzeit mit viel Aufwand restauriert. Trotz Einzwängung zwischen zwei der belebtesten Londoner Straßen konnten Haus und Garten vieles von der Atmosphäre bewahren, wie sie Lord Burlington schätzte.

RECHTS: *Der Italian Garden entstand im frühen 19. Jahrhundert. Das formale Bild wird heute durch Kugelrobinien* (Robinia pseudoacacia *'Umbraculifera') und buchsgesäumte Beete geprägt.*

Scotney Castle

KENT

In Scotney trifft man gleich auf zwei Burgen (eine alte und eine neuere), zwischen denen sich ein außergewöhnlich pittoresker Landschaftsgarten erstreckt. Das Anwesen war im 12. Jahrhundert Eigentum von Lambert de Scoteni. Als das alte Castle im 14. Jahrhundert errichtet wurde, befand es sich in den Händen der Ashburnhams und ging später durch Heirat an die Darells über, die hier lebten, bis das Anwesen 1778 an Edward Hussey veräußert wurde.

Dessen Enkel beschloß den Bau eines neuen Castle auf einer oberhalb des älteren Gebäudes liegenden Anhöhe. Als Architekten wählte er Anthony Salvin, der zwischen 1837 und 1844 ein Herrenhaus mit Ziergiebeln im Tudorstil errichtete.

Hinsichtlich der Lage seines neuen Hauses konsultierte Hussey den Künstler und Landschaftsgärtner William Sawrey Gilpin. Nach Aussage seines Mentors, Sir Uvedale Price, vertrat dieser die Ansicht, daß die »Vorbedingung für das Ausbilden eines rechten Sinnes für Landschaften ... zuvörderst im Studium der Landschaftsmalerei« liege. Mit Gilpin als Berater wurde zwischen den beiden Castles ein pittoresker Garten angelegt, der die prächtige Lage optimal nutzte.

Da der Stein für das neue Castle aus den tiefer gelegenen Hängen gebrochen wurde, bildeten sich dort einige romantisch wirkende Vernarbungen und Aushöhlungen. Gleich unterhalb des neuen Castle bot eine Aussichtsterrasse einen Blick auf das talwärts gelegene Old Castle. Nachdem die aus dem 17. Jahrhundert stammenden Anbauten entfernt wurden, bildet es mit seinem zinnenreichen Eckturm und dem romantischen Burggraben einen malerischen Blickfang.

Die felsigen Hänge zwischen den beiden Castles sind mit Zierbäumen und -sträuchern bepflanzt. Der saure Boden bietet ausgezeichnete Bedingungen für Azaleen, Rhododendren und die Lorbeerrose *Kalmia latifolia*, die W. J. Bean als »das vermutlich schönste, in dieser Region gedeihende immergrüne Strauchgewächs« bezeichnet hat. Im Frühling bieten seine von reinem Weiß bis zu rosafarbenem Pink reichenden Blüten einen wunderschönen Anblick. Trotz der Schäden durch den Sturm im Jahr 1987 präsentiert sich die Flora in prachtvoller Reife. Im Frühjahr warten die blühenden Sträucher mit zahlreichen Farben auf, gefolgt vom Herbstlaub von *Liquidambar styraciflua*, Tupelo (*Nyssa sylvatica*) und zahlreichen japanischen Ahornen. Immergrüne Bäume wie die Flußzeder (*Calocedrus decurrens*) mit ihrer auffallenden Größe und Schlankheit verkörpern auch im Winter ein erlesenes Dekor.

Im Vorhof des alten Castle legte Christopher Hussey im Umkreis eines alten Brunnens kurz nach Übernahme durch den National Trust im Jahr 1978 einen Kräutergarten an. Auf einer schattigen Halbinsel ganz in der Nähe erhebt sich eine Bronzestatue von Henry Moore, die dieser zum Angedenken an Christopher Hussey persönlich überreicht hatte.

Das Panorama, das sich von der Bastei aus auf die Gärten bietet, ist ebenso prächtig wie der Abstieg entlang den dicht bepflanzten Hängen. Wenn sich der Besucher, am Wassergraben angelangt, zurückwendet, wird er zwischen Koniferen in luftiger Höhe das neue Castle erblicken.

Von der unterhalb des neuen Castle gelegenen Bastei bietet sich dem Besucher ein schöner Blick auf das pittoreske, von Bäumen eingerahmte Old Castle.

Cobham Hall

KENT

Von der mit einer Balustrade eingefaßten Bastei, dem Kulminationspunkt der von Humphry Repton geschaffenen Terrasse, blickt man auf den ehemaligen Wildpark.

Cobham Hall zählte zu den feinsten Häusern Englands und besaß einen standesgemäßen Garten. Das im späten 16. Jahrhundert aus rosarotem Ziegel errichtete Gebäude präsentiert einige Steinmetzarbeiten, die an Lord Cobham erinnern, dessen Familie in diesem Teil Kents verwurzelt war – Gedenktafeln aus dem frühen 14. Jahrhundert finden sich in der nahegelegenen Kirche St. Mary Magdalene. Im frühen 17. Jahrhundert erfolgten zahlreiche Anbauten, nachdem das Haus in den Besitz der Dukes of Lennox und Richmond übergegangen war. Nach einem komplizierten Wechsel der Besitzverhältnisse wurde das Anwesen im frühen 18. Jahrhundert Eigentum der Blighs, Earls of Darnley. Haus und Garten gingen 1962 in den Besitz des Westwood Educational Trust über, der dort ein Mädchenpensionat führt.

Der Garten wird erstmals in Holinsheds *The Chronicles of England, Scotland and Ireland* (1577) erwähnt und beschrieben als »ein seltener Garten ..., welcher nicht mangelt an keiner Art fremder Blume oder Baumes, die Preisung oder Preis aus dem weitesten Teil Europens oder von andren fremden Landen erhalten mag, weshalb er nicht minder ist als der Garten von Semiramis« (Semiramis, Königin von Assyrien, schuf mit den Hängenden Gärten von Babylon eines der Sieben Weltwunder). Im 16. und 17. Jahrhundert lag das Haus inmitten eines Wildparks. Da man über Belege für die Existenz nördlicher und südlicher Terrassen verfügt, mag es dort zugleich einige formale Gärten gegeben haben. Westlich des Hauses verliefen vier Lindenalleen; einige wenige Bäume sind im Südwesten noch erhalten.

Lady Darnleys Garden, ein Teil der Schöpfungen Humphry Reptons am Ende des 18. Jahrhunderts, wird durch Sandsteinfindlinge und einen schmucken ionischen Tempel verziert.

Meilenstein in der Geschichte des Gartens ist das Jahr 1790, als Humphry Repton mit neuen Entwürfen beauftragt wurde. Sie sind in dem Skizzenbuch enthalten, das er für Cobham anlegte und in dem er beschreibt, wie er sich das künftige Erscheinungsbild des Gartens vorstellt: »Das Haus ist kein gewaltiger Haufen mehr, nackt auf weitläufigem Weidegrund stehend. Rosen und Jasmin zieren seine Mauern; die Gemächer werden von den Düften der auf allen Seiten gepflanzten Blumen erfüllt ... die ganze Umgebung atmet Schicklichkeit, Eleganz und Behaglichkeit.« Repton schuf eine geschwungene nördliche Zufahrt, entfernte die meisten formalen Alleen, fügte einen »naturnahen Blumengarten« hinzu und pflanzte zahlreiche Bäume – einige prächtige Libanonzedern (*Cedrus libani libani*) sind noch erhalten. Nördlich des Hauses legte er auf welligem Gelände einige geschwungene Wege an, mit sorgfältig orchestrierten Blicken auf James Wyatts Mausoleum (1783) in der Ferne oder auf »Peggy Taylor's Hill«, der sich hinter einer Heckenöffnung flüchtig abzeichnet. Der »naturnahe Blumengarten« verfügte über ein Vogelhaus, eine Grotte (Merlin's Cave) und einen ionischen Tempel (1777 von Sir William Chambers erbaut), der 1820 von Ingess Abbey hierher umgesetzt worden war. Jenseits des südlichen Rasens plazierte Repton eine ausschließlich als Blickfang fungierende, 1795 von James Wyatt entworfene Meierei.

Cobham Hall ist eine der erlesensten, von Repton gestalteten Landschaften, die bis heute erhalten blieben. Das gegenwärtige Restaurierungsprogramm wird leider durch knapp bemessene Mittel in seinem Fortgang verlangsamt.

Kiftsgate Court

GLOUCESTERSHIRE

Der aus dem 20. Jahrhundert stammende Begriff »Pflanzergarten« beschreibt einen im wesentlichen vernachlässigten Ort, an dem das botanische Interesse alle anderen Aspekte überwiegt. Einigen Gärten jedoch gelingt es, eine immense Vielfalt guter Pflanzen auch in einem schönen Umfeld zu präsentieren – Kiftsgate Court, über einen längeren Zeitraum in den Händen einer einzigen Familie, ist hierfür ein ausgezeichnetes Beispiel.

Das Haus entstand ungefähr 1880 unter Einbeziehung eines aus dem 18. Jahrhundert stammenden Portikus aus dem nahegelegenen Mickleton Manor. Unmittelbar am Rand des Steilabbruchs der Cotswolds gelegen, bietet sich nach Nordwesten ein herrlicher Blick auf das jäh abfallende Vale of Evesham. Das Anwesen gelangte 1917 in den Besitz der Muirs; der Garten wurde von Heather Muir ab 1920 betreut. Kiftsgate liegt in der Nähe von Hidcote Manor, wo der mit Heather Muir befreundete Lawrence Johnston vor dem Ersten Weltkrieg seinen berühmten Garten geschaffen hatte.

Wegen der ständig wehenden Westwinde und der ungeschützten Lage begann Heather Muir schon bald mit der Anpflanzung von Windfängen und schuf für die unmittelbare Umgebung des Hauses nach und nach einen Schutzwall aus Pflanzen, die – zusammen mit der natürlichen Dränage – ein optimales Mikroklima in dieser kalten Region erzeugten. Die so begonnene Tradition wurde durch ihre Tochter, D. H. Binny, und später durch ihre Enkelin, A. H. Chambers, fortgesetzt.

Die im abgesenkten White Garden stehende Fontäne wurde aus einer alten Brunneneinfassung gebildet. Im Vordergrund die gelbe Rosa ecae, *dahinter* Cornus controversa *'Variegata',* Cercis siliquastrum *und* Hydrangea villosa.

Der heutige Garten präsentiert sich als bewundernswerte Mischung von gestalteten und naturbelassenen Partien. Die formalen Abteilungen nahe des Hauses (Four Squares und White Gardens) stehen in engem Bezug zur Architektur des Gebäudes. Der nordöstlich gelegene, von Buchenhecken gesäumte Rosengarten besitzt einen Pfad mit Hecken aus *Rosa gallica* 'Versicolor' und zu beiden Seiten sehr tiefe Strauchrosenrabatten. Heather Muir zählt zu den Pionieren bei der Wiederentdeckung der Alten Rosen. Von ihr stammt außerdem *R. filipes* 'Kiftsgate' (als Original erhalten), und die exquisite *R.* 'Heather Muir' (ein Abkömmling von *R. sericea*) kann man weiterhin im White Garden bestaunen. Auf den Hängen (The Banks) südwestlich des Hauses legte die Besitzerin zickzackförmige Pfade an, wobei sie Teile alter Stützsteine verwandte. Im Schutz der Bäume wächst an diesem stark entwässerten Standort ein völlig anderes Sortiment von zum Teil frostempfindlichen Pflanzen: Olearia aus Neuseeland, Cistus aus dem Mittelmeerraum und Ceanothus aus Kalifornien. Am Fuß des Abhangs trifft man im Lower Garden auf Abutilon, duftende *Azara dentata* aus Chile, empfindliche *Buddleja fallowiana* und die schöne, rotstämmige *Drimys lanceolata.*

Kiftsgate betört vor allem durch seine Fülle. Der Park erscheint als reich bepflanzte Landschaft, in der das Wirken des Gärtners und Künstlers stets präsent ist, ohne sich dem Betrachter aufzudrängen.

RECHTS: *Virtuoses Arrangement aus Rot und Purpur unterhalb des Portikus: Im Vordergrund kräftig purpurfarbener und rosaroter Penstemon, überragt von kirschfarbener Buschmalve, Abelia und* Rosa glauca *im Hintergrund.*

The Manor House, Upton Grey

HAMPSHIRE

In den letzten Jahren erfuhren die Gartenideen der 1932 verstorbenen Gertrude Jekyll ein großes Interesse – ihre Bücher wurden neu aufgelegt, und zahlreiche Publikationen über sie sind neu erschienen. Gertrude Jekyll war kurz vor Ausbruch des Ersten Weltkriegs auf dem Höhepunkt ihrer Aktivitäten angelangt – als die katastrophalen sozialen und wirtschaftlichen Umwälzungen einsetzten, die die professionell betriebenen Gärten der Mittelschicht, mithin ihre charakteristische Arbeit, nahezu vernichteten. Jekyll entwarf eine Unzahl von Gärten und war bei vielen anderen beratend tätig, doch fast keiner von ihnen wurde kontinuierlich gepflegt. Allerdings ermöglichte die theoretische Beschäftigung mit ihren gut dokumentierten Vorstellungen eine präzise Nachbildung ihrer Gärten – Upton Grey ist hierfür ein erstklassiges Beispiel.

Haus und Garten von Upton Grey verkörpern ein Sinnbild der Arts-and-Crafts-Bewegung. Sie wurden 1905 von Charles Holme, dem Herausgeber von *The Studio* erworben,

Von den Terrassen aus wird das Arts-and-Crafts-Haus hinter dem Pflanzendickicht sichtbar. Haus wie Garten zollen den traditionellen Materialien und Arbeitsweisen Respekt.

RECHTS: *Die untere Terrasse von Gertrude Jekylls Garten ist auf drei Seiten mit Trockenmauern eingefaßt, die mit für sie charakteristischen Pflanzen übersät sind: Hirschzungenfarn, Blaukissen, blaue und weiße* Campanula carpatica, *Lavendel und* Arenaria montana. *Die bepflanzten Mauern hüllen den Besucher in Farben, Düfte und Formen.*

der den Architekten Ernest Newton mit dem kompletten Umbau des bestehenden Hauses beauftragte. Zwischen 1908 und 1909 entwarf Gertrude Jekyll Pläne für einen neuen Garten. Sie stand auf dem Höhepunkt ihrer Karriere und hatte mit Hestercombe in Somerset zusammen mit Sir Edwin Lutyens soeben eine ihrer besten Arbeiten vollendet. Trotz der vergleichsweise bescheidenen Aufgabenstellung sollte Upton Grey zu einer ihrer besten Schöpfungen werden. Wie viele andere Gärten seiner Zeit überlebte auch er die beiden Weltkriege nicht. Als die beiden heutigen Eigentümer, John und Rosamund Wallinger, das Anwesen 1984 erwarben, gab es praktisch keinen Garten mehr. Die ursprünglichen Pflanzpläne waren jedoch erhalten geblieben, und mit der Hilfe des Hampshire County Council, von Gardens Trust und Experten für historische Gärten gelang ihnen eine bemerkenswerte Rekonstruktion.

Vor dem Haus hatte Gertrude Jekyll einen naturalistisch-informellen Garten im Stil William Robinsons angelegt – mit Gras, geschwungenen Pfaden, einem Wasserbecken und dekorativen Bäumen und Sträuchern. Auf der anderen Hausseite ersann sie ein komplexes, doch ungezwungenes formales Arrangement aus drei durch steinerne Stufen miteinander verbundenen Terrassen. Die stützenden Trockenmauern sind heute mit Hirschzunge (*Asplenium scolopendrium*), Spornblume (*Centranthus ruber*) und Gelbem Lerchensporn (*Corydalis lutea*) bepflanzt. Eine mit Rosen, *Jasminum officinale* und *Aristolochia macrophylla* drapierte Pergola zieht sich durch die Mitte der ersten Terrasse und lenkt den Blick vom Haus weg. Die acht trapezförmigen Beete der zweiten Terrasse präsentieren eine ausgewogene Bepflanzung mit rosafarbenen Chinesischen Päonien (*Paeonia lactiflora* 'Sarah Bernhardt') und vier Rosen aus dem 19. Jahrhundert, darunter 'Madame Caroline Testout' in der sehr seltenen Strauchform. Diese Rose ist stark duftend und hat ebenso üppige Blüten und eine ähnliche Farbe wie die Päonien. Die Beete sind mit silbernem Wollziest (*Stachys byzantina*) gesäumt – einem bevorzugten Stilmittel Jekylls. Typisch für Gertrude Jekyll sind der subtile Höhenübergang, die herrlichen Steindetails, die ruhevolle Symmetrie und die markante, unprätentiöse Bepflanzung. Tadellos restauriert, ist Upton Grey ein geeigneter Ort, um das Wesen ihrer Kunst zu begreifen.

Cliveden

BERKSHIRE

Cliveden besitzt eine spektakuläre Lage, wie John Evelyn 1679 in seinem Tagebuch festhielt: »Cliefden, dieser stupende natürliche Fels, Wald und Prospect des Duke of Buckingham«. George Villiers, 2. Duke of Buckingham, hatte das Anwesen kurz nach Wiederherstellung der Monarchie erworben, angezogen durch die Lage auf den Kalkfelsen hoch über der Themse, deren hiesiges »Serpentinieren« Evelyn besonders gepriesen hatte. Der Duke of Buckingham ließ durch den Architekten William Winde eine 30 Meter lange, mit Arkaden versehene Aussichtsterrasse errichten, um den Blick auf die zur Themse hinablaufenden bewaldeten Hänge genießen zu können. Nach dem Tod des Herzogs wurde das Anwesen an den Earl of Orkney veräußert. Er legte jene formalen Gärten an, die das heutige Erscheinungsbild deutlich prägen. Charles Bridgeman wurde mit der Anlage von Eibenwegen an den Hängen westlich des Hauses und eines Rasen-Amphitheaters beauftragt, in dem 1740 die Uraufführung von Thomas Arnes Maskenspiel *Alfred* stattfand, das die Hymne »Rule Britannia« enthält.

Lord Orkney ließ von Claude Desgots, einem Neffen André Le Nôtres, ein Parterre anlegen. Seine damals aus Versailles abgeschickten Originalzeichnungen (1713) zeigen zwei Möglichkeiten, das bestehende, vermutlich von Henry Wise stammende Parterre zu ersetzen. Ausgeführt wurde jedoch keine von ihnen, denn Lord Orkney entschied sich für eine weit schlichtere Lösung: eine rechteckige Rasenfläche mit erhöhten Wegen (sein »Quäker«-Parterre). Die heutige Anlage der Beete datiert aus den 1850er Jahren, als Sir Charles Barry an dem neuen klassizistischen Haus arbeitete, welches das 1849 durch ein Feuer zerstörte Gebäude ersetzen sollte. Dieses Muster aus langen, keilförmigen Buchshecken blieb erhalten und war in seiner Blütezeit unter der Regie von John Fleming Schauplatz einflußreicher Experimente mit saisonalen Pflanzplänen – in einem Fall wurden 30 000 Pflanzen benötigt, darunter 10 000 Tulpen.

Flemings Buch *Spring and Winter Gardening* (1864) enthält einen Bericht über diese Experimente. Den ursprünglichen Konturen folgend, ist das Parterre heute in schlichter Weise mit Blöcken aus Heiligenkraut, Kreuzkraut und Katzenminze bepflanzt.

Das Anwesen gelangte 1893 in den Besitz von William Waldorf Astor (dem späteren 1. Viscount Astor), der – wie daraufhin auch in Hever Castle – seine Sammlung klassischer Antiquitäten und architektonischer Fragmente als Zierrat zum Einsatz brachte. Neben hervorragenden römischen Sarkophagen bestanden diese in Cliveden vor allem aus Balustraden aus dem frühen 17. Jahrhundert, die Astor (gegen den Wunsch der italienischen Regierung) von der Villa Borghese in Rom erworben hatte und die nun William Windes Aussichtsterrasse umrahmten. Der italienische Einfluß wird auch im Long Garden nördlich des Hauses sichtbar: Mehrere venetianische Statuen mit Figuren der legendären Commedia dell'arte (Pantalone, Harlekin usw.) stehen neben schlanken, buchsgesäumten Beeten mit auffälligem Eibenformschnitt.

Ein weiteres Juwel sind die zu beiden Seiten des gewaltigen Eingangsbereichs gelegenen Staudenrabatten. Sie wurden 1969 von Graham Thomas für den National Trust, dem heutigen Eigentümer, entworfen, präsentieren ein verwobenes Muster aus Farbbändern und sind eine Interpretation der Theorie Gertrude Jekylls über Farben im Garten: »Die eine Rabatte ohne Pink, Mauve oder Purpur, die andere ohne Orange, Rot oder Gelb – ich meine, so sollte man einen Garten anlegen.«

OBEN: *Zwischen den Bäumen an den Hängen unterhalb des Gartens fällt der Blick wie zufällig auf die Themse.*

RECHTS: *Im Long Garden wird die Form dieser venetianischen Figur aus der Commedia dell'arte von einer mächtigen Eibensäule wieder aufgenommen.*

Seaton Delaval Hall

NORTHUMBERLAND

Seaton Delaval Hall, zwischen 1720 und 1728 für Admiral George Delaval erbaut, wurde von Sir John Vanbrugh entworfen. Der Soldat, Bühnenautor, Architekt und Gartenplaner Vanbrugh war eine schillernde Figur in einer außergewöhnlichen Epoche. Das Haus von Seaton Delaval wurde erst nach seinem Tod 1726 fertiggestellt.

Die Lage des neuen Hauses an der Küste von Northumberland, dicht bei Whitley Bay, war prächtig und eines Admirals würdig. Das von Vanbrugh entworfene Gebäude bäumt sich in dem offenen Gelänge förmlich auf und erscheint mit seinem dunklen Stein oftmals vom Meeresnebel eingehüllt. Vanbrugh verstand sich nicht nur auf das Entwerfen großer Gartenbauten (wie etwa für Castle Howard oder Claremont), sondern war sich stets auch der ureigenen Funktion des Hauses als eines Bestandteils der Landschaft bewußt. Welche Gartenarbeiten Vanbrugh in Seaton Delaval ausführte, ist nicht überliefert; einige Spuren aus dieser Zeit haben jedoch überlebt, wie beispielsweise eine Allee südwestlich des Hause, die höchstwahrscheinlich aus den 1720er Jahren datiert. Westlich des Hauses finden sich innerhalb des Gartens einige Reste von Erdbastionen. Dies deutet darauf hin, daß der Erdboden auf drei Seiten des Hauses zu einer großen Plattform aufgeschichtet wurde.

Die Delavals waren jedoch vom Schicksal nicht begünstigt: Der Admiral starb, bevor das Gebäude vollendet war, und sein Erbe, Francis Blake Delaval, fiel 1752, vor dem Portikus seines Hauses stehend, tot um. Der letzte Delaval starb 1814. Das Anwesen ging dann an die Astleys über, deren Nachfahr, der 22. Lord Hastings, heute dort lebt. Ein verheerender Brand entkernte 1822 einen Großteil des Hauses, und erst der heutige Eigentümer richtete das Gebäude mit einem neuen Dach und stilistisch genau abgestimmten Fenstern wieder anständig her. Das Interieur blieb jedoch vernachlässigt.

Lord Hastings begann sich mit großem Interesse dem Garten zuzuwenden und ließ 1947 nach Entwürfen von James Russell westlich des Hauses einen formalen Garten anlegen. Hier trifft man auf ein von niedrigen Buchshecken umfriedetes Rosenparterre, über dem eine schöne Bleistatue thront, die Simson im Kampf gegen die Philister darstellt. Jenseits zweier schmiedeeiserner Tore aus dem frühen 18. Jahrhundert schuf James Russell weiter unten ein stattliches Arrangement aus runden Buchsheckenfeldern, gefüllt mit Kugeln aus Heiligenkraut und begleitet von »Wachhäuschen« aus geschnittener Eibe und einer Reihe steinerner Urnen. In der Mitte steht eine Fontäne. Auf einer Grasanhöhe oberhalb einer der Basteien aus dem frühen 18. Jahrhundert hebt sich am jenseitigen Ende eine einsame Statue der Göttin Diana vor dem Waldhintergrund ab.

Hinter dem Haus spendet eine prächtige alte Traueresche (*Fraxinus excelsior* 'Pendula') einem Kiespfad Schatten, der dem kurvigen Verlauf zweier modern bepflanzter gemischter Rabatten folgt. Von hier aus hat man einen schönen Blick auf einen weiter entfernten Obelisken, der in altem Parkland südlich des Hauses steht.

OBEN: *Im symmetrisch angelegten Garten stehen Urnen in einem Doppelwall aus Heiligenkraut-Kugeln und Buchsringen. Dahinter erstreckt sich eine Parade von »Wachhäuschen« aus geschnittener Eibe.*

RECHTS: *Der als formales Parterre angelegte, mit Beetrosen bepflanzte moderne Rosengarten entspricht der Nüchternheit des angrenzenden Hauses. Im Hintergrund eine Statue mit Simson im Kampf gegen die Philister.*

Cottesbrooke Hall

NORTHAMPTONSHIRE

Cottesbrooke Hall wurde Anfang des 18. Jahrhundert vermutlich nach Entwürfen von Francis Smith of Warwick für Sir John Langham errichtet. Aus feinem rosafarbenem Ziegel und blassem Ketton-Stein bestehend, hat der Garten Jane Austens *Mansfield Park* als Vorlage gedient. In den 1770er Jahren erfolgten einige Anbauten, wie etwa Bögen an beiden Hausenden, hübsche Auszugshäuser und eine Vormauer mit Coadestone-Elementen am Westeingang.

In der Zwischenkriegszeit wurde das Haus neu ausgerichtet: Lord Gerald Wellesley entwarf einen neuen Eingang an der Nordfassade, während der frühere Eingang somit zur Gartenseite rückte. Die südliche Hausfront erhielt eine prächtige Verzierung durch einige stattliche formale Gärten, die Geoffrey Jellicoe 1937 entworfen hatte.

Die Ursprünge des Gartens liegen im Dunkeln. Auffallend ist jedoch die Ausrichtung des Hauses auf den Turm der drei Meilen entfernt an erhöhter Stelle stehenden All Saints Kirche in Brixworth. Auf dieser südlichen Hausseite finden sich Anzeichen für eine gestaltete Landschaft, und vermutlich borgte sich zu Zeiten des Hausbaus einer der angelegten Durchblikke den Kirchturm gleichsam als Blickfang.

Eine echte Auszeichnung erfuhr der Garten jedoch fast ausschließlich im 20. Jahrhundert. Zwischen 1911 und 1914, als Captain Robert Brassey das Anwesen gepachtet hatte, wandte sich der Arts-and-Crafts-Architekt Robert Weir Schultz dem Garten zu und schuf südwestlich des Hauses einen Rosengarten mit einer kunstvollen Pergola. Zu Zeiten von Lady Macdonald-Buchanan, die dem Garten seinen heutigen Charakter gab, erfolgten nach dem Ersten Weltkrieg zahlreiche Änderungen. Sie entfernte die Pergola im heutigen Pool Garden und ließ von Sylvia Crowe einen eleganten Säulenpavillon entwerfen.

Im Walled Garden, der durch die Arts-and-Crafts-Bewegung geprägt ist, zieren Bleiputten ein durch Kübel mit panaschiertem Abutilon pictum variegatum *flankiertes Becken.*

Die dortige Bepflanzung wurde mit prächtigen Magnolien aufgewertet, und beim Pavillon gedeiht *Carpenteria californica* in dem nicht eben milden Klima dieser Region überraschend gut. Zu beiden Seiten eines gepflasterten Wegs verlaufen zwei gemischte Rabatten vom Haus aus nach Westen, stellenweise dramatisch überschattet von erlesenen Libanonzedern (*Cedrus libani libani*). Südlich davon kündet der Statue Walk von einer eher gedämpften Atmosphäre: Ein breiter Grasweg führt an einer Eibenhecke vorbei, die sich stellenweise verdickt und durch eine Reihe hervorragender Statuen von Peter Scheemakers verziert wird. Eine hübsche, von Lord Gerald Wellesley entworfene Urne setzt die Wegachse fort und dient als Blickfang vor waldigem Hintergrund.

Mit ihrem erlesenen formalen Garten – untadeliger Eiben-Formschnitt, Gruppen von remontierenden 'Schneewittchen'-Rosen und Kübeln mit strahlendblauer Schmucklilie – vermittelt die Südfassade den Statuen eine prächtige Kulisse.

Die Gärten unmittelbar am Haus verströmen eine eigene, aber doch formale Atmosphäre. Der westlich jenseits des Parks liegende Wild Garden ist ein prächtiger Waldgarten mit erlesenem Ahorn und Rhododendron und vielen feuchteliebenden Stauden an den Ufern eines Baches. Astilbe, Hosta, Ligularia, Primel und viele andere mehr tragen im Frühling und Sommer zu einem naturalistischen Bild bei. Haus und Garten von Cottesbrooke Hall sind weiterhin in privater Hand und werden auch den höchsten Ansprüchen gerecht.

Mannington Hall

NORFOLK

In ganz England gibt es nur sehr wenige Häuser, die den Charme von Mannington Hall besitzen. Aus Norfolk-Flint erbaut, scheint es mit seinen langen Schornsteinen hinter der zinnenbewehrten Dacheinfassung friedlich auf seiner Insel zu ruhen. Das im 15. Jahrhundert für ein Mitglied der großen Paston-Familie errichtete Haus ging später in den Besitz der Walpoles über, die nur zeitweilig auf Mannington lebten, da sie ihren Hauptsitz im nahegelegenen Wolterton vorzogen. Mitte des 19. Jahrhunderts nahm Horatio Walpole, 4. Earl of Orford, weitere Änderungen im neogotischen Stil vor und fügte in gotischen Lettern frauenfeindliche Inschriften hinzu wie »Den Winden vertrau' deine Barke an, schenk' dein Herz nicht den Mädchen, denn die Welle ist sicherer als das Herz einer Frau.« Von ihm stammen auch die pittoresken »antiken« Fragmente neben der altsächsischen Kirchenruine in der Nähe des Hauses.

Auf der Grabeninsel existiert bereits seit dem 16. Jahrhundert ein Garten, doch das heutige Erscheinungsbild datiert aus dem 19. Jahrhundert, als Teile des Ufers mit Eibenhecken bepflanzt wurden. Die im Hauptteil des Gartens westlich des Hauses gelegene Zufahrt (The Avenue) erscheint bereits 1742 in einem Grundstücksplan. Einige in den 1970er Jahren hinzugefügte Linden verleihen ihr nunmehr größeres Gewicht.

Aus gärtnerischer Sicht interessieren in Mannington vor allem die seit 1969 von Lord

OBEN: *Diese mit Beetrosen unterpflanzte Büste steht im Inselgarten (Moated Garden).*

RECHTS: *Die Insel repräsentiert den ältesten Teil des Gartens. Seerosen verzieren die Wasserfläche, moderne Rosen heben sich vor den Eibenhecken ab.*

Eine Trauerweide blickt auf die trüben Wasser, die durch Seerosen etwas aufgehellt werden.

Walpole durchgeführten Maßnahmen. Im Zuge der Restaurierung des Inselgartens legte er einen Garten mit modernen Rosen und einen Duftgarten an. In einem ummauerten ehemaligen Küchengarten jenseits des Grabens schuf er 1982 etwas vollkommen Neues, den Heritage Rose Garden. Hilfreich zur Seite stand ihm dabei der Rosenzüchter Peter Beales, der im nicht weit entfernten Attleborough arbeitet. Beales besitzt das im ganzen Land vermutlich größte Verkaufssortiment von Alten Rosen und konnte zahlreiche sonst nur schwer zu findende Sorten liefern. Rosen gedeihen in dem kalten, jedoch sonnigen Klima des nördlichen Norfolk besonders gut – niedrigere Temperaturen verlängern die Blütezeit und lassen viele Krankheiten erst gar nicht aufkommen. Heritage Rose Garden zeigt die für einzelne Perioden charakteristischen Rosen in einer passenden Umgebung. Er leistet eine anschauliche Demonstration der wechselhaften Gartenmoden und zeigt dem Besucher, daß die meisten Gartenrosen aus jüngster Vergangenheit datieren. So etwa gab es im Mittelalter außer Wildrosen wie Hundsrose (*R. canina*) oder Weinrose (*R. eglanteria*) kaum andere Rosen – die Apothekerrose (*R. gallica* var. *officinalis*) erschien im 13. Jahrhundert, *R. alba* 'Great Maiden's Blush' im 15. Jahrhundert – allesamt anmutige Pflanzen in ruhigen Farben. Die historische Anordnung der Rosen vermittelt dem Besucher die Erkenntnis, daß die strahlenden Farben (vor allem Orange) und die großen Blüten vieler Rosen sehr jungen Ursprungs sind.

Mannington ist ein romantischer Ort und ein bewundernswertes Beispiel für einen alten Garten, dem ein tatkräftiger Besitzer neues Leben einhauchte.

Cragside House

NORTHUMBERLAND

Cragside wurde von Sir William Armstrong geschaffen, dem späteren Baron Armstrong of Cragside, der als Waffenfabrikant ein großes Vermögen besaß. Zu Zeiten des Krimkriegs hatte er ein langrohriges Hinterlader-Feldgeschütz erfunden, das zum weltweit berühmtesten kleinkalibrigen Geschütz wurde. In den 1860er Jahren begann Armstrong mit dem Erwerb von Ländereien im traurig-pittoresken Coquet Valley und beauftragte den Architekten Norman Shaw mit der Errichtung eines Hauses auf bisher unbebautem Gelände. Dieses mit zahlreichen Türmchen versehene, aus Stein sowie Halbbalken bestehende Phantasiegebäude neogotischen und zugleich lokalen Stils »wucherte in alle Richtungen«, wie der Architekturhistoriker Mark Girouard schrieb.

Armstrong war vom Landerwerb wie besessen und hatte bis zu seinem Tod im Jahr 1900 auch das alte Anwesen von Bamburgh Castle und insgesamt 12 000 Hektar Land aufgekauft. Er stattete sein Haus mit allerlei neuen Errungenschaften aus – es war das erste Haus mit einer richtigen elektrischen Beleuchtung und besaß einen hydraulischen Lift sowie einen hydraulisch betriebenen Bratspieß.

Armstrong machte sich mit der gleichen Energie an die Anlage seiner Gärten, mit der er auch seine beruflichen Aktivitäten betrieb. Sein Ziergarten erstreckte sich am Ende über eine Fläche von rund 690 Hektar. Während der Urbarmachung des Bodens soll Armstrong den Einheimischen einen Penny für jeden Eimer Mutterboden gezahlt haben, den sie in entlegene steinige Bereiche transportierten. Über seine massierte Anpflanzung von Rhododendren schrieb *Gardener's Magazine* 1892: »Mehrere Hunderttausend wurden gepflanzt ... undurchdringliche Dickichte bildend und so ergiebig blühend, daß sie mit ihren verschiedenen Farben die gesamte Hügellandschaft aufhellen.« Die Anlage des Felsgartens entlang der Schlucht unterhalb des Hauses erforderte einen Steintransport in großem Umfang. Der Felsgarten grenzt unten an einen Bach (Debdon Burn). Armstrong überspannte ihn mit einem gußeisernen Brückenbogen und faßte ihn mit einem Pinetum ein.

Zahlreiche verschiedene Gewächshäuser boten Farnen, Obst und Schnittblumen ein kontrolliertes Umfeld. Im Obsthaus standen handbetriebene Drehtische, um die Bäume in den Kübeln so ausrichten zu können, daß gleichmäßiges Wachsen und Reifen garantiert waren. Das Obsthaus wurde kürzlich restauriert und dient heute dem Erhalt von Obstsorten aus Armstrongs Ära.

Eine Ansichtskarte aus der Zeit vor dem Ersten Weltkrieg zeigt die unterhalb der Gewächshäuser gelegenen, abschüssigen Beete der Carpet Gardens. Die Beete enthielten ursprünglich einige mathematische Rätsel. Mit ihrem Sternen- und Rautenmuster aus den 1890er Jahren wurden diese Beete inzwischen hervorragend restauriert und mit Blattpflanzen versehen – darunter Sempervivum, Sedum und niederwüchsiges Kreuzkraut.

Cragside ging 1977 an den National Trust über, die Arbeiten im Hauptteil des Gartens begannen jedoch erst 1991. Vieles wurde bereits restauriert, und der gärtnerische Geschmack hat den Charme der hier so prachtvoll demonstrierten viktorianischen Gärtnerei neu für sich entdeckt.

An dieser Stelle der Schlucht bildet der Bach einen kleinen Wasserfall. William Armstrong errichtete ein Stauwerk, um diverse Apparaturen in Haus und Garten mit Wasserkraft anzutreiben.

Bramdean House

HAMPSHIRE

Das aus dem 18. Jahrhundert stammende Bramdean House besitzt eine gemusterte Ziegelfassade. Das markante, haubenartige Vordach über der Vordertür ruht auf geschnitzten Pfosten. Bramdean House liegt an einer vielbefahrenen Hauptstraße, doch der nach Norden weisende Garten hinter dem Haus bewahrt eine Atmosphäre geordneter, ländlicher Stille. Sein Aufbau hat ungewöhnliches historisches Interesse erregt, denn trotz der nahezu völlig modernen Bepflanzung ist er ein seltenes Relikt einer intimen geometrischen Anlage, die etwa aus der gleichen Zeit stammt wie das Haus selbst.

Entlang einer auf das Gartentor ausgerichteten Achse erstreckt sich eine Reihe miteinander verbundener Räume über eine sanfte Anhöhe. Die unterste Terrasse besitzt ein rundes, umpflastertes Wasserbecken, von dem aus ein Graspfad durch üppige Staudenrabatten verläuft, die vom Frühjahr bis weit in den Herbst hinein Interessantes zu bieten haben. Zu beiden Seiten der Rabatten geht die Bepflanzung in weniger formale Arrangements und einen schönen Hintergrund aus vollentwickelten Bäumen, meist Buchen und Linden, über. Stufen führen zu einem schmiedeeisernen Tor in einer Mauer. Diese umgibt die zweite Terrasse, auf der ein Küchengarten mit ornamentaler Bepflanzung kombiniert ist. Der zunächst von Remontant-Nelken gesäumte Pfad wird nun beidseits von Rosen eingerahmt, die in den Beeten zu dreieckigen Feldern angeordnet sind. Ein zweiter, die Zentralachse kreuzender Pfad mit einer schirmartigen Eibenhecke am Kreuzungspunkt viertelt diesen Bereich. Ein weiteres schmiedeeisernes Tor führt am anderen Ende dieses von hohen Ziegelmauern umschlossenen Bereichs zu einem Obstgarten mit blühenden Kirschen, unterpflanzt mit großen Narzissenfeldern, und einer Allee aus Irischen Eiben (*Taxus baccata* 'Hibernica'). Am Ende des Pfades schaut ein dekoratives, von einem Glockenturm gekröntes Sommerhaus aus dem 18. Jahrhundert nach Süden hinab auf die Gärten und bildet auf der zentralen Achse einen abschließenden Blickfang. An einer Seite des Sommerhauses unter einer prächtigen Esche (*Fraxinus excelsior*) vorbeigehend, gelangt der Besucher in einen Garten ganz anderer Prägung. Zierbäume und -sträucher – einige sind sehr ungewöhnlich, wie die Maitenie (*Maytenus boaria*) – wachsen hier auf den Grashängen, die den östlichen Rand des ummauerten Gartens säumen und zum Haus zurückführen. Die Eltern von Frau Wakefield ließen sich während des Zweiten Weltkriegs hier nieder. Zwar fanden sie die prachtvolle Anlage des Gartens und einige schöne alte Bäume vor, doch die Qualität der heutigen Bepflanzung verdanken wir ihnen und ihrer Tochter. Im kalkreichen Boden der hiesigen Hampshire Downs gedeihen bei ihnen die unterschiedlichsten Pflanzen dank optimaler Nutzung des ursprünglichen Gartenkonzepts.

Diese tragfähige Struktur verhindert, daß sich die üppige Bepflanzung in ein ungeordnetes Wirrwarr auflöst. Sie liefert ein Modell, von dem alle Gärtner lernen könnten.

OBEN: *Im Spätsommer erhalten die Staudenrabatten, die den rückwärtigen Durchblick einrahmen, eine Lebendigkeit, die mit dem strengen Klassizismus des Hauses kontrastiert.*

RECHTS: *Hinter dem Haus verbindet eine zentrale Achse die einzelnen Gartenräume, die sanft zum Sommerhaus auf der Hügelkuppe ansteigen. Dessen Tür ist in auffallendem türkisähnlichen Blau gestrichen, einem für Holzflächen im Garten ausgezeichnet passenden Farbton.*

Chelsea Physic Garden

GREATER LONDON

Ein Teil des Gartens hält am traditionellen Aufbau eines botanischen Gartens mit seinen Systembeeten fest, in denen die Pflanzen nach botanischen Merkmalen angeordnet sind. Trotz einer rein wissenschaftlichen Motivation entsteht ein dekoratives Muster.

RECHTS: *Im Herzen des Gartens steht die Kopie einer weißen Marmorstatue von Michael Rysbrack. Sie zeigt Sir Hans Sloane, der das Grundstück an die Society of Apothecaries verpachtete. Die heute im British Museum befindliche Originalstatue wurde 1748 hier aufgestellt.*

Der Heilpflanzengarten gilt als ältester aller Gartentypen. Klöster besaßen oft einen solchen Garten, und das in einem Pflanzennamen vorkommende Wort *officinalis* bezieht sich auf die *officina* des Klosters, in der man die Arzneien aufbewahrte. Chelsea Physic Garden, 1673 von der Worshipful Company of Apothecaries an den Ufern der Themse im damals ländlich stillen Chelsea gegründet, wurde schnell zu einem der großen englischen Zentren des Pflanzenstudiums.

Sir Hans Sloane, Eigentümer von Chelsea Manor House und Nachfolger von Sir Isaac Newton als Präsident der Royal Society, war stark in den Physic Garden involviert. Als Carl von Linné, Begründer des modernen Systems der Pflanzenbenennung, 1736 erstmals nach England reiste, war Sloane die erste Person, der er einen Besuch abstattete.

Es ist der Fürsprache Sloanes zu verdanken, daß Philip Miller 1722 zum Gärtner im Physic Garden ernannt wurde, wo er nahezu 50 Jahre blieb. Miller verhalf dem Garten zu internationalem Ruhm. Er schrieb eines der einflußreichsten Gartenbücher des 18. Jahrhunderts, *The Gardener's Dictionary* (1731 zuerst erschienen), das er Sir Hans Sloane widmete. Millers Tätigkeit umfaßte sowohl die praktische Gartenarbeit – er war ein Pionier bei der Verwendung von Gewächshäusern und der Keimung tropischer Samen unter Wärmeeinfluß – als auch botanische Probleme wie die Mechanismen der Bestäubung. Durch ihn entstand ein wichtiger Kontakt nach Pennsylvania zu dem Botaniker John Bartram, der Chelsea eine Fülle nordamerikanischer Pflanzen bescherte. Bartrams wichtigster englischer Partner war Peter Collinson, der Pflanzen aus sämtlichen gemäßigten Klimazonen nach England brachte. 1751 führte er den chinesischen Götterbaum (*Ailanthus altissima*) im Chelsea Physic Garden ein.

Die für den Physic Garden bedeutendste Periode war das 18. Jahrhundert. Die Anlage dient weiterhin als botanisches Forschungsinstitut, das die unterschiedlichsten Heilpflanzen kultiviert und mit den pharmakologischen Abteilungen von Universitäten und der pharmazeutischen Industrie in regem Austausch steht. Chelsea ist außerdem der erste botanische Garten des Landes mit einem Bereich für die Heilpflanzen der traditionellen Stammesmedizin. Er betreibt eine Gärtnerschule, fördert die Umwelterziehung von Schülern und engagiert sich – die nationale Cistus-Sammlung beherbergend – für den Erhalt von Gartenpflanzen.

Für Besucher gilt Chelsea Physic Garden als einer der schönsten und überraschendsten Gärten Londons. In ummauerter Abgeschiedenheit bietet er auf 1,5 Hektar einer verblüffenden Pflanzenvielfalt eine Heimstatt. Das sehr milde Mikroklima gestattet die Kultivierung eines großen Olivenbaums (*Olea europaea*) und ein üppiges Blühen von Pflanzen wie dem südafrikanischen *Melianthus major*, die an anderem Ort allenfalls dahinkümmern würden.

Die prächtigen alten Bäume und die alten Systembeete, in denen die Pflanzen nach ihrer botanischen Verwandtschaft gruppiert sind, bieten ein verlockendes Bild. Der seltenen Atmosphäre eines geheimen Gartens läßt sich hier unschwer nachspüren, doch Chelsea ist auch ein Garten, der weiterhin zu einem leidenschaftlichen, kennerhaften Interesse am Leben der Pflanzen anregt.

Painswick Rococo Garden

GLOUCESTERSHIRE

Painswick ist das einzige Beispiel für einen Gartenstil, der nur aus Gemälden bekannt ist. Seinen Fortbestand verdankt er einem Akt der Wiederbelebung zu einer Zeit, als der Garten schon seit langem für immer verloren schien.

Painswick House wurde 1730 für Charles Hyett errichtet, einen Anwalt aus einer in Gloucestershire lebenden Familie. Von der erhöhten Lage des Parks ist sein ursprünglicher Name, »Buenos Aires«, abgeleitet. Der Garten wurde von Benjamin Hyett zwischen 1738 und 1748 angelegt. Bishop Pococke, der berühmte reisende Priester, schrieb nach seinem Besuch 1757: »Wir gelangten nach Painswick ... just darüber baute Mr. Hyett ein Haus aus behauenem Stein, in feiner Lage, und machte einen sehr manierlichen Garten ... auf hangendem Grund vom Haus in einem Tale.« Haus und Garten wurden 1748 von Thomas Robins gemalt; das Gemälde ist bis heute in Painswick House erhalten. Der im nahegelegenen Cheltenham geborene Künstler hatte sich auf Gartenansichten spezialisiert – exquisit dargestellt und meist mit Rändern aus Blattwerk, Muscheln, Vögeln oder Blumen verschönert. Die von ihm gemalten Gärten hatten vieles gemein und wurden als »Rococo« bezeichnet; sie zeigen einen bestimmten Typus des intimen Landschaftsgartens, mit pittoresken Gebäuden und anderem Beiwerk versehen. In dem Gemälde von Painswick findet sich in der Tat ein »hängender« Garten in einem Tal, genau wie von Bishop Pococke beschrieben. Eine Ausstellung von Robins' Gemälden belebte 1976 das Interesse an seinem Werk, und Gartenhistoriker begannen mit der Erforschung der dargestellten Orte. Lord und Lady Dickinson, die Eigentümer von Painswick Garden, erfuhren so, daß das Grundgerüst des Gartens, nahezu mit Robins' Gemälde identisch, unter Buschwerk verborgen lag.

Die Dickinsons begannen 1984 mit einem ambitionierten Restaurierungsprogramm. Der entsprechende Bereich hatte teilweise als Gemüsegarten gedient, und zudem waren viele junge Bäume gepflanzt worden. Der Grund wurde mit Hilfe von Bulldozern freigeräumt; wiederholte archäologische Grabungen legten das alte Pfadmuster und die Position weiterer Elemente dicht unter der Erdkrume frei. Einige Bauten blieben zwar erhalten, doch ihr Bezug zueinander und ihr Ort im Kontext des gesamten Gartens lag völlig im Dunkeln.

RECHTS: *Hinter dem Fischteich zeichnet sich ansatzweise das Red House ab.*

UNTEN: *Die frisch rekonstruierte Exedra. Links ein rustikalisierter dorischer Tempel.*

Robins' Gemälde ist derart detailreich, daß es bei der Neuschaffung gänzlich verlorengegangener Elemente als wichtige Quelle dienen konnte. Die Annahme, daß Robins den Garten in realistischer Weise dargestellt habe, wurde durch den archäologischen Befund weitgehend bestätigt.

Nach mehr als zehnjähriger Arbeit bietet sich der Garten dem heutigen Besucher nahezu exakt so dar, wie er von Robins gemalt worden war. Er liegt verborgen in seinem Tal, und Pfade winden sich die gehölzreichen Hänge hinab. Dekorative Bauwerke – Gothic Eagle House, Red House und die filigrane Exedra – setzen Akzente und bieten eine Aussicht auf andere Schönheiten des Gartens. Verglichen mit der Symphonie eines Stourhead oder Stowe ist Painswick intime Kammermusik – einer der lohnenswertesten Gärten, die je restauriert wurden. Nicht unwichtig ist ferner, daß die Restaurierung nicht durch eine große öffentliche Einrichtung erfolgte, sondern durch einen privaten Zweckverband, der von Lord und Lady Dickinson ins Leben gerufen wurde.

Tintinhull House

SOMERSET

Von den meisten Parks und Gartenanlagen kann der gewöhnliche Gärtner lernen, auch wenn viele dieser Gärten eine solche Ausdehnung besitzen, daß es nur wenigen Besuchern gelingt, ihr Wesen zu begreifen. Die relativ bescheidenen Dimensionen von Tintinhull House leisten jedoch eine sehr anschauliche Demonstration eines idealen Gartenentwurfs.

Das der Öffentlichkeit nicht zugängliche Haus wurde um 1600 errichtet und um 1700 durch die Westfassade erweitert. Aus warmem, braungelbem Hamhill-Stein bestehend, zeigt sie sich mit ihrem Giebelfeld und den Pilastern klassisch inspiriert, hält jedoch an den steinernen Fenstersprossen heimischer Tradition fest. Wegen der Größe ist dies kein Haus, das in der Vergangenheit einen besonders erlesenen Garten besessen hätte. Soweit man weiß, gelangte die Ziergärtnerei in Tintinhull nicht vor dem 20. Jahrhundert zu Bedeutung.

Um 1900 kam das Haus in den Besitz von S. J. M. Price. Auf der ursprünglichen Eingangsseite legte er im Westen eine Reihe umschlossener Gärten an, die er mit einer durchgehenden Achse verknüpfte. Dieses stark am Stil der damaligen Arts-and-Crafts-Bewegung orientierte Arrangement ist ebenso schlicht wie wirkungsvoll. Es ermöglicht Bepflanzungen unterschiedlichen Charakters in den einzelnen Abteilungen, die zu einem harmonischen Ganzen verbunden werden.

Haus und Garten wurden 1933 von Captain Reiss und seiner Gattin erworben, die in Gloucestershire lange Zeit einen großen Garten unterhalten hatten. Sie erweiterten den Garten nach Norden hin, so daß der gesamte Bereich (einschließlich des Hauses) ein umschlossenes Rechteck bildete, das in verschiedenartige Räume unterteilt war. Phyllis Reiss kannte sich nicht nur mit Pflanzen aus, sondern erwies sich auch als talentierte Gestalterin. Sie legte einen formalen Pool Garden an, der als ein ausgezeichnetes Vorbild für einen kompletten Gartenentwurf dienen könnte. Er besteht aus einem langen, schlanken Wasserbecken, das bis zu einem säulenförmigen Sommerhaus reicht, und wird auf beiden Seiten durch Rasenstreifen und Rabatten flankiert. Frau Reiss sah bei den Rabatten auf der einen Seite warme Farben (Rot, Gelb und Orange) vor, auf der anderen Seite jedoch kalte Farben (Blau, Purpur, Weiß). In leicht abgewandelter und verbesserter Form hielt Penelope Hobhouse an diesen Grundsätzen fest, während sie in den 1980er Jahren als Pächterin des National Trust hier lebte.

Aufgrund der zahlreichen Abteilungen und der Vielfalt der dargestellten Gartenstile erscheint der insgesamt nur 0,6 Hektar umfassende Garten viel größer, als er in Wirklichkeit ist. Trotz der Fülle unterschiedlicher Gewächse und der in vielen Bereichen dichten Bepflanzung stellt sich kein Gefühl der Beengtheit ein. Durchblicke geben dem Auge Weite, und Öffnungen in Mauern oder Hecken wirken einladend. Mit Ausnahme eines Waldgartens begegnen wir nahezu allen zeitgenössischen Gartenstilen, einschließlich eines schönen Küchengartens – keinem modischen *potager*, sondern einem produktiven, mit Zierpflanzen durchsetzten Garten. Überall in Tintinhull gibt es ausgezeichnete Pflanzen zu bewundern, doch die wirklich außergewöhnliche Qualität liegt in der Konsequenz, Schlichtheit und Effizienz seiner Anlage.

Rosafarbene Moschusmalve (Malva moschata) *und* Rosa *'Mevrouw Nathalie Nypels' säumen einen Steinpfad, der durch den Küchengarten in den Pool Garden führt.*

Thorp Perrow Arboretum

NORTH YORKSHIRE

Private Sammlungen von Pflanzen und vor allem von Bäumen kennzeichnen einen bestimmten Typus englischer Gärten. Trotz der vergleichsweise geringen Zahl heimischer Pflanzen (so etwa nur 33 Baumarten) bietet das gemäßigte Klima einer Unzahl von Pflanzen aus sämtlichen Kontinenten einen geeigneten Lebensraum. In England werden vermutlich mehr Gartenpflanzen kultiviert als in jedem anderen Land der Welt. Angesichts dieses klimatischen Vorteils ist die Versuchung, die unterschiedlichsten Pflanzen zu züchten, unwiderstehlich groß. Der Beginn zahlreicher Sammlungen datiert aus der ersten Hälfte des 19. Jahrhunderts, als eine Unmenge neuartiger Pflanzen in England eintraf. In den 1840er Jahren legte Lady Augusta Milbank, deren Familie seit dem 17. Jahrhundert hier ansässig war, in Thorp Perrow ein Pinetum an, wobei sie besonders die jüngsten Neuzugänge von der Westküste Nordamerikas nutzte. Einige Bäume aus ihrer Zeit verleihen den nordwestlichen Ufern eines Sees viel Charakter: *Pinus ponderosa* wurde 1845 gepflanzt, nachdem die ersten Sämlinge 1826 von den Rocky Mountains nach England gelangt waren.

Der heutige Ruhm des Arboretums ist Sir Leonard Ropner zu verdanken, der die Sammlung, die er gleich nach dem Erwerb des Anwesens durch seinen Vater übernommen hatte, von 1926 bis zu seinem Tod 1977 immens bereicherte. Das flache Gelände wird recht oft von Stürmen durchpeitscht, doch die dichte Bepflanzung bietet nunmehr zahlreiche geschützte Bereiche. Obwohl wir es hier vornehmlich mit einer Pflanzensammlung zu tun haben, trifft man auf geschwungene Wege und gelegentlich auf planvolle Durchblicke – etwa von der Rotunde (zum Gedenken an Sir Leonard von dessen Sohn errichtet) durch das Waldland über den See hinweg bis zum Haus mit seiner Bogenfront.

Neben den schwerpunktmäßig vertretenen Bäumen stößt man auch auf ausgezeichnete Sammlungen von Sträuchern, die nicht alle nur von speziellem botanischem Interesse sind. So etwa ist eine Sammlung von Gartenkultivaren des Spanischen Flieders (*Syringa vulgaris*) für den Gärtner besonders interessant, ebenso eine Kollektion aus Goldregensträuchern, die zu einem verblüffenden Weg gruppiert sind. Außerdem beherbergen sie einige der größten gattungsspezifischen Sammlungen, wie etwa die von Ebereschen (*Sorbus*-Arten), zahlreiche hervorragende, für jeden Garten geeignete Zierbäume wie den prachtvollen, kleinen *Sorbus folgneri* aus China.

Die Pflanzen sind weitgehend nach Gattungen angeordnet, doch wir begegnen auch erfolgreichen thematischen Arrangements, wie etwa den Pflanzengruppen mit silbergrauem oder goldfarbenem Blattwerk im Silver Glade. Die Lime Avenue hat kaum Ähnlichkeit mit den bekannten Alleen, da sie aus mehreren verschiedenen Lindenarten besteht, darunter *Tilia mongolica*, die in England zu den zwei oder drei größten Exemplaren ihrer Art zählt.

Das Arboretum wurde vor einigen Jahren in Erhaltungsprogramme einbezogen und beherbergt für den National Council for the Conservation of Plants and Gardens vier Sammlungen: Esche (*Fraxinus*), Eiche (*Quercus*), Walnuß (*Juglans*) und Linde (*Tilia*). Der bekannte Baumexperte Alan Mitchell zählt Thorp Perrow »zu den wichtigsten Sammlungen in der Welt«, die gleichermaßen den Botaniker wie den Gärtner bezaubert.

OBEN: *Herbstliches Blattwerk des Perückenstrauchs* (Cotinus coggygria).

RECHTS: *Die blassen Stämme der Zierbrombeere* (Rubus biflorus) *im Wechselspiel mit dem goldenen und roten Herbstlaub des Ahorns.*

Leonardslee

WEST SUSSEX

Die Landschaft von Sussex inspirierte zur Schaffung zahlreicher Waldgärten. Der saure Boden begünstigt die Kultivierung vieler Ziersträucher, und das alte Waldland bietet ein prächtiges Umfeld für exotische Bepflanzungen. In The Weald finden sich zahlreiche sehr alte Waldungen; anhand des Domesday Book, einem Grundbuch aus dem 11. Jahrhundert, läßt sich ersehen, daß sie hier viel stärker konzentriert sind als in jedem anderen Teil Englands, was größtenteils noch heute gilt. Obgleich nicht weit von Gatwick Airport und dem auswuchernden Stadtrand von Crawley gelegen, konnte St. Leonard's Forest viel altes Waldland und einen Charakter wunderbarer Verschwiegenheit bewahren. Der Garten von Leonardslee ist nach dem Wald benannt, und seine herrliche Lage inspirierte mehrere Generationen von Gärtnern. Als das Anwesen 1852 an William Egerton Hubbard veräußert wurde, hieß es in der Grundstücksbeschreibung: »Die Vergnügungsflächen sind sehr zierreich und mit Wegen neben üppig wachsender Buche und anderem Holz durchsetzt; sie umfassen den Amerikanischen Garten mit Magnolien, Rhododendren, Azaleen und anderen blühenden Sträuchern in großer Üppigkeit, groß an Höhe, Wuchs und Schönheit.« Die Lage des Gartens in einem von Norden nach Süden verlaufenden, langgestreckten Tal bietet Schutz vor den häufigen Winden. Dies ermöglichte die Verwendung extremer Frühblüher wie etwa Magnolien.

William Hubbards Tochter Marion ehelichte Sir Edmund Loder, der auf seinem nahegelegenen Anwesen High Beeches ebenfalls einen ausgezeichneten Garten besaß. Mit dem nicht weit entfernten Wakehurst Place, einer heutigen Außenstelle der Kew Gardens, erwarben die Loders einen dritten Garten und entwikkelten sich zu einer Art gärtnerischer Dynastie. Sir Edward erwarb Leonardslee 1889 von seinen Schwiegereltern und rief ein ansehnliches Pflanzprogramm ins Leben. Er züchtete die 'Loderi-Hybrid'-Rhododendren (das Ergebnis einer Kreuzung von *R. griffithianum* und *R. fortunei*) mit ihren weißen oder rosafarbenen Blüten. Sir Edmunds Enkel, Sir Giles, setzte dessen Arbeit fort, wobei er sich speziell für Kamelien interessierte. Heute kümmert sich dessen Sohn Robin um das Anwesen.

Entlang des Talgrundes verläuft eine Reihe von sieben Seen, die früher von einer Eisenhütte für die Energieversorgung des Schmelzofens oder von Schmiedehämmern genutzt wurden. Heute sind ihre Ufer reich bepflanzt mit Zierbäumen wie der Virginischen Sumpf-

zypresse (*Taxodium distichum*) und dem Chinesischen Rotholz (*Metasequoia glyptostroboides*). Stellenweise bilden sich Lichtungen am Rand des Wassers. Die angrenzenden Hänge sind mit einer außergewöhnlichen Sammlung von Blütensträuchern versehen – Kamelien, Magnolien und Rhododendren genießen einen Ehrenplatz. Der Blütenpracht im Frühling steht das herbstliche Farbenspiel der unzähligen Laubbäume – Birke, Ahorn, Eiche, Eberesche, *Liquidambar styraciflua* und Tupelo (*Nyssa sylvatica*) – kaum nach. Abgesehen von den charmanten Wallabys, die hier frei herumtollen dürfen, bleibt vor allem die Kombination von abwechslungsreicher Naturlandschaft und schönen Pflanzen in Erinnerung.

OBEN: *Zu beiden Seiten des Weges drängen sich Rhododendren in den Blick.*

LINKS: *Der Felsgarten wurde um 1910 von Pulham & Co. angelegt. Die kleineren Rhododendren und Koniferen sind mit Farn, Salomonssiegel, Primeln und Schottischem Scheinmohn* (Meconopsis cambrica) *unterpflanzt.*

Mapperton House

DORSET

Die Gärten von Mapperton wirken vor allem durch die Mischung ihrer Bestandteile. Das Haus veranlaßte Pevsner in dem Dorset gewidmeten Band von *Buildings of England* zu einer ungewöhnlich gefühlsbetonten Äußerung: »Es wird kaum irgendwo ein zauberhafteres herrschaftliches Anwesen geben als Mapperton.« Sämtliche Gebäude (aus dem 16. bis 18. Jahrhundert) sind aus dem schönen, lohfarbenen Hamhill-Stein erbaut. Die Lage auf dem Scheitel einer steilen Senke, die sich nach Süden zum Meer hin erstreckt, ist denkbar vollkommen. Das Anwesen wurde über mehrere Jahrhunderte hinweg, teils in weiblicher Linie, weitervererbt, bis es 1919 von Frau Labouchère erworben wurde. Nach ihrem Tod wurde es 1955 an Victor Montagu veräußert, der auf die Erbtitel des Viscount Hinchingbrooke und Earl of Sandwich verzichtete.

Der Lower Pool ist Teil eines weit älteren symmetrisch angelegten Gartens. Von einer Allee aus zugeschnittenen Eiben flankiert, bietet sich am hinteren Ende ein herrliches Panorama auf die steile Talsenke.

Gegenüber anderen alten Häusern weist Mapperton die Besonderheit auf, daß man außer dem unmittelbar Sichtbaren nur wenig über einen früheren Garten weiß. Eine Abgabenkarte von 1841 zeigt einige formale Gärten östlich des Hauses; in der Ordnance-Survey-Karte von 1886 findet sich eine Allee, die sich entlang der Zufahrt erstreckt und sich in das Feld südlich des Hauses fortsetzt. Die wichtigsten gärtnerischen Entwicklungen erfolgten jedoch um 1927 unter Federführung von Frau Labouchère. Im Tal legte sie einen formalen, italienisierten Garten an, der an die Tradition der vor dem Ersten Weltkrieg erblühenden Architektengärten der Arts-and-Crafts-Bewegung anknüpfte. Die prächtige Lage erschließt sich dem Besucher gut, wenn er an den Ostfenstern des Obergeschosses steht.

Unverkennbar hat es hier zuvor bereits einige formale Gärten gegeben: Der markant ge-

formte Rasenhang auf der Westseite stammt vermutlich aus dem 17. Jahrhundert, die Ziegelmauern, die den Garten nach Osten abgrenzen, sind aus dem 18. Jahrhundert; das elegante, in die Trennmauer zwischen oberem und unterem Garten gebaute Sommerhäuschen datiert ebenfalls aus dem 17. Jahrhundert.

Der neue formale Garten wurde höchstwahrscheinlich von Charles Williams Pike, einem lokalen Architekten, entworfen. Der heute als Fountain Court bezeichnete Garten erstreckte sich über eine Reihe von kreuzförmig angelegten Steinterrassen, mit einem Wasserbecken in der Mitte. Eine zu beiden Seiten über Treppen bergauf führende Querachse verband zwei Sommerhäuser, die in die Böschung bzw. Mauer hineingebaut waren. Als Zierrat dienen Struktursteinbänke, Bleifiguren, Vasen und streng architektonisch wirkender Formschnitt, der oft Buchs und Eibe kombiniert. Am südlichen Ende des Fountain Court bietet das Sommerhaus aus dem 17. Jahrhundert einen Blick auf zwei lange, kanalartige Becken, die die Hauptachse des Gartens talwärts fortsetzen. Die Konturen dieser nicht exakt datierbaren, ehemaligen Fischteiche waren früher offenbar nicht so geradlinig wie heute, was auf ein hohes Alter schließen läßt. Jenseits der Becken nimmt der Talgarten einen eher informellen Charakter an. Hier pflanzte Victor Montagu einige schöne Bäume und Sträucher. Außerdem entfernte er ein Gewächshaus am nördlichen Ende des Fountain Court und ersetzte es durch eine große Orangerie.

Von der östlichen Hausseite aus bietet sich ein urenglischer Blick. Gleich unten breitet sich der komplexe formale Garten aus, der von der althergebrachten Liebe der Engländer für klassische Ordnung zeugt.

Das dekorative Gebäude knüpft ein optisches Band zwischen dem geometrischen Wasserbecken und dem sich nach oben anschließenden Senkgarten.

Biddulph Grange

STAFFORDSHIRE

Die meisten großen Gärten haben gewisse Ähnlichkeiten und gemeinsame Stilmerkmale. Biddulph Grange, obwohl unverkennbar Kind seiner Zeit, ist jedoch unvergleichbar individuell. Der aus dem 19. Jahrhundert stammende Garten wurde von drei Personen geschaffen: von James Bateman, seiner Gattin Maria und Edward Cooke. Bateman war Sproß einer wohlhabenden Familie, die während der industriellen Revolution zu Reichtum gelangt war. Der Knabe hatte seit seinem achten Lebensjahr eine Leidenschaft für Orchideen; als Mittzwanziger schuf er auf Knypersley Hall, dem Familiensitz, eine bemerkenswerte Sammlung dieser Pflanzen. Zwischen 1837 und 1843 erschien sein Werk *Orchidaceae of Mexico and Guatemala.* 1838 heiratete er Maria Egerton-Warburton aus der distinguierten Gärtnerdynastie. In den frühen 1840er Jahren zogen sie, nicht weit von Knypersley entfernt, nach Biddulph in ein ehemaliges Pfarrhaus. 1847 begegnete Bateman Edward Cooke. Der Künstler und scharfsinnige Gärtner Cooke war zugleich Schwiegersohn von George Loddiges, dessen Gärtnerei in Hackney das weltweit größte Pflanzensortiment zum Verkauf bereithielt. Bateman und Cooke verwandelten das Gebäude in ein grandioses, italienisiertes Herrenhaus und begannen auf nach Süden und Osten abfallendem Grund mit der Anlage eines Gartens. Als erstes entstanden in der Nähe des Hauses einige formale Gärten mit Terrassen und Balustraden, die zu einem See hinabführten. Am See pflanzte man Rhododendren, die damals weitgehend aus Nordamerika kamen, weshalb dieser Gartenteil als American Garden bezeichnet wurde. Eine an den See grenzende Felsschlucht (The Glen) wurde mit Farnen und Rhododendren versehen. Ein geschwungener Tunnel führte zu einem Pinetum, das aus zahlreichen der damals neu eingeführten Koniferen bestand.

Ihre Vorliebe für das Exotische zeigten die viktorianischen Gärtner in den als »China« und »Ägypten« bekanntgewordenen Gartenpartien. »China« erreichte man durch einen Tunnel, der den Besucher in einen scharlachroten und goldenen chinesischen Tempel oberhalb eines abgeschiedenen Wasserbeckens führte, mit einer reich verzierten Brücke über einem Wasserlauf. Das Ganze war eingerahmt mit orientalischen Pflanzen wie *Acer palmatum* und *Cryptomeria japonica.* Ein pittoreskes, nachgebildetes Cheshire Cottage führt hinüber nach »Ägypten«; ein Steintempel mit einer Statue des paviangestaltigen Mondgottes Thot wird durch zwei Sphinxe bewacht und von riesigen Eiben-Obelisken flankiert.

Vor dem Haus führte ein Stufenpfad durch Dahlienbeete mit Eibenhecken im Hintergrund. Dieser Kontrast der strahlenden Farben vor dem Dunkelgrün der Eiben muß durch die von Eibenhecken umsäumten Staudenrabatten inspiriert worden sein, die Maria Batemans Bruder in Arley Hall geschaffen hatte.

Biddulph wechselte 1871 den Besitzer. Das 1896 durch ein Feuer zerstörte Haus wurde neu aufgebaut und 1923 in ein Hospital umgewandelt. Erschreckende Schäden entstanden in späterer Zeit durch Vandalismus. Nach dem Aufkauf 1988 durch den National Trust wurde Biddulph restauriert, so daß die oben beschriebenen Gartenteile heute in einem besseren Zustand sind, als sie es zu Lebzeiten der Batemans waren.

Der restaurierte Italienische Garten im Frühling: Ein Wall aus Rhododendron flankiert einen zum See hinabführenden Weg. In den schmalen Rabatten zu beiden Seiten des Weges stehen Reihen von Wacholder, unterpflanzt mit Einjährigen.

Warwick Castle

WARWICKSHIRE

Als der deutsche Gartenkenner Fürst Pückler-Muskau Warwick Castle 1826 besuchte, war er von der Historie und der herrlichen Lage dieser Stätte überwältigt: »Es war ein verzauberter Ort, umhüllt vom entzückendsten Mantel der Poesie, umgeben von all der Majestätik der Historie, dessen Anblick mich noch immer mit köstlichem Staunen erfüllt.« Das sich über dem Steilufer des Avon erhebende Castle entstand im 11. Jahrhundert. Henry de Beaumont, einer der Gefolgsleute Wilhelms des Eroberers und später zum 1. Earl of Warwick ernannt, erhielt Warwick als Lehen. Die Grafenwürde von Warwick ging in der Folgezeit auf mehrere Familien über, doch die Verbindung mit der Burg blieb bestehen, bis dieses 1978 durch den 8. Earl (derer von Greville) an die Tussauds-Gruppe veräußert wurde.

Gärten werden in Warwick Castle bereits im 16. Jahrhundert erwähnt: »Der Königin Gärten beim Avon außerhalb der Burgmauern« erstreckten sich westlich des Castle entlang des Flusses. Lieutenant Hammond notierte sich 1634 anläßlich eines Besuchs: »prachtvolle und schattige Wege und Laubengänge, schöne Haine, und Wildnisse, fruchtreiche Bäume, köstliche Lauben, duftende

OBEN: *Peacock Garden wurde 1869 von Robert Marnock angelegt. Die moderne Bepflanzung wahrt ein angemessen lebendiges viktorianisches Gepräge. Im Hintergrund liegt das alte Gewächshaus.*

Kräuter«. Eine Karte aus dem Jahr 1711 zeigt einige symmetrisch angelegte Gärten an der Stelle des elisabethanischen Gartens sowie ein Parterre im Nordosten. All dies wurde gegen Ende des 18. Jahrhunderts durch die Landschaftsgestaltung des Capability Brown überlagert. Brown wurde 1749, als er noch kaum bekannt war, durch Francis Greville (Lord Brooke) erstmals hinzugezogen. Er beseitigte die formalen Gärten und ließ das Castle aus Bäumen und Wiesen förmlich aufsteigen. Am Rand des Burgparks pflanzte er Baumgürtel und -gruppen. Kurz nachdem Browns Arbeit die erste Wirkung gezeigt hatte, schrieb Horace Walpole 1751: »Das Castle ist bezaubernd; der Anblick gefiel mir mehr, als ich auszudrücken vermag; an seinem Fuße stürzt der Avon eine Kaskade hinab. Gut angelegt durch den einen Brown.«

Unter George Greville entstand im weiteren Verlauf des 18. Jahrhunderts ein Gewächshaus für die berühmte Warwick-Vase, deren Scherben 1770/71 in der Hadriansvilla entdeckt worden waren. Das Gewächshaus mit seinen verglasten neogotischen Maßwerk-Fenstern wurde 1778 vollendet.

Im 19. Jahrhundert wurde der Garten um zwei wichtige Elemente erweitert. Robert Marnock, der einflußreiche Kurator des Gartens der Royal Botanic Society im Regent's Park, errichtete vor dem Gewächshaus ein achteckiges Blumenparterre, den heutigen Peacock Garden (Pfauengarten). Im gleichen Jahr schuf er einen formalen Rosengarten, dessen Originalentwürfe Paul Edwards im Landesarchiv entdeckte. Der Rosengarten feierte eine triumphale Auferstehung. Laubengänge sind mit Kletterrosen dekoriert, und alte Sorten sowie die eigens von David Austin gezüchtete, rosafarbene Remontant-Rose 'Warwick Castle' finden hier Verwendung.

Eingerahmt von prächtigen Libanonzedern bietet Peacock Garden einen malerischen Blick auf den Avon, der sich friedlich durch Browns Landschaft schlängelt. Diese als besonders erhaltenswert eingestufte Landschaft hat jedoch nur durch Glück überlebt, als 1992 ein Antrag auf Errichtung eines Golfplatzes erst nach energischer Lobbyarbeit abgelehnt wurde.

LINKS: *Das malerisch über dem Avon auf einem Hügel gelegene Castle.*

Melbourne Hall

DERBYSHIRE

Der Garten von Melbourne Hall ist das einzige noch erhaltene Werk von Henry Wise, dem Gärtner von Königin Anna. Seine anderen Arbeiten auf einigen der größten Anwesen der damaligen Zeit – wie Longleat und Chatsworth – wurden ein Opfer der naturalistischen Landschaftsgärten. Der Garten von Melbourne, geprägt durch ein Muster aus weiten Durchblicken, wurde 1704 von Sir Thomas Coke in Auftrag gegeben, dessen neuer Besitz »es Versailles gleichtun« sollte.

Die Familie der Cokes war 1628 nach Melbourne gelangt, als Sir John Coke den Posten eines Ministers Karls I. bekleidete. Das damals weitgehend aus dem 16. Jahrhundert stammende Haus ist heute fast vollkommen durch die Architektur des 18. Jahrhunderts geprägt. Sir Johns Enkel Thomas setzte seine Pläne nach Antritt des Erbes 1692 in die Tat um und orderte Pflanzen bei der Brompton Nursery, an der Henry Wise beteiligt war. Obwohl der von Wise angelegte Garten einen französischen Stil aufweisen sollte, war er doch exzentrisch-englischer Natur, was sich vor allem in der mit 4 Hektar recht bescheidenen Fläche zeigte – ein großer französischer formaler Garten wurde in viel größerem Maßstab geplant und sollte schier unendlich wirken. Außerdem stehen die von geschnittenen Lindenhecken gesäumten Hauptwege in keinem optischen Bezug zum Haus, wohingegen ein Französischer Garten im Stil von Versailles immer axial auf das Gebäude bezogen wäre. Das Schloß von Versailles liegt in der Mitte einer Ost-West-Achse – eine gezielte Anspielung auf den Sonnenkönig –, und sämtliche Gartenpartien

OBEN: *Von der östlichen Hausfassade fällt der Blick auf eine Merkur-Statue, die sich an einer der bekanntesten Arbeiten des italienischen Bildhauers Giambologna (1529–1608) orientiert.*

RECHTS: *Unterstützt vom Glanz der untergehenden Sonne, bietet Robert Bakewells schmiedeeiserne Käfiglaube der Umgebung einen strahlenden Rahmen.*

sind darauf ausgerichtet. Der Gartenhistoriker David Green schrieb über Melbourne, dies sei »der perfekte Kompromiß, Umwandlung eines formalen in einen informellen, englischen Garten: ein stummelschwänziger Hütehund, der zunächst für einen Pudel gehalten wurde«.

Wises Entwurf wurde durch zahlreiche Ornamente verschönert, darunter viele Statuen von John Van Nost, dem besten Gartenbildhauer seiner Zeit. Von ihm stammt die riesige Vier-Jahreszeiten-Vase, die Sir Thomas Coke als Vizekämmerer von Königin Anna zum Geschenk erhielt. Die Rechnung aus dem Jahr 1706 in Höhe von 100 Pfund ist noch erhalten – eine gewaltige Summe etwa im Vergleich zu den 42 Pfund für die »vier Paar Knaben aus Metallguß«, jenen charmanten Amoretten, die heute noch in Melbourne stehen. Aus der Zeit Van Nosts stammt auch die gußeiserne Laube in Form eines kuppelförmigen Vogelbauers, ein Werk des örtlichen Schmieds Robert Bakewell. Die Duchess of Chandos beschrieb sie bei einem Besuch 1706 als »die außergewöhnlichste Beobachtung in Eurem Garten – eine Laube, auch Sommerhaus, aus zierlichstem Eisenwerk errichtet«. Mit ihrem sorgfältig gewählten Standort sollte sie eine optische Verbindung zwischen dem von der östlichen Hausseite ausgehenden Durchblick und der Vier-Jahreszeiten-Vase herstellen, die an dem erhöhten Kreuzungspunkt der Alleen des symmetrisch angelegten Gartens plaziert ist.

Der Garten von Melbourne mit seiner aus dem frühen 18. Jahrhundert stammenden Anlage und seinen Details ist bis heute in kaum veränderter Form erhalten geblieben. Überlebt haben die ursprünglichen Lindenhecken, ein erlesener Tunnel aus Eibe, Bakewells schmiedeeiserne Laube, die an strategisch günstigen Stellen plazierten Bleistatuen Van Nosts und vieles mehr. Natürlich gab es auch Veränderungen und Ergänzungen (wie einige ausgezeichnete moderne Bepflanzungen), doch Melbourne erhält seinen besonderen Reiz durch den Vergleich mit dem »stummelschwänzigen Hütehund«.

Oxford Botanic Garden

OXFORDSHIRE

Die ersten botanischen Gärten, über die wir Genaueres wissen, entstanden im Europa des 16. Jahrhunderts. Sie zeugen von dem explosionsartigen wissenschaftlichen Interesse, das mit dem Zeitalter des Humanismus bzw. der Renaissance einherging, in England jedoch erst relativ spät zum Durchbruch gelangte. Der erste englische botanische Garten wurde 1621 in Oxford gegründet, bepflanzt mit »diversen Heilkräutern zur Beförderung der medizinischen Fakultät«. Oftmals als »Physic Gardens« bezeichnet, dienten derartige Einrichtungen als Sammelbecken kurioser Pflanzen, die als Naturphänomen und auch auf ihre medizinische Verwendbarkeit hin wissenschaftlich untersucht wurden.

Der Garten liegt noch heute in der High Street, an den Ufern des Cherwell. Um ihn zum Schutz vor Überschwemmungen etwas anzuheben, wurden »4000 Ladungen von Myst und Dunck, geleget von H. Windiatt, der Universitas Kehrichtmann« hinzugefügt. Nicholas Stone, ein mit Inigo Jones in Verbindung stehender Steinmetz, schuf 1632/33 an der High Street einen dekorativen Eingang, der noch heute zu den prächtigsten seiner Art zählt. John Evelyn besuchte den Garten im Jahr 1653 – »dort uns die empfindsame Pflanze als gross Wunder gezeiget«. Es war dies die erst kurz zuvor eingeführte tropische *Mimosa pudica*, deren Blätter sich bei Berührung einrollen. Über diese Zeit der Gartengeschichte berichtet Evelyn: »Dort wuchsen Schilfe, Olivenbäume, Rhabarber, doch keine absonderlichen Kuriositäten, außer sehr guten Früchten, die wir, nachdem sie von den Damen gekostet, zu unseren Gemächern mitnahmen.«

Ein von Loggan stammender Kupferstich des Oxforder *Hortus Botanicus* (1675) zeigt eine symmetrische Viertelung durch ein Wegekreuz, wobei jedes der vier Hauptbeete wiederum in vier kleinere Beete unterteilt ist. Einige von ihnen haben eine labyrinthartige Gestalt, andere hingegen sind schlichte, rechteckige Systembeete, in denen die Pflanzen nach botanischen Merkmalen angeordnet waren. Im heutigen Garten finden wir ganz ähnliche Beete vor. Loggans Darstellung zeigt deutlich, daß der Garten nicht allein für wissenschaftliche Zwecke vorgesehen war, da er mit Formschnitt ornamentiert ist und jeder der vier Wege einen Blickfang besitzt. Kurz hinter dem Haupttor standen damals zwei Wachtposten aus Eibe. Celia Fiennes notierte sich nach einem Besuch im Jahr 1699: »Der Physick Garden bot großes Divertiment und Plaisir, die Vielfalt der Blumen und Pflanzen hätte eine Woche unterhalten können«.

Der Ruf des Gartens verdankt sich einer Reihe versierter Sachwalter. 1721 war dies John Jacob Dillenius. Den großen Carl von Linné, dem er mit extremem Mißtrauen begegnete, bezeichnete er anläßlich eines Besuchs als »jenen Mann, der sämtliche Botanik durcheinander gebracht«.

Bei einem späteren Gartenrundgang hielten sie inne, um über Zymbelkraut (*Cymbalaria muralis*) zu diskutieren, das sie an einer Mauer vorgefunden hatten. Wie der Oxforder Historiker Mavis Batey schreibt, »gab (Linné) eine derart meisterliche Analyse der Pflanze, daß Dillenius anbot, Haus und Salär mit ihm zu teilen, wenn dieser als sein Assistent in Oxford bliebe«.

Der Garten, weiterhin ein bedeutendes Zentrum der botanischen Forschung, ist auch für den Nichtbotaniker interessant.

LINKS: *Im Gewächshaus: Bougainvillea, auf einer Fächerpalme* (Trachycarpus fortunei) *kletternd.*

Seerosen und Schilf entwickeln sich prächtig im Schutz des Gewächshauses.

Athelhampton House

DORSET

Im Senkgarten bilden zwölf riesige Eibenpyramiden einen Kreis um eine zentrale Fontäne. Ein angrenzender terrassierter Weg ermöglicht einen ungehinderten Blick auf die Gärten.

Im 19. Jahrhundert bekundeten die englischen Gartenplaner erstmals ein großes Interesse für die Gartenstile der Vergangenheit; viele ihrer Entwürfe zeigten sich beeinflußt durch das Studium historischer Gartenanlagen. Diese Tradition fand in der Schule »architektonischer« Gartendesigner ihren Höhepunkt, deren beste Arbeiten aus der Zeit um die Jahrhundertwende datieren. Athelhampton (1891–1899), von Francis Inigo Thomas entworfen, ist eines der treffendsten Beispiele für den neuen Garten alten Stils. Thomas fand hier ein herrliches altes Steinhaus vor, das im 15. Jahrhundert für Sir William Martyn (1493 Bürgermeister von London) erbaut wurde und bis 1590 im Besitz dieser Familie blieb. Später litt das Gebäude unter wechselnden Besitzverhältnissen und Nutzungen, bis es 1891 in vernachlässigtem Zustand von Alfred Cart de Lafontaine aufgekauft und restauriert wurde, der Thomas mit dem Entwurf eines neuen Gartens beauftragte. Thomas verfaßte 1892 gemeinsam mit Sir Reginald Blomfield das Werk *The Formal Garden in England.* Das Buch verfolgte einen doppelten Zweck: Erstens wollte es darstellen, wie wichtig die Einheit von Haus und Garten sei – der Garten sollte die architektonischen Prinzipien widerspiegeln, welche die Bauform des Hauses bestimmen. Zweitens wollte man die Gartenphilosophie William Robinsons attakkieren, der an das »Nachbilden der holden Rührung durch die Natur« glaubte.

Der von Thomas geschaffene Garten zeigt sich dem heutigen Besucher annähernd so, wie der Architekt ihn entworfen hatte. Er besteht im wesentlichen aus vier miteinander verknüpften Abteilungen, deren erste unterhalb der südlichen Hausfassade verläuft. In der Mitte dieses auf der Achse des Gartentors gelegenen Rechtecks erfüllt ein langes Wasserbecken Thomas' Absicht, »den Widerglanz des Hauses einzufangen«. Von der Beckenmitte aus verknüpft ein quer verlaufender Durchblick die beiden nächsten Abteilungen. Die erste ist der kreisförmige Corona Garden, dessen Mauern in eine Reihe konkaver Fließ-

linien eintauchen, die zu Steinobelisken mit Kreuzblumen aufsteigen. Dieses Ensemble wird durch Eibenhecken und eine zentrale Fontäne stabilisiert. Stufen führen zum Senkgarten mit zwölf gewaltigen Eibenpyramiden, die sich um ein zentrales Becken mit Springbrunnen gruppieren. Der alljährliche Formschnitt der über 100 Jahre alten und inzwischen deutlich über zehn Meter hohen Eiben gestaltet sich recht aufwendig. Am jenseitigen Ende des Senkgartens bietet eine erhöht liegende Terrasse einen ungehinderten Blick auf die formalen Gärten. Robert Victor Cooke, der sich 1957 auf Athelhampton niederließ, tat viel für die Restaurierung und Neubepflanzung der Gärten. Sein heute hier lebender Enkel sorgt für einen hervorragenden Unterhalt der Anlagen, die noch immer jene Atmosphäre verströmen, wie sie 1899 in *Country Life* beschrieben wurden: »Unten in den Flußauen einige Meilen außerhalb von Dorchester schmiegen sich die zahlreichen Giebel und Zinnen von Athelhampton unter die ausladenden Äste einer stattlichen Zeder, und in abgeschiedenen Höfen vernimmt man das sanfte Gurren der Tauben und das gesprächige Plätschern fallenden Wassers.«

Renishaw Hall

DERBYSHIRE

Sir Osbert Sitwell beschreibt in seiner Autobiographie *Left Hand, Right Hand* die gärtnerische Passion seines Vaters, Sir George Sitwell, mit folgenden Worten: »Er geht auf und ab, seine Arbeit musternd, die nie ein Ende finden wird, den Kopf voll mit neuen Projekten von Sonne und Schatten, doch nie von Blumen, die verschiedenen Ansichten mit einem Peilstab oder einem Fernglas abmessend.« In auffallend extremer Form verkörperte Sir George den Urtyp des englischen Gärtners. Seit dem 16. Jahrhundert hatten englische Reisende ihren Weg nach Italien gefunden; die großen Gärten der Renaissance zählten zu ihren nachdrücklichsten Erinnerungen. Ab den 1890er Jahren besuchte Sir George über 200 italienische Gärten, deren Wesen er sich nach genauem Studium einprägte. Am meisten beeindruckte ihn die Beziehung des Gartens zu seiner Umgebung, der Wert des Wassers und die Bedeutung von Überraschungselementen. Sir George verfaßte ein Buch, das diese Gedanken zusammenfaßte: *An Essay on the Making of Gardens* (1909). Der Untertitel versprach eine »Studie alter italienischer Gärten, der Natur der Schönheit und der beim Gartenentwurf involvierten Prinzipien«. Eingedenk dieser Grundsätze machte er sich daran, seinen eigenen Garten in Renishaw umzuwandeln.

Die Sitwells hatten seit dem 14. Jahrhundert in oder bei Renishaw gelebt und 1625 die erste Renishaw Hall errichtet. Ihr heutiges Erscheinungsbild geht fast gänzlich auf den 1. Baronet, Sir Sitwell Sitwell, zurück, der das Haus zwischen 1793 und 1808 komplett neugestaltete. Er entfernte nahezu sämtliche Spuren der früheren Ziergärten; als Sir George das Anwesen 1887 erbte, fand er nur wenig gärtnerisch Interessantes vor. Der von ihm angelegte italienisierte Garten blieb bis heute fast vollständig intakt. Er verläuft auf leicht abschüssigem Gelände entlang einer zentralen Achse, die auf den Haupteingang in der südlichen Hausfassade ausgerichtet ist. Jede der durch steinerne Treppen miteinander verbundenen Terrassen wird durch abstrakte Eibenfiguren belebt – Pyramiden mit quadratischem Aufsatz und rund zulaufende Säulen. Die von Sir George aus Italien eingeführten Statuen stehen zu beiden Seiten der Steintreppen auf erhöhten Sockeln. Im Zentrum der untersten Terrasse wird ein rundes Wasserbecken mit einstrahliger Fontäne von monumentalen Ei-

Auf einer Seite des Terrassengartens stehen die Statuen eines Kriegers und einer Amazone, die den Eingang zu einem Waldweg flankieren. Kräftig panaschierter Efeu ziert die Sockel.

RECHTS: *Die Verbindungstreppen zwischen den verschiedenen Ebenen des Terrassengartens sind mit italienischen Statuen flankiert, die auf eckigen Sockelplatten stehen. Die Bepflanzung mit Strauchrosen und Weinreben wirkt der architektonischen Formenstrenge entgegen.*

benpyramiden flankiert. Sir George war nicht an Blumen interessiert und meinte, »allenfalls zulässige Blumen (sollten nicht) durch Färbung oder Geruch nach Aufmerksamkeit heischen«. Zwar ließ er sich von Gertrude Jekyll einige Pflanzpläne vorlegen, doch er richtete sich nicht nach ihnen.

Die unterste Terrasse bietet einen Blick auf Rother Valley, und gelegentlich wird das große Cavendish-Haus von Bolsover in der Ferne sichtbar. Hierzu Sir George: »Der Garten ist nicht als Ding an sich anzusehen, sondern als Galerie aus Vordergründen, von denen sich die sanften Färbungen der Distanz sollen abheben können.«

Mit seiner strengen theoretischen Verankerung bietet der Garten von Renishaw ein erlesenes Umfeld für das Haus und ein erinnernswertes Proszenium für Blicke auf die jenseits des Gartens gelegene Landschaft.

Entlang einer Querachse offenbart der Terrassengarten einen Gestaltkontrast von Urnen und Formschnitt. Die dunklen Eibenhecken werden nun durch eine ornamentale Bepflanzung belebt, die Sir George Sitwell vehement abgelehnt hatte.

Packwood House

WARWICKSHIRE

Packwood House wurde im späten 16. Jahrhundert von den Fetherstons erbaut. Das Anwesen wurde, einmal auch in weiblicher Linie, bis ins späte 19. Jahrhundert weitervererbt und dann 1905 von Alfred Ash, der sich in der Metallbranche ein Vermögen erwirtschaftet hatte, ersteigert. In seinem Nachruf 1925 hieß es, daß »er das Leben von der sonnigen Seite sah – und von einem schmucken Rolls-Royce aus«. Sein Sohn Graham tat viel für die Restaurierung des Hauses, das er 1941 dem National Trust übereignete.

In einer zeichnerischen Darstellung des Hauses aus dem Jahr 1756 sind auch einige Gartendetails erkennbar. Das Gebäude zeigt sich von Süden gesehen mit einer verschwenderischen Fülle von Halbbalken, Giebeln und einem zentralen Schornstein. Insgesamt wirkt es jedoch nach der Erweiterung durch Graham Ash bescheidener. Man erkennt auf dem Plan den südlichen Vorhof mit seinen Ziegelmauern und in der nordwestlichen Ecke ein Sommerhaus. Der Garten innerhalb der Mauern enthält einige spärliche Formschnitt-Figuren; die größeren Exemplare sind spiralförmig gestaltet. Die Südmauer wird in der Mitte durch Torpfeiler und einige halbkreisförmige, abwärts führende Ziegelstufen unterbrochen.

Während der im späten 19. Jahrhundert aufgekommenen Begeisterung für architektonische Gärten und Formschnitt geriet Packwood durch eine Erwähnung in dem von Sir Reginald Blomfield verfaßten Buch *The Formal Garden in England* (1892) unversehens ins Licht der Öffentlichkeit. Der ummauerte südliche Gartenvorhof war sehr nach seinem Geschmack, doch besonders inspirierte ihn der monumentale Eibengarten jenseits der Gartenmauer. »Hier«, so Blomfield, »wird die Bergpredigt durch zugeschnittene Eibe buchstäblich illustriert. Den Eingang des ›Berges‹ am Ende des Gartens zieren vier 20 Fuß (fast 7 m) hohe Eiben für die vier Evangelisten und sechs auf beiden Seiten für die zwölf Apostel.« Damals glaubte man, dies sei ein symbolischer Garten aus dem 17. Jahrhundert – tatsächlich waren die meisten Eiben jedoch erst gegen Mitte des 19. Jahrhunderts gepflanzt worden.

Die »Bergpredigt« jedenfalls zeigt sich heute in einem prachtvollen Reifezustand. Vom südlichen Vorhof aus gleitet der Blick vorbei an prächtigen schmiedeeisernen Toren aus dem 18. Jahrhundert, entlang einer dramatischen Prozession von Eiben in Richtung auf den »Berg«. Im Vorhof fügte Graham Ash einen Senkgarten mit einem kleinen Wasserbecken und einige niedrige Eibenhecken hinzu. In jüngerer Vergangenheit wurden die Rabatten dieses Gartenbereichs wiederbelebt, die nun mit ihrer dichten, planvoll-farbenfrohen Bepflanzung ein heiteres Vorspiel zu den Eibenfiguren jenseits der Mauer verkörpern. Diese ausschließlich mit Stauden besetzten, teils recht schmalen Rabatten bedürfen sorgfältiger Grenzziehung, um eine untadelige Ordnung der Pflanzen zu gewährleisten.

Von der Südfassade bietet sich im Sommer ein eklektischer Ausblick. Die markante Umfriedung aus dem 18. Jahrhundert mit einigen Anklängen an die Arts-and-Crafts-Bewegung des frühen 20. Jahrhunderts wird durch die im wesentlichen aus dem späten 20. Jahrhundert stammende Bepflanzung aufgelockert.

Über dem Terrassenweg mit seinen üppigen, im überschwenglichen viktorianischen Stil bepflanzten Rabatten erhebt sich eine feierliche Parade von Eibensäulen.

Saling Hall

ESSEX

Saling Hall ist ein spätelisabethanisches Gebäude aus schönem Essex-Ziegel, das 100 Jahre später mit jenen kurvenreichen Giebeln niederländischen Stils versehen wurde, die vielen Häusern in East Anglia einen besonderen Reiz verleihen. So schön das Haus auch ist – und ohne die Arbeit früherer Gärtner abzuwerten –, wurde dieser Ort doch erst durch den heutigen Eigentümer zu einem echten Juwel der Gartenkunst.

Das historisch bedeutsamste Gartenelement von Saling Hall ist der Walled Garden, der sich westlich des Hauses erstreckt. Seine Mauern tragen ein Datum (1698) – was selten der Fall ist – und stammen aus der Zeit, als das Haus durch Martin Carter erweitert wurde. Die Einfriedung aus feinen Ziegelmauern verfügt über jene ländliche Formalität, die ein solcher Garten im frühen 18. Jahrhundert besessen haben mag. Rabatten säumen die Mauern, und Ziegelpfade mit Fischgrätenmuster verlaufen in der Mitte und beidseits entlang der Rabatten. Die Zierbepflanzung geht größtenteils auf Hugh Johnson, den heutigen Besitzer, zurück. Er bewahrte jedoch einige charakteristische Elemente – flankierende Reihen aus alten, gestutzten Apfelbäumen, eine Prozession säulenförmiger Lawson-Zypressen (*Chamaecyparis lawsoniana* 'Pottenii'), welche die Rabatten auf beiden Seiten begleiten, sowie Reihen aus Wacholder (*Juniperus communis* 'Hibernica'), die zu beiden Seiten des zentralen Pfads entlang der Rabatten verlaufen. Diese ausgereifte strukturelle Bepflanzung verleiht den üppigen Rabatten eine gewisse Harmonie.

Im Walled Garden leistete Hugh Johnson die Feinabstimmug eines bestehenden Konzepts. Dagegen konnte er im Waldland nördlich des Hauses seiner Liebe zu Bäumen und zur Landschaftsgestaltung freien Lauf lassen. Als er vor mehr als 20 Jahren hierherkam, standen in diesem Bereich vornehmlich Ulmen und Pappeln, die einen willkommenen Schutz auch vor den schärfsten Winden boten (das Waldland liegt auf leicht hügeligem Terrain). Später gingen die prächtigen Ulmen an einer

LINKS: *Im Arboretum werden einzelne Lichtungen durch Statuen aufgelockert. Diese Bacchus-Figur paßt besonders gut, da der Garten einem weltbekannten Autor von Wein-Fachbüchern gehört. Derartige Dekors sind eine willkommene Ergänzung der umfassenden Baumsammlung.*

Krankheit zugrunde; im Zuge von Neuanpflanzungen teils seltener Bäume verschwanden auch die Pappeln nahezu vollständig. Zudem wurden Lichtungen und Durchblicke freigemacht, um eine optische Verbindung und ein ornamentales Wechselspiel zwischen den einzelnen Bäumen zu erzeugen. Ein flüchtig angedeuteter Japanischer Garten besteht aus Buchskugeln entlang einer Böschung und einer kleinen Kaskade, die sich in ein Wasserbecken ergießt. Auf einer Erhebung neben einem weiteren Becken stehen einige Himalaja-Birken (*Betula* 'Jermyns'), deren fahle Stämme den toskanischen Säulen eines eleganten Tempels am jenseitigen Saum gleichen. Eine längliche Schneise wird durch eine riesenhafte Steinkugel belebt, die – auf einer leichten Erhebung stehend – als Blickfang dient. Diese unaufdringlichen Effekte vermitteln eine gewisse Ruhe, ohne von der Hauptattraktion abzulenken – der abwechslungsreichen Baumsammlung, die in jeder Jahreszeit einen Besuch lohnend macht. Einschließlich eines Wassergartens und weiterer, in größerer Nähe zum Haus gelegener Ziergärten umfaßt Saling Hall eine Fläche von 5 Hektar. Durch optische Effekte und Bepflanzung wirkt der Garten jedoch noch weitaus größer.

RECHTS: *Im Walled Garden wird die üppige Zierbepflanzung durch Buchspyramiden und stattliche Säulen aus Wacholder* (Juniperus communis *'Hibernica') strukturiert. Zahlreiche* Alstroemeria-*Ligtu-Hybriden beleben den Vordergrund; hinter dem Blattwerk gelangt eine hübsche Flora-Figur in den Blick.*

Hackfall Wood

NORTH YORKSHIRE

Zu den grundlegenden Wesenszügen des 18. Jahrhunderts gehörte das Interesse an der Landschaft als Gegenstand der Kontemplation. Landschaften wurden somit für Malerei und Poesie zu einem geeigneten Sujet und für die Gärtner zu einem entscheidenden Aspekt ihrer Kunst. Die Lage eines Gartens und die gebotene Aussicht waren von vorrangiger Bedeutung. Mit der bewaldeten Felsschlucht 90 Meter oberhalb des Flusses Ure hatte Hackfall viel zu bieten. John Aislabie aus Studley Royal hatte das Anwesen erworben, doch erst nach seinem Tod 1741 wurden die Arbeiten aufgenommen. Um 1749 begann sein Sohn William mit der Anlage eines Gartens als eine Verkörperung jener im 18. Jahrhundert verbreiteten Idee des Sublimen, die Horace Walpole als »Abgründe, Berge, Sturzbäche, Wölfe, Gepolter, Salvator Rosa!« beschrieb.

Nach seiner Vollendung wurde Hackfall rasch berühmt. Zu einem der wichtigsten Gebäude gehörte ein auf einem Felsvorsprung gelegener Bankettsaal, von dessen Fenstern aus sich dem Besucher erstmals die Tallandschaft darbot. Der Landschaftskenner William Gilpin schrieb nach einem Besuch im Jahr 1772: »Nicht das Geringste kündet von einer planvollen Absicht und nichts davon, daß man sich in größerer Höhe aufhält; bis sich dann die Flügeltüren des Bauwerks von Mowbray-point schwungvoll öffnen, und man gepackt wird von einer der großartigsten, herrlichsten Landschaften, die man sich nur vorstellen kann ... Das Auge fährt zunächst viele Klafter tief jäh hinab in eine waldige Schlucht zum River Ewer ... zwei Landzungen schießen in den Fluß, sehr unterschiedlich: die zur Rechten bewaldet, felsgesichtig und mit einer Burg gekrönt; die zur Linken, sanft aus dem Wasser steigend, mit wenigen Haufungen besät ... Der vordere Grund ebenso gefällig wie der dahinter.«

Der heutige Besucher kann Gilpins Erfahrungen nachvollziehen. Obwohl die Gebäude verfallen sind, Bäume für die Holzgewinnung gefällt wurden und Pfade durch Farnkraut und Brombeersträucher überwuchert sind, vermittelt Hackfall noch immer einen Hauch des Sublimen. Der Zugang erfolgt über einen Feldweg, und – wie schon Gilpin schrieb – »nicht das Geringste kündet von einer planvollen Absicht«. Plötzlich findet man sich dicht am Rand einer Felswand stehend, in der Ferne das markante Mowbray Castle erblikkend – bereits als neogotische Ruine mit der typischen Vielzahl von Türmchen und Zinnen errichtet –, das sich über den Gehölzen erhebt. Auf geschwungenen Waldpfaden gelangt man zum Ufer des tosenden Flusses Ure. Die heutigen Waldungen entstanden fast alle ohne Zutun des Menschen; der Pfad wird oftmals durch Unterholz verengt, hinter dem sich die Ruinen von Fisher's Hall, einem neogotischen Tempel, schemenhaft abzeichnen.

OBEN: *Am Fuß der waldigen Hänge bietet der Garten an zahlreichen Stellen einen Blick auf den sich dahinschlängelnden Fluß Ure.*

RECHTS: *William Aislabie legte einige lebhafte Wasserläufe an, die von bemoosten Steinen und Farnen gesäumt werden.*

Belohnt wird der Besucher schließlich mit einem Blick auf den perlenden Wasserlauf. Von hier aus gelangt auch Mowbray Castle, in waldigen Höhen thronend, ins Sichtfeld.

Hackfall blieb bis zum Zweiten Weltkrieg ein für seine Schönheit berühmter Ort, geriet aber in Vergessenheit, bis sich ein Kreis von Einheimischen seiner annahm. Heute im Besitz des Woodland Trusts, ist Hackfall ohne zeitliche Beschränkung zugänglich und besitzt weiterhin jenen seltenen Charakter, der William Gilpin nachhaltig beeindruckt hatte.

Misarden Park

GLOUCESTERSHIRE

In alten Gärten bleibt der ursprüngliche Aufbau oft auch dann noch beherrschend, wenn die Erstbepflanzung nicht mehr existiert. Die auffallend schöne Lage muß in Misarden Park seit jeher einen starken Einfluß auf den Garten ausgeübt haben. In diesem Landstrich mit tiefen, bewaldeten Tälern bietet das in gut 180 Metern Höhe stehende Haus einen prächtigen Blick nach Süden auf das Golden Valley. Es wurde um 1616 für Sir William Sandys errichtet, an den ein Denkmal in der Dorfkirche erinnert. Das Anwesen blieb bis 1839 Eigentum der Sandys und wechselte daraufhin mehrfach den Besitzer. Es wurde 1875 durch Alfred Waterhouse verändert; nach einem Brand im Jahr 1919 baute Sir Edward Lutyens den Ostflügel neu auf und fügte eine elegante Loggia hinzu.

Ein Kupferstich von Kip in Atkyns' *Present and Ancient State of Gloucestershire* (1712) zeigt eine Reihe formaler Gärten südlich und westlich des Hauses in ganz ähnlicher Lage wie noch heute. Ihre jetzige Bepflanzung stammt fast vollständig aus dem 20. Jahrhundert, doch die nach Südosten weisenden Hänge mit ihrem herrlichen Talblick dürften sich schon immer für die Anlage eines Gartens angeboten haben. Das heutige Ensemble aus Einfriedungen und die durch üppige Bepflanzung gemilderte Formalität sind kennzeichnend für einen aus unserem Jahrhundert stammenden Entwurf. Westlich des Hauses führen Stufen durch ein schmiedeeisernes Tor zu einem virtuos angelegten Weg mit Eibenhecken, der einen festen Bezugspunkt für die sich zu beiden Seiten erstreckenden ornamentalen Bereiche

bietet. Die Hecken wirken wie die Zinnen einer gewaltigen Burg. Eine steinerne Urne markiert das Ende dieses Wegs. Vom Eibenweg zweigt ein Pfad ab, der durch einen Tunnel aus Spalierbirnen zu einem Küchengarten und einem formalen Rosengarten führt. Auf der anderen Seite des Wegs flankieren zwei Staudenrabatten die Hecke auf ihrer gesamten Länge.

Näher zum Haus hin zeigt der Garten in vielen seiner Details Anklänge an die Arts-and-Crafts-Bewegung. Der kleine Garten mit grau- und silberlaubigen Pflanzen oberhalb terrassierter Trockenmauern südwestlich des Hauses liefert hierfür ein charakteristisches Beispiel. Mit seinen Wällen aus Heiligenkraut und Artemisia sowie den ausfächernden Wellen von *Stachys byzantina* zeigt er sich deutlich durch Gertrude Jekyll beeinflußt. Die gepflasterte Terrasse entlang der südlichen Hausfassade wird durch einen sauber zugeschnittenen Eibenwall gesäumt. Diese Idee stammt entweder von Lutyens selbst oder von einer gleichgesinnten Person.

Die an den Hängen unterhalb des Hauses liegenden Gärten werden zunehmend informeller, je mehr sie mit ihrer natürlichen Umgebung verschmelzen. Hier finden sich einige sehenswerte Bäume wie etwa *Davidia involucrata*, einige Arten mit besonders schöner Herbstfärbung wie *Liquidambar styraciflua* und der graziöse Katsurabaum (*Cercidiphyllum japonicum*), dessen Zweige elegant nach unten geschwungen sind. Am Ende dieses kleinen Arboretums angelangt, wird in der Ferne das fest in seiner Umgebung verankert wirkende elisabethanische Herrenhaus sichtbar.

LINKS: *Eibenwälle markieren den Rand der Südterrasse. Im Vordergrund Weißes Feuerkraut* (Epilobium angustifolium album) *– lieblich, jedoch extrem stark wuchernd.*

LINKS AUSSEN: *Vom Haus aus führen Stufen durch ein schönes Tor zum Eibenweg mit seinen kunstvoll geformten Hecken. Die helle Steinurne bildet einen perfekten Blickfang.*

Hatfield House

HERTFORDSHIRE

Als John Evelyn Hatfield House 1643 besuchte, das 30 Jahre zuvor errichtet worden war, notierte er in sein Tagebuch, daß »die bemerkenswerteste Rarität außer dem (in England damals architektonisch kaum übertroffenen) Haus der selten gut gewässerte und bepflanzte Garten und Weingarten« sei.

Hatfield kann auf eine der faszinierendsten Gartenhistorien Englands verweisen. Robert Cecil, 1. Marquess of Salisbury, hatte 1607 mit dem Bau des Hauses begonnen. Als Chefgärtner rekrutierte er bald darauf John Tradescant, den Älteren, der später Gärtner Karls I. wurde. John Tradescant senior und junior pflegten internationale Kontakte zu Pflanzensammlern und waren zentrale Figuren in der Gartenhistorie des 17. Jahrhunderts. Die Hartfield-Archive bezeugen die damals eintreffende Pflanzenflut – 1611: 500 Obstbäume von der französischen Königin (Anna von Österreich, Gemahlin Ludwigs XIII.); 1612: 453 Kirschbäume und 1200 Linden, versandt aus Frankreich, Kosten: 140 Pfund. Eine weitere Schlüsselfigur in der Frühzeit des Gartens war der Franzose Salomon de Caus, ein geheimnisvoller Mensch, der die großen europäischen Häuser besuchte, um phantastische Grotten und raffinierte Wasserspiele zu schaffen. Der Garten, den er in Heidelberg für Kurfürst Friedrich V. anlegte – der legendäre Hortus Palatinus –, zählt zu den Wundern der damaligen Zeit. In Hatfield schuf er ab 1611 das »Great Water Parterre« – einen formalen See mit Insel und Banketthaus.

Ein in Hatfield erhaltenes Gemälde (um 1740) von Haus und Garten zeigt die Mauern und Abteilungen der – heute mit Bäumen vollgestopften – prächtigen formalen Gärten des vorangehenden Jahrhunderts. Im 18. Jahrhundert wurden diese Mauern abgerissen, und Parkland erstreckte sich, der damaligen Mode entsprechend, bis unmittelbar an die Hausmauern. Der Enzyklopädist J. C. Louden schrieb nach einem Besuch im Jahr 1825, daß »die Gärten wenig leisten, um den Liebhaber zu erfreuen«. In den 1840er Jahren ließ der Marquess of Salisbury in Erwartung eines Besuchs von Königin Viktoria Mauern und Terrassen wiedererrichten und den formalen Charakter der jakobitischen Gärten weitgehend neu entstehen.

Seit 1972 wurden die Gärten durch die Marchioness of Salisbury umgestaltet, die bereits mit Cranborne Manor in Dorset einem weiteren Garten Cecils neuen Schwung verliehen hatte. Die allerorten vorgenommenen Erweiterungen und Verbesserungen ließen die Glanzlichter der Vergangenheit unangetastet. Unterhalb der Mauern des Old Palace legte sie einen Knotengarten an, dessen Buchshecken einige historische Pflanzensammlungen aus unterschiedlichen Perioden abtrennen, darunter eine Sammlung von Pflanzen des 17. Jahrhunderts zu Ehren der Tradescants. Im Privy Garden ließ sie die viktorianischen Eibenhecken stehen und legte mit Rosen und Päonien bestückte, üppige gemischte Rabatten an. Die East Gardens – Arbeitsschwerpunkt des Marquess of Salisbury in den 1840er Jahren – wurden umgestaltet; ein Teil der früheren Anlage blieb erhalten, doch an beiden Seiten kamen Wege mit zugeschnittenen Steineichen (*Quercus ilex*), italienische Statuen und eine lebendige Bepflanzung der Rabatten hinzu. Mit ihrem gärtnerischen Wissen und ihren Erfahrungen verkörpert Lady Salisbury den für das späte 20. Jahrhundert charakteristischen Gärtnertypus. Und noch in einem weiteren Punkt ist sie auf der Höhe der Zeit: Die Gärten von Hatfield werden nach rein organischen Prinzipien betrieben, Pestizide oder Herbizide werden dort nicht eingesetzt.

LINKS: *In den 1840er Jahren entstand ein neuer Eingangsbereich als Teil einer umfassenden Restaurierung der Gärten zu Ehren des Besuchs von Königin Viktoria im Jahr 1846.*

RECHTS: *Unterhalb der Mauern des Old Palace legte die Marchioness of Salisbury ein Geflecht zeittypischer Gärten an. Im Vordergrund ein schlichtes Labyrinth, im Hintergrund einige Sammlungen historischer Gartenpflanzen aus unterschiedlichen Perioden.*

Levens Hall

CUMBRIA

Der Garten von Levens Hall ist ein bemerkenswert vollständiger Beleg für einen provinziellen formalen Garten des ausgehenden 17. Jahrhunderts. Geschaffen hat ihn Colonel James Grahme, einst Verwalter der Privatschatulle von Jakob II., der dieses alte kumbrische Anwesen 1688 erworben, oder – glaubt man dem romantischeren Bericht – beim Spiel gewonnen hatte. Der Entwurf für den neuen Garten stammt von dem Franzosen Guillaume Beaumont, dessen im Haus hängendes Porträt (um 1700) untertitelt ist mit »Monsieur Beaumont, Gärtner von König Jakob II. & Col. Jas. Grahme. Er schuf die Gärten von Hampton Court Palace und Levens.« Obwohl Beaumont in England noch an anderen Gärten mitgewirkt hatte (vor allem Nunningham, Longleat und Forde Abbey), verkörpert Levens seine einzige erhaltene Arbeit. Als vermutlich guter Kenner der Techniken des André Le Nôtre dürfte er einer jener französischen Gärtner gewesen sein, die mit dem wiedereingesetzten Karl II. nach England kamen. Der von ihm in Levens geschaffene Garten ist jedoch auffallend anders als jegliche französischen Entwürfe.

Ein im Haus ausgestelltes Aquarell von Robert Skyring (»A Map of Levens garding«, um 1730) zeigt einige symmetrisch angelegte Gärten nördlich und westlich des Hauses, die der heutigen Gesamtanlage auch im Detail stark entsprechen. Im Unterschied zur damaligen französischen Gartenmode fällt vor allem das

Fehlen einer dominierenden Achse auf, welche die verschiedenen Gartenpartien mit dem Haus verbinden würde. Der Garten von Levens Hall wurde bereits recht früh bekannt, und ungeduldige Interessenten bemühten sich bei Beaumont, der auf dem Anwesen lebte, um eine Besuchserlaubnis. In einem an »Mr. Beaumont auf Levens« adressierten Schreiben heißt es: »Herr, die Überbringer als angehörig zu meiner Familie hegen den Wunsch zu sehen den Garten von leavenss, so dies die rechte Zeit sie und ihre Bekanntschaft einzulassen, dies wird als große Gunst erkannt und Ihren bescheidenen Diener Robt Hubbersley sehr in Pflicht stellen.«

Unmittelbar westlich des Hauses trifft man auf einige buchsumfaßte Beete, die mit Formschnitt-Figuren bestückt sind – »hier ein Pfau, dort ein gewaltiges, schirmartiges Gebilde, ein Bogengang, ein Löwe ... und eine Unmenge anderen Zierrats, allesamt geformt aus fügsamer Eibe«, wie das Magazin *Country Life* 1899 recht schwülstig schrieb.

Ein Teil dieser Figuren mag durchaus ursprünglich sein, viele sind jedoch gewiß weit jünger. Frühviktorianische Darstellungen wie etwa ein Kupferstich in Joseph Nashs *Mansions of England in Olden Times* (1847) zeigen auffällige Unterschiede zu den modernen Figuren. Südlich des Hauses allerdings trifft man mit der großen Buchenallee und ihrem zentralen Rondell auf ein außergewöhnliches Relikt der ursprünglichen Anlage. Eine Querachse führt vom Rondell nach Westen zu einer (auch auf dem Aquarell von 1730 sichtbaren) Bastei, hinter der ein Trenngraben (möglicherweise der älteste in England) die Grenze zum umgebenden Parkland zieht.

All dies hätte leicht zu einem trockenen Museumsgarten geraten können, doch nur wenige alte Gärten wirken heute derart lebendig wie Levens. Der hervorragend gepflegte Formschnitt-Garten wird durch passende Beete mit Einjährigen belebt.

An geeigneten Stellen wurden diverse schöne Rabatten neu angelegt, und anläßlich des 300jährigen Bestehens entstand 1994 eine prachtvolle neue Fontäne. All dies verdankt sich den privaten Mitteln und der Energie der heutigen Eigentümer – späten Nachfahren von Colonel Grahme.

LINKS: *Im Herbst erheben sich die scharfen Konturen der frisch geschnittenen Eiben über Beeten, die mit der Beifuß-Sorte* Artemisia maritima *'Powys Castle' bepflanzt sind.*

Zahlreiche Eibenfiguren haben eine attraktive, unregelmäßige Gestalt angenommen, die sie besonders alt erscheinen läßt.

Stourhead

WILTSHIRE

Stourhead ist der berühmteste und meistbesuchte Landschaftsgarten Englands. Wie viele andere individuelle Gärten steht er nicht für die Sichtweise eines professionellen Designers, sondern eines hochkultivierten Amateurs. Stourhead wurde von Henry Hoare geschaffen, dessen Vorfahren – ursprünglich Londoner Goldschmiede – sich im 17. Jahrhundert dem Bankwesen zugewandt hatten. Hoares Vater Henry hatte Stourhead 1717 erworben und Colen Campbell mit dem Bau eines exquisiten palladianischen Herrenhauses beauftragt, das um 1724 fertiggestellt war.

Ab 1740 begann Henry Hoare II. am Ufer des Flusses Stour an einer entfernten, vom Haus aus nicht sichtbaren Stelle mit der Anlage eines Gartens. Er staute den Fluß zu einem See auf und ließ an seinem Ufer durch den Architekten Henry Flitcroft einige Bauwerke errichten. Zu den frühen Bauten zählen der Temple of Flora, die Grotte und das Pantheon. Hoare war offenbar von Beginn an darauf bedacht, seinen Garten als Abfolge einer Reihe prachtvoll eingerahmter Panoramen zu komponieren.

Im Gegensatz zu dem etwas älteren Rousham House, das die Aufmerksamkeit auf die arkadischen Szenen außerhalb des Gartens lenkte, ist Stourhead umschlossen und nach innen gekehrt. Ein um den See führender Rundweg ermöglicht einen stetig wechselnden Blick auf die Gebäude – über das Wasser hinweg, halb verborgen hinter Bäumen oder über dem Weg von einer Erhebung aus in die Höhe strebend.

Die Grotte, die am Rundweg liegt, sollte einen unvermittelten Stimmungswechsel erzielen. Der Antiquar John Britton schrieb 1801 treffend: »Es wird mir nicht möglich sein, die schrecklichen Regungen zu beschreiben, die ich erfuhr, als ich ihre düsteren Zellen betrat; meine Phantasie fand sich auf einem Ozean der Mutmaßungen treibend ... Ihre Abgeschiedenheit inmitten des Waldes, Nähe zu den Wassern, unterirdischer Eingang, prasselnde Kaskaden, marmorne Bassins und schweigsame Statuen.« In der Grotte steht die Figur der Flußgöttin des Stour; sie hält eine Urne, aus der das Wasser herausströmt. Eine Felsöffnung umrahmt einen heiteren Blick auf den Temple of Flora am anderen Seeufer. Es sind diese gemäldehaft komponierten Ausblicke, die sich zahlreichen Besuchern am nachhaltigsten einprägen dürften.

Man hat versucht, die gesamte Anlage des Gartens und die Abfolge der Gebäude als Anspielung auf die Reisen des Aeneas und die Gründung Roms, wie in Vergils *Aeneis* beschrieben, zu interpretieren. So etwa trägt der Temple of Flora als Inschrift ein berühmtes Zitat aus der Aeneis: »Procul, o procul este profani« (»Hinfort, hinfort mit Euch, die Ihr nicht gläubig seid«), doch niemand konnte den Garten bisher in dieser Weise überzeugend interpretieren. Die Fülle der Anspielungen auf die Klassik, die Hoares kultivierte Freunde begeistert hätte, mag zwar von den meisten heutigen Besuchern nicht wahrgenommen werden, doch der unverändert magischen Wirkung des Gartens kann sich kaum jemand entziehen.

Die palladianische Brücke überspannt den Fluß Stour. Er mündet in einen See, an dessen jenseitigem Ufer Henry Flitcrofts Pantheon auf einem Grashügel thront.

Iford Manor

WILTSHIRE

OBEN: *Das Bindeglied zwischen den Terrassen bildet eine steile Treppenflucht. In echter Arts-and-Crafts-Tradition besteht sie aus Trockenmauern und könnerhaft zugeschnittenem Kalkstein. Feine Bleiurnen zieren die Pfeiler.*

Prachtvoll gelegen, vereint Iford zwei markante englische Grundhaltungen – die Liebe zur klassischen Vergangenheit und den Gefallen am Landleben. Die klassisch inspirierte Steinfassade des Hauses datiert aus den 1720er Jahren, die Ursprünge des Hauses liegen jedoch viel weiter zurück. Das Gebäude steht nur wenige Meter von einem Fluß entfernt an den waldigen Hängen des Frome Valley, gleich an der Grenze zur Grafschaft Somerset. Der Architekt Harold Peto hatte das Anwesen 1899 erworben und bis zu seinem Tod 1933 bewohnt. Gemeinsam mit Ernest George betrieb Peto in der spätviktorianischen Epoche eines der florierendsten Architekturbüros für die Erstellung von Landhäusern. Als diese Partnerschaft 1892 aufgelöst wurde, mußte Peto zusichern, in England nicht mit seinen früheren Kollegen um Aufträge zu konkurrieren. Daher führte er die meisten seiner architektonischen Arbeiten in Südfrankreich aus, entwarf jedoch in England mehrere Gärten. Bei der Gestaltung von Villengärten an der Riviera zeigte er sich sehr stark durch die Italienischen Gärten der Renaissance beeinflußt. Seine Entwürfe waren streng geometrisch angelegt, mit markanten, die einzelnen Partien verknüpfenden Durchblicken und zurückhaltender Nutzung von Ornamenten und Gartengebäuden. Während seiner Zeit in Südfrankreich sammelte er Statuen, Ornamente und architektonische Fragmente, für die er in Iford eine passende Verwendung finden sollte.

Iford bot den Vorteil eines steilen Hangs oberhalb des Hauses; der Talkessel engte den Blick jedoch ein. Der Garten hinter dem Haus war bereits vor Petos Eintreffen terrassiert worden (vermutlich im 18. Jahrhundert), und durch die Hangwaldungen oberhalb des Hauses zogen sich pittoresk geschwungene Pfade.

Der nach Südwesten liegende Terrassengarten besteht aus drei Teilen. Von einer Loggia unmittelbar hinter dem Haus führen Stufen hinauf zu zwei Terrassen mit einem ovalen Seerosenbecken, sowie mit Rasenflächen und

Rabatten. Die breite obere Terrasse verläuft entlang der nördlichen Grenze des formalen Gartens; einzelne Waldungen bilden hier einen eindrucksvollen Hintergrund. Hier finden sich, kunstvoll angeordnet, einige alte Säulen und Balustraden aus Petos Sammlung. Gegenüber liegt ein kleines, achteckiges Sommerhaus, das aus der Bauzeit des Gebäudes stammt. Wer von dieser oberen Terrasse nach

Süden über das bewaldete Tal blickt, dem erschließt sich das wahre Wesen dieser Stätte: eine harmonische Kombination von englischer Ländlichkeit und einem italienisierten Gartenentwurf.

Iford kann durchgängig mit einer abwechslungsreichen Bepflanzung aufwarten, doch die beste Wirkung erzielen Immergrüne wie Eibe, Wacholder, Echte Zypresse (*Cupressus sempervirens*) und die mediterrane *Phillyrea latifolia*. Harold Peto schrieb in seinem Manuskript *Boke of Iford:* »Alte Gebäude oder Mauerfragmente führen den Geist so in die Vergangenheit zurück, wie dies ein Blumengarten nicht vermöchte. Zu steinige Gärten sind gleichermaßen unbefriedigend; es ist die ausgewogene Kombination dieser beiden Elemente, die am meisten befriedigt.«

OBEN: *Die oberste Terrasse weist gen Osten auf das achteckige Sommerhaus aus dem frühen 18. Jahrhundert. Links vermittelt eine der von Harald Peto geliebten Echten Zypressen* (Cupressus sempervirens) *einen authentischen Hauch Mittelmeer.*

Compton Acres

DORSET

Die für die damalige Zeit sehr typischen Gärten von Compton Acres blieben in wunderbar altmodischer Weise erhalten. Ideal ist ihre Lage an den waldigen Hängen, die zu den Steilklippen zwischen Poole und Bournemouth führen. Dieser Teil der Küste von Dorset kommt in den Genuß vieler Sonnenstunden. Die Südlage und Nähe zum Meer führen zu einem sehr milden Mikroklima. Das damals noch ländliche Anwesen wurde 1914 von dem Finanzier Thomas William Simpson erworben. Er entschied sich für die Anlage eines Gartens aus einer Reihe umschlossener Räume, die durch Pfade verbunden waren, die sich die Hänge hinabschlängelten. Teile des Entwurfs stehen der Arts-and-Crafts-Bewegung und ihren »architektonischen« Gärten nahe, bei denen Pfade, Mauern, Steinmetzarbeiten und Ornamente zumindest ebenso bedeutsam waren wie die Bepflanzung. In Simpsons Todesjahr 1950 waren die Gärten aufgrund des Arbeitskräftemangels während des Zweiten Weltkriegs stark vernachlässigt. Sie gelangten in den Besitz des Architekten J. S. Beard, der sie restaurierte und erweiterte. Unter einem neuen Besitzer wurden sie daraufhin nicht zu einem privaten, sondern zu einem als Touristenattraktion angepriesenen, kommerziell betriebenen »Schaugarten«.

Die einzelnen Gartenpartien von Compton Acres sind historisch oder stilistisch geprägt (Römischer, Italienischer, Japanischer Garten usw.), oder sie basieren auf einem bestimmten Stil der Bepflanzung (Woodland Walk, Tropical Dell, Rock Garden, Heather Dell).

Ein solcher Eklektizismus ist ein wichtiges Thema innerhalb der englischen Gartenhistorie; nur selten bekommt man allerdings derart viele Gartenstile an einem einzelnen Ort zu Gesicht.

Der Italienische Garten – einer der ersten, in den der Besucher gelangt – besitzt ein langes, schmales Seerosenbecken, dessen Enden durch eine hinabführende Doppeltreppe und einen Kuppeltempel markiert werden. Zwischen den planvoll bepflanzten Rabatten sind zahlreiche Statuen und Urnen plaziert.

Der die Gartentour abschließende Japanische Garten entstand nach einem Aufenthalt Simpsons in Kyoto. Als Japan sich im späten 19. Jahrhundert dem Westen öffnete, weckte die japanische Kultur ein immenses Interesse. *The Mikado* (1885) und *Madame Butterfly* (1904) waren ungemein populär, und man war schier verrückt nach Japanischen Gärten. In Compton Acres wählte Simpson einen prächtigen Standort und führte zahlreiche Dinge aus Japan ein, wie etwa einen Tempel, ein Teehaus, Steinlaternen und sogar Bäume.

Die Bepflanzung mit Azaleen, Kamelien, Eucryphia, Heidekraut, Pieris und Rhododendren nutzt den sauren Boden auf das beste. Mildes Mikroklima und ausgezeichnete Dränage lassen zahlreiche frostempfindliche Pflanzen zu. Der Besucher trifft auf Eukalyptus, die herrliche, rotstämmige *Drimys lanceolata* aus Chile, Mimosen (*Acacia dealbata*) und Granatapfelbäume (*Punica granatum*).

Der Italienische Garten hat zwar nichts mit den Gärten in Italien gemein, doch mit seinen Wasserspielen und den brillant bepflanzten Rabatten vermittelt er eine Atmosphäre von Verspieltheit und Überschwang.

RECHTS: *Der Japanische Garten entstand nach dem Zweiten Weltkrieg mit der Hilfe japanischer Gärtner. Ornamente und zahlreiche Pflanzen wurden eigens aus Japan eingeführt.*

Trebah

CORNWALL

Die Familie Fox gehörte zu jenen Gartendynastien, die einen markanten Typus des sogenannten kornischen Gartens schufen. Die Reederei G. C. Fox & Co. wurde 1754 in Falmouth von dem Quäker George Croker Fox gegründet, dessen Familie das gärtnerische Leben in der Umgebung von Falmouth beherrschen sollte. Mitte des 19. Jahrhunderts hatten drei ihrer Gärten Berühmtheit erlangt – Grove Hill, Rosehill und Penjerrick –, und etwas später kamen zwei weitere Gärten hinzu – Glendurgan (heute im Besitz des National Trust) und Trebah.

Wie bei so vielen der großen Gärten Cornwalls ist auch hier die Lage der entscheidende Faktor. Trebah liegt an einem 600 Meter langen Steilkamm, der nach Süden zum Fluß Helford abfällt. Das Haus am Taleingang wurde um 1750 für die Familie Nicholl errichtet. 1842 überließ Robert Were Fox of Rosehill das Anwesen seinem Sohn Charles, der hier bis zu seinem Tod 1868 eifrig tätig war. Das Foxsche Anwesen von Glendurgan liegt unmittelbar östlich von Trebah in ganz ähnlicher Umgebung. Als Charles Fox nach Trebah kam, hatte sein Vetter Alfred bereits mit der Arbeit in Glendurgan begonnen; vor allem hatte er in den 1820er Jahren Strandkiefern (*Pinus pinaster*) gepflanzt, die beiden Gärten den dringend benötigten Windschutz boten.

Charles Fox lichtete die bestehenden Waldungen aus und begann mit der Einführung von Exoten, deren Sämlinge er dank seiner maritimen Kontakte beschaffen konnte. Nach seinem Tod ging das Anwesen in den Besitz seines Schwiegersohns Edmund Backhouse über, später zu einer ebenfalls angesehenen kornischen Familie, den Hexts, die die Tradition der Fox' bis zum Zweiten Weltkrieg fortführten. Darauf folgte eine Periode der Stagnation und Vernachlässigung, und der Ruhm des Gartens verlosch nahezu völlig. Ab 1981 begann Major Hibbert als neuer Eigentümer mit einem ehrgeizigen Restaurierungsprogramm und gründete eine Treuhandgesellschaft, um das Überleben des Gartens sicherzustellen, der heute in einem besseren Zustand ist, als er es in der Vergangenheit über viele Jahre hinweg war. Die steilen Talhänge sind mit Pfaden durchwoben, und es ist ein seltenes Erlebnis, von hier aus die wechselnden Ausblicke auf das Tal und eine verblüffende Fülle exotischer Pflanzen zu bewundern. Aus dem Unterholz erhe-

LINKS: *Üppige exotische Bepflanzung aus Farn, Baumfarn* (Dicksonia antarctica) *und hohen Fächerpalmen* (Trachycarpus fortunei) *im Schluchtgarten.*

RECHTS: *In der Umgebung des Schluchtgartens blühen die Magnolien bereits im Februar. Hier erhebt sich die stattliche* Magnolia campbellii *über einem Teppich aus Narzissen.*

ben sich gewaltige Fächerpalmen (*Trachycarpus fortunei*), und der zu Hainen gruppierte, frostempfindliche Baumfarn (*Dicksonia antarctica*), der hier naturalisiert wird, scheint sich ebenso wohlzufühlen wie in seiner tasmanischen Heimat. Unter den reich vorhandenen Rhododendren (einige Sorten wie 'Trebah Gem' wurden hier gezüchtet) gebührt der Ehrenplatz den großblättrigen, immergrünen Arten wie *R. sinogrande*, die nirgendwo in England so gut gedeihen wie in Cornwall. W. J. Bean, der große Kenner der Gehölze, bezeichnete ihn als »den prächtigsten und bemerkenswertesten aller Rhododendren, ja sogar von allen in diesem Land winterharten Gehölzen«. Die größten Freuden bereitet in Trebah die unglaubliche Fülle der Pflanzen in einer äußerst anregenden Umgebung.

Woburn Abbey

BEDFORDSHIRE

Die Abtei von Woburn, einst ein großes Zisterzienserkloster, wurde 1145 durch die Mönche von Fountains Abbey in Yorkshire gegründet. Sie ging 1547 mit der Auflösung der Klöster auf John, Lord Russell, den späteren 1. Earl of Bedford, über. Außer ihrem großen Anwesen in Woburn hatten die Russells noch Grundstücke in London, die sie mit großem Geschick vergrößerten. Im frühen 17. Jahrhundert übten sie in Covent Garden und 150 Jahre später in Bloomsbury einen tiefgreifenden Einfluß auf die Stadtlandschaft aus.

Die Erträge aus den Immobilien ermöglichten über einen längeren Zeitraum hinweg Maßnahmen an Haus und Garten von Woburn, die von den besten Architekten und Gartenplanern der Region ausgeführt wurden. In den 1620er Jahren wurde ein italienisierter Grottenraum in Auftrag gegeben. Seinen Entwurf schreibt man Isaac de Caus zu, einem Schützling von Inigo Jones, der in den 1630er Jahren an der Neuplanung von Covent Garden für den 4. Earl arbeitete. Dieses reizende, mit Muschelwerk verzierte Gewölbe ist bemerkenswert gut erhalten. Zwar weiß man nicht, wie der Raum mit dem Garten verbunden war (oder ob er es je war), doch er ist gewiß typisch für die ornamentalen Gartengrotten im Europa des 16. und 17. Jahrhunderts. Im späteren Verlauf des 17. Jahrhunderts entstand ein teils ornamentaler und teils mit Obst und Gemüse bepflanzter formaler Garten.

Die größten Gartenaktivitäten ereigneten sich in Woburn im 18. Jahrhundert. Charles Bridgeman, Zentralfigur in Zeiten des Übergangs von den formellen zu den informellen Gartenstilen, wurde in den 1720er Jahren konsultiert. Der 4. Duke of Bedford erstand 1746 aus dem Verkauf der großen Sammlung von Lord Petre zahlreiche exotische Bäume und Sträucher. Zwischen 1787 und 1802 arbeitete der Architekt Henry Holland – Partner und Schwiegersohn von Capability Brown – intensiv am Wohnhaus und den Gartengebäuden. Im Ziergarten errichtete er eine polygonale Meierei chinesischen Stils mit ebensolcher Einrichtung. Dieses Gartengebäude ist aus zwei Gründen von Bedeutung: Zunächst als Beispiel für ein ornamentales Gartengebäude mit scheinbar praktischem Nutzen. Marie Antoinettes klassizistische Meierei (1785) in Rambouillet verkörpert das wohl bekannteste Beispiel für diese Tradition. Die Meierei in Woburn zeugt außerdem von der in der zweiten Hälfte des 18. Jahrhunderts in England modernen Vorliebe für Chinoiserien.

Der 6. Duke rekrutierte im frühen 19. Jahrhundert Humphry Repton für die Durchführung zahlreicher Veränderungen. Repton war bereits auf dem Londoner Anwesen des Herzogs tätig gewesen und hatte vor allem 1806 die Gärten von Russell Square angelegt. In

OBEN: *Der Sockel der ringförmigen Sonnenuhr im Private Garden besitzt eine gefällige Einfassung aus tiefblauer* Lavandula angustifolia *'Hidcote', mit der auch die Rosenbeete im Bildhintergrund heckenförmig umsäumt sind.*

RECHTS: *Die chinesische Pagode markiert das Zentrum eines runden Irrgartens aus Hainbuche* (Carpinus betulus). *In alten Irrgärten dienten solche erhöhten Mittelpunkte dazu, verlorengegangenen Besuchern den richtigen Weg zurufen zu können.*

Woburn steckte er voller neuer Ideen – für eine Ziermenagerie, einen Rosengarten, einen Chinesischen Garten, eine Neugestaltung des Sees und eine Sammlung amerikanischer Pflanzen. Rückblickend schrieb er: »Die Verbesserungen, die anzuregen ich die Ehre hatte, wurden nirgendwo so umfassend realisiert wie in Woburn Abbey.«

Woburn Abbey, weiterhin im Besitz der Russells, ist heute eines der meistbesuchten großen Anwesen in ganz England. Hauptattraktionen für den modernen Gartenbesucher sind sein großer Park, erlesene Bäume und die glücklicherweise erhaltenen Gartengebäude aus verschiedenen Epochen.

Howick Hall

NORTHUMBERLAND

Howick Hall liegt in waldigem, leicht hügeligem Gelände in der Nähe der wilden northumbrischen Küste östlich von Alnwick. Das von William Newton aus Newcastle entworfene klassizistische Herrenhaus wurde 1782 für Sir Henry Grey errichtet. Die Nähe zum Meer und die oft scharfen Winde werden durch eine geschützte Tallage ausgeglichen, in der auch einige besonders empfindliche Pflanzen gedeihen. Ein weiteres Merkmal dieses Ortes ist die unerwartete Nachbarschaft von saurem und alkalischem Boden. In diesem durch Kalkstein geprägten Landstrich besteht ein Bereich von etwa 1,5 Hektar, mithin ein Viertel der Gesamtfläche, aus einer tiefen Schicht sauren Bodens, auf dem kalkfliehende Bäume und Sträucher gedeihen.

Vor der Giebelfassade des Hauses führt ein Hang hinab, der mit einer Reihe von Balustradenterrassen geschmückt ist. Dickichte aus immergrüner *Choisya ternata* und der empfindlichen *Carpenteria californica* flankieren einige Stufen, die von der obersten Terrasse zu einem gepflasterten Bereich mit einem runden Wasserbecken und Steinurnen hinabführen. Im Spätsommer werden sie von kräftigblauen *Agapanthus*-Headbourne-Hybriden umsäumt. Die Ränder der oberen Terrasse werden durch Lavendelhecken markiert, die sich über den üppig bepflanzten gemischten Rabatten auf beiden Seiten der unteren Ebene erheben. Eine Rasenfläche wellt sich hinab zu einem Wasserlauf mit feuchteliebenden Pflanzen wie *Gunnera manicata*. Zu beiden Seiten ragen Waldungen in eine mit ornamentalen Ahornen, mit Birken und großen Strauchrosen bepflanzte Graszone, wo naturalisierte Narzissen im Frühjahr ihre Pracht entfalten. Dieses Arrangement bildet einen ungezwungenen Übergang von der Formalität des Hauses und seinen architektonischen Terrassen zu der naturalistischen Wiese mitsamt Wasserlauf.

Zur einen Seite schließt sich der auf saurem Boden liegende Waldgarten an – wegen der geringen Höhenlage noch besser geschützt als der hausnahe Bereich. Vornehmlich in der Zeit zwischen den Kriegen entstand hier eine erlesene Sammlung geeigneter Bäume und Sträucher. Trotz Fehlens schriftlicher Belege dürften viele dieser Pflanzen aus Samen gezogen worden sein, die von den Expeditionen von George Forrest und Frank Kingdon-Ward stammen; beide hatten in den 1920er und 1930er Jahren ungewöhnliche Pflanzen vor allem aus Westchina und Tibet eingeführt. Hier begegnen wir der Creme der asiatischen Blütengewächse – kostbarsten Kamelien, Magnolien und einer hervorragenden Sammlung von Rhododendren. Einige der empfindlichsten Pflanzen dieses Bestands kommen jedoch von der südlichen Erdhalbkugel, wie etwa Winterrinde (*Drimys winteri*) und die noch schönere *D. lanceolata* mit ihren schlanken Blättern und tiefroten Trieben. Weiter im Inland von Northumbria hätten solche Immergrüne in weniger geschützter Lage keine Überlebenschance. Aus Australasien stammen die prächtige Hoheria mit ihren filzartigen Blättern und dem weißem Blütenflor im Spätsommer sowie Olearia mit ihren üppigen, gänseblümchenartigen Blüten. Einen exquisiten Hintergrund für diese exotischen Pflanzen bietet ein alter Wald aus Stieleichen (*Quercus robur*) und Eßkastanien (*Castanea sativa*).

OBEN: *Auf der Südterrasse bildet ein Seerosenbecken den Mittelpunkt eines Durchblicks, der über eine Wiese hinweg bis in die umgebende Landschaft reicht. Die Eibenhekken sind mit scharlachrotem* Tropaeolum speciosum *besprenkelt.*

RECHTS: *Im Frühling präsentiert der Waldgarten eine verblüffende Kombination aus blühenden Stauden, Bäumen und Sträuchern. Farbliche Akzente setzen das Rosa, Gelb und Rotbraun der asiatischen Primeln und das lebhafte Blau von* Meconopsis betonicifolia. *Die Blätter der Hosta erzeugen einen prägnanten Formenkontrast.*

Castle Howard

NORTH YORKSHIRE

Horace Walpole schrieb 1772 über seinen Besuch von Castle Howard: »Niemand hatte mich informiert, daß ich auf einen Blick einen Palast, eine Stadt, ein befestigtes Zentrum, Tempel an erhöhten Stätten, Wälder, ein jeder als Stammsitz der Druiden tauglich ... den edelsten Rasen der Welt, vom halben Horizont umzäunt, und ein Mausoleum sehen würde, in dem man lebendig bestattet sein wollte – kurzum, ich habe bereits gigantische Orte gesehen, doch niemals einen sublimen.« Die Szenerie, die Walpole derart beeindruckt hatte, übt auf den heutigen Besucher einen ganz ähnlichen Reiz aus. Lord Carlisle hatte John Vanbrugh 1699 mit dem Bau seines Palastes in dieser entlegenen Ecke im Norden Yorkshires beauftragt. Vanbrugh, ein Soldat und Bühnenautor, der vier Jahre in einem französischen Gefängnis saß, war mit den Carlisles befreundet. Mit dem Entwurf von Castle Howard hatte er sich erstmals auf architektonisches Terrain vorgewagt. Das Haus, das er für Lord Carlisle schuf, ist zusammen mit den sich anschließenden Gartengebäuden in seiner Art unerreicht.

Wahrscheinlich wirkte Vanbrugh selber auch an der Gestaltung des Gartens mit, doch es mangelt hierfür an konkreten Belegen. Pläne für einen streng geometrisch angelegten Garten mit Blickachsen, wie sie von George London für Ray Wood (den Bereich nordöstlich des Hauses) vorgelegt wurden, lehnte man zugunsten eines Entwurfs mit geschwungenen Waldpfaden ab, der jedoch zahlreiche Statuen und Fontänen vorsah und alles andere als naturalistisch war. Dieser Gartenbereich besitzt jedoch noch heute eine intensive Atmosphäre und eine ausgezeichnete Sammlung von Bäumen und Sträuchern. Sie stammt von James Russell, der sich 1968 hier niederließ und die Rhododendron-Sammlung von Sunningdale mitbrachte. Unmittelbar südlich des Hauses wurde ein Bereich, den man im frühen 18. Jahrhundert als Grasparterre genutzt hatte, in den 1850er Jahren von W. A. Nesfield um die große Atlas-Fontäne neu angelegt. Die 9. Countess of Carlisle vereinfachte diese Struktur in den 1890er Jahren mit Hilfe von Eibenhecken. Der Walled Garden, einst Küchengarten und Teil von Vanbrughs Originalanlage, enthält heute drei attraktive, an Alten Strauchrosen besonders reiche Rosengärten.

In den Ziergärten nahe des Hauses finden sich zahlreiche ausgezeichnete Pflanzen, doch das eigentliche Naturschauspiel (das Walpole zum Gebrauch des Wortes »sublim« veranlaßte) liegt in der großartigen Landschaft dahinter. Südöstlich des Hauses, hoch über dem New River, setzt Vanbrughs Temple of the Four Winds einen deutlichen Akzent am Saum des Ray Wood. Weiter im Osten steht ein großes Säulenmausoleum mit Kuppel, mit dessen Bau Nicholas Hawskmoor 1729 begonnen hatte. Westlich des Hauses errichtete Vanbrugh 1714 einen Obelisken zu Ehren der Siege des Duke of Marlborough. Er markiert den Kreuzungspunkt der beiden breiten Zufahrten, deren eine durch ein gewaltiges Torhaus verläuft, das von einer Pyramide (ebenfalls von Vanbrugh) gekrönt wird.

RECHTS: *Jenseits der Brücke über den New River reckt sich Nicholas Hawksmoors Mausoleum gravitätisch gen Himmel.*

LINKS: *Die Atlas-Fontäne mit ihren Tritonen bildet den Mittelpunkt der in den 1850er Jahren von W. A. Nesfield entworfenen Anlage. Sie ersetzte ein im frühen 18. Jahrhundert möglicherweise von Vanbrugh selbst konzipiertes Parterre.*

Heligan

CORNWALL

Gärten sind nicht für die Ewigkeit geschaffen. Mit zunehmender Größe und Komplexität werden sie anfälliger für die Auswirkungen von Wirtschaftskrisen oder neuen Gartenmoden. Es gibt unzählige, einst berühmte Gärten, die einfach verschwunden sind. Heligan ist ein Beispiel für einen großen Garten, den man bereits aufgegeben hatte, und der dennoch eine triumphale Wiederbelebung erfuhr.

Die aus Devon stammenden Tremaynes lebten in diesem Teil Cornwalls, seit sie im 16. Jahrhundert nach Heligan kamen. Von ihren ersten Gärten zeugen nur wenige Spuren. Ein Plan von 1735 zeigt einen formalen Garten vor dem Haus. Im späten 18. und frühen 19. Jahrhundert wurde die Landschaft umgestaltet. Henry Hawkins Tremayne (1766–1829) war der erste Vertreter von vier Generationen, die Heligan zu einem der schönsten Gärten des Landes machten.

Der Garten ist in doppelter Hinsicht von außergewöhnlichem Interesse. Erstens macht ihn das Klima, vor allem das Mikroklima des Tal- oder Dschungelgartens, besonders für die Kultivierung jener exotischen Blütensträucher geeignet, die im 19. Jahrhundert eingeführt wurden. Zweitens war Heligan eine autarke Gemeinde mit eigener Ziegelei (ab 1690, somit die älteste in Cornwall), Brauerei, mehreren Farmen, Sägewerk, Mühle und diversen Nutzgärten, in denen außergewöhnlich viele Obst- und Gemüsesorten angebaut wurden.

Nachdem die Hälfte des Personals im Ersten Weltkrieg den Tod gefunden hatte, setzte ein rascher Niedergang ein. Nach dem Krieg lebten die Tremaynes nur kurz in dem Haus; dann wurde es verpachtet und schließlich in mehrere Etagenwohnungen aufgeteilt. Die Gärten, die weiterhin den Tremaynes gehörten, wurden zunehmend vernachlässigt, bis Anfang 1990 ein Restaurierungsprogramm aufgelegt wurde. Mit außerordentlicher Schnelligkeit und Effizienz konnten Gelder beschafft und mit der Arbeit begonnen werden. Es gab eine Menge zu tun, da zahlreiche Brombeersträucher und unzählige umgestürzte Bäume – der Sturm vom Januar 1990 fällte mehr als 700 Stück – zu beseitigen waren.

Inzwischen sind die Arbeiten abgeschlossen, und die Gärten offenbaren erneut ihren wahren Wert. Die Tremaynes hatten in den 1840er und 1850er Jahren Saatgut von Joseph Hookers Himalaja-Expeditionen erhalten. Einige der daraus gezogenen Pflanzen haben bis heute überlebt, etwa *Rhododendron falconeri* (1849 von Hooker in Sikkim entdeckt) und *R. dalhousiae* (1848). Aus dieser Zeit sind auch einige stattliche Bäume erhalten. Im Talgarten steht das größte Exemplar von *Podocarpus totara*

RECHTS: *Im Dschungelgarten gedeiht der naturalisierte Baumfarn* (Dicksonia antarctica) *ebenso prächtig wie in seiner tasmanischen Heimat.*

OBEN: *Narzissen beleben die Waldhaine. Im Hintergrund eine Ziegelarkade, die aus dem 19. Jahrhundert stammt.*

in Großbritannien. Hier finden wir auch eine noch bemerkenswertere, 1862 eingeführte Chinesische Zeder (*Cedrela sinensis*).

Der ummauerte Melonengarten mit seinen einzelnen Gebäuden (Topfschuppen, Melonenhaus und Pineapple Pit) erstrahlt im alten Glanz. Das Pineapple Pit datiert aus der Mitte des 18. Jahrhunderts und ist das einzige, in Großbritannien noch vorhandene Bauwerk dieser Art, Größe und Epoche. Ananas-Sorten, die im 19. Jahrhundert nachweislich angebaut wurden, werden hier erneut kultiviert. Der benachbarte Gemüsegarten kann mit den unterschiedlichsten saisonalen Obst- und Gemüsesorten aufwarten. Die Restaurierung des ummauerten Flower Garden mit seinen riesigen Gewächshäusern ist fast abgeschlossen, und ein großer Teil dieses Areals wurde bereits bepflanzt. In vierjähriger, bemerkenswert gut organisierter Arbeit konnte Heligan in seinen Wesenszügen neu erschaffen werden.

Alton Towers

STAFFORDSHIRE

Im späten 20. Jahrhundert fanden große Anwesen, die in privater Hand nicht mehr lebensfähig waren, die unterschiedlichsten Nutzungen. Im Falle von Alton Towers führte die Umwidmung zu einem gigantischen Themenpark dazu, daß der Garten nicht nur überlebte, sondern auch gut gepflegt wird. Seine Geschichte ist relativ kurz.

Im Mittelalter gab es in Alton ein Castle, errichtet von den Verduns, deren letzte Erbin, Lady Ankarat de Verdun, 1412 Sir John Talbot ehelichte. Doch die Talbots lebten nicht hier. Als der 15. Earl of Shrewsbury 1787 die Nachfolge antrat, stand das Castle in Trümmern, und die Landschaft glich einer Wildnis. Zwischen 1810 und 1852 errichteten der Graf und seine Nachfolger einen großen neogotischen Palast, an dem viele Architekten mitwirkten – von James Wyatt zu Projektbeginn bis zu dem großen Neogotiker Augustus Welby Pugin am Ende. Der 15. Earl (gest. 1827) war weitgehend für den Garten verantwortlich, doch die Bepflanzungen setzten sich während des gesamten Jahrhunderts fort. Als Standort wählte er ein schmales Felstal nördlich des Hauses

OBEN: *Die in der Mitte eines Wasserbeckens stehende chinesische Pagodenfontäne wurde vor 1827 von Robert Abraham entworfen. Ursprünglich weit auffälliger, wird sie nun von vollentwickeltem Waldland umschlossen.*

RECHTS: *Die Hänge des Talgartens, die zu einigen Zierbecken hinabführen, sind üppig mit Koniferen bepflanzt. Der immergrüne Farbteppich verdankt sich einer seit den 1840er Jahren ungebrochenen Pflanztradition.*

und begann mit einem gewaltigen Pflanzvorhaben. Nach einem Besuch schrieb J. C. Loudon über den Grafen: »Dieser Edelmann, überaus wohlhabend, stets die Architektur und das Gärtnern liebend, doch mehr Phantasie als gesunde Urteilskraft besitzend, scheint etwas ganz Einzigartiges zu schaffen gewünscht haben.« Und dies ist ihm auch gänzlich gelungen.

Noch bevor mit dem Bau des neuen Castle begonnen wurde, startete der Graf ein Anpflanzungsprogramm gewaltigen Ausmaßes mit einer immensen Zahl von Bäumen, vor

Eibenbögen überspannen den von der Terrasse zum Gewächshaus führenden Weg. Vor 1857 angelegt, wirken die Figuren im hohen Alter etwas zerzaust und aus der Form geraten.

allem Koniferen – Weißtannen (*Abies alba*), Fichten (*Picea*) und Waldkiefern (*Pinus sylvestris*), um die gewünschte Atmosphäre düsterer Romantisierung zu erzeugen. Später wurden auch Ziersträucher gepflanzt – Kamelien, Rhododendren (im Jahr 1857 »alle bekannten Sorten«, 1873 »pro Acre«), Heidekraut und Erdbeerbäume. Noch später kamen breitblättrige Zierbäume hinzu wie die (heute sehr augenfälligen) japanischen Ahorne sowie Tulpenbäume (*Liriodendron tulipifera*).

Während dieser Zeit wurden auch einige ornamentale Gebäude errichtet. Der Architekt Robert Abraham (1774–1850) baute ein grandioses Gewächshaus und die von einer hohen Fontäne überragte chinesische Pagode. Die vor 1827 in der Chinoiserie-Tradition des 18. Jahrhunderts entworfene Pagode basiert auf der To-Ho-Pagode in Kanton, abgebildet in Sir William Chambers' *Designs of Chinese Buildings* (1757). Auf einem Felsvorsprung, der herrliche Blicke auf die Gärten bietet, errichtete Adam einen dreistöckigen Aussichtsturm (Prospect Tower oder auch Chinese Temple genannt) mit erlesenen neogotischen Details.

In den heutigen Gärten hat die ursprüngliche Bepflanzung eine nahezu klaustrophobische Dichte erreicht, doch von oben betrachtet erzeugen die Farben der verschiedenen Bäume und Sträucher (vor allem der Koniferen, Ahorne und Heidegewächse) ein verblüffendes Patchworkmuster.

Die Tussauds-Gruppe sorgt als derzeitiger Eigentümer nicht nur für einen hohen Ansprüchen genügenden Unterhalt der Gärten, sondern betreibt zudem ein kontinuierliches Restaurierungsprogramm. Was als privates Paradies begonnen hatte, wird nun der Öffentlichkeit zugänglich, ohne dabei an Charakter eingebüßt zu haben.

Anglesey Abbey

CAMBRIDGESHIRE

Die »Abtei« war im 12. Jahrhundert eine Priorei der Augustiner. Nach Auflösung der Klöster im 16. Jahrhundert wechselte das Gebäude mehrfach den Besitzer. Im 17. Jahrhundert gehörte es Thomas Hobson, einem Fuhrunternehmer aus Cambridge, der dafür bekannt war, nur die von ihm selbst ausgewählten Pferde zu vermieten. Obwohl ein mittelalterlicher Kern und einige Elemente aus dem 17. Jahrhundert erhalten sind, datiert das heutige Gebäude aus viel späterer Zeit. Unter Huttleston Broughton als Eigentümer entstanden nach 1926 ein Wirtschaftsflügel, eine Bibliothek und eine zweistöckige Gemäldegalerie. Sein Vater hatte im späten 19. Jahrhundert in den USA im Bergbau und Eisenbahnwesen ein Vermögen erwirtschaftet. Seine Mutter, Cara Rogers, war eine reiche Amerikanerin, mit deren dampfgetriebener Jacht *Sapphire* und ihrer 60 Mann umfassenden Crew die Familie bis zum Zweiten Weltkrieg auf Kreuzfahrten ging.

Obwohl Anglesey Abbey noch über einige schöne Bäume aus den 1860er Jahren verfügt, ist der Garten in puncto Konzeption und Anlage ein vollständiges Produkt des 20. Jahrhunderts. Mit 40 Hektar dürfte er der größte bedeutende Garten sein, der in diesem Jahrhundert in England entstand. In seiner Anlage verkörpert er eine individualistische Mischung der im 18. Jahrhundert gängigen Prinzipien der Landschaftsgärtnerei und der formalen, französisch-barocken Entwürfe des 17. Jahrhunderts. Der überaus flache Landstrich ist für die Landschaftsgärtnerei eigentlich ungeeignet. Um eine solche Gegend dennoch zu beleben, entschied sich der 1. Lord Fairhaven für Alleebäume, offene Durchblicke und zahlreiche Ornamente. So entstanden mehrere, zum Teil sehr ausgedehnte Alleen.

Die 1937 südwestlich des Hauses zu Ehren der Krönung Georgs VI. angelegte Coronation Avenue besteht aus vier Reihen Roßkastanien (*Aesculus hippocastanum*) von 400 Metern Länge, die im Garten eine große Querachse bilden. Huttleston Broughton (1. Lord Fairhaven) besaß eine außergewöhnliche Sammlung von Gartenskulpturen und Ornamenten, die – kunstvoll arrangiert – als Blickfang oder zur Akzentuierung dichter Hecken dienen. Ein ähnlich befriedigendes Arrangement finden wir auch auf dem Temple Lawn, der 1953 zu Ehren der Krönung Elisabeths II. geschaffen wurde. Er bildet den Endpunkt einer langen Querachse, die die Coronation Avenue schneidet. Eibenhecken umsäumen einen runden Säulengang (er wurde aus dem zerstörten Londoner Chesterfield House gerettet), deren Eingang durch ein Löwenpaar von John Van Nost markiert wird. In ihrer Mitte steht eine Kopie von Berninis Davidsfigur.

Näher am Haus liegen verschiedene symmetrisch angelegte Blumengärten – darunter ein Dahlien-, ein Hyazinthen- und ein Rosengarten. Die Rosen sind Remontant-Sorten (aus dem 20. Jahrhundert), die Blumen in den beiden anderen Gärten blühen jedoch nur einmal – ein Charakteristikum früherer Gärten, deren einzelne Bereiche nur zu bestimmten Jahreszeiten besucht wurden. Wenn die Hyazinthen verblüht sind, werden jedoch die nur in Anglesey vorkommenden bronzeblättrigen Mignon-Dahlien 'Madame Stappers' (rot) und 'Ella Brittain' (gelb) ausgepflanzt. Nördlich des Hauses stößt man auf eine in einer weiten Kurve angelegte Staudenrabatte mit einer Buchenhecke im Hintergrund. Diese Blumengärten lassen allerdings den Bezug zum Garten als Ganzes vermissen. Gelungenere Partien findet man im Park und in den Alleen.

Auf dem Temple Lawn umgibt ein Kreis korinthischer Säulen eine aus dem frühen 20. Jahrhundert stammende Kopie von Berninis David. Ruhende Löwen aus Blei bewachen den Eingang.

Sandringham House

NORFOLK

Das Anwesen von Sandringham wurde 1861 vom Prince of Wales, dem späteren König Edward VII., erworben. Ein aus dem 18. Jahrhundert stammendes Haus mußte dem heutigen Gebäude weichen, das ab 1870 nach den Entwürfen von A. J. Humbert errichtet wurde. Humbert war einer der Lieblingsarchitekten der königlichen Familie, der auch an Frogmore und Osborne mitwirkte. In Sandringham schuf er ein neoelisabethanisches Herrenhaus aus rotem Ziegel mit hellen, steinernen Einsprengseln.

In den 1870er Jahren legte William Broderick Thomas westlich des Hauses einige informelle Gärten und einen See an, dessen Ufer unter seiner Regie von Pulham & Son mit Felsbrocken dekoriert wurden, wie dies damals modern war. James Pulham gilt als Pionier bei der Verwendung von Portland-Zement, der mit Industrieschlacke gemischt war, um mit einem preiswerten, leicht formbaren Kunststein die wachsende Nachfrage nach Felsgebilden zu befriedigen. Das von ihm als »Pulhamit« bezeichnete Material kam in Sandringham am See zum Einsatz und wurde gemischt mit dem örtlichen gelbbraunen »Gewürzkuchen-Stein«. Das Dach des am Nordufer gelegenen Grotten-Bootshauses besteht ebenfalls aus Pulhamit.

Auch die nördlich des Hauses stehenden Norwich Gates stammen aus der Anfangszeit des Gartens. Thomas Jeckell schuf die guß- und schmiedeeisernen Tore für die International Exhibition von 1862. Der Landadel von Norfolk erwarb sie daraufhin und machte sie 1863 Edward und Alexandra, Prince und Princess of Wales, zum Hochzeitsgeschenk.

Im späten 19. und frühen 20. Jahrhundert wurden zahlreiche Bäume, vornehmlich Koniferen, gepflanzt. Zahlreiche Waldkiefern, Riesenmammutbäume (*Sequoiadendron giganteum*, mit die größten in England), Himalaja-Zedern (*Cedrus deodarus*) und Zwergkoniferen verleihen dem See ein typisch viktorianisches Ambiente. Das in diesen Bereichen besonders auffällige Heideland zeugt von einem sauren Boden; daher mangelt es auch nicht an Azaleen und Rhododendren.

Die Gärten zeigen insgesamt einen naturalistischen Charakter, doch nördlich des Hauses befinden sich auch einige symmetrisch angelegte Gärten. An dieser Stelle schuf Sir Geoffrey Jellicoe 1947 einen durch verflochtene Linden flankierten Weg, der zu einem geometrischen Muster aus buchsgesäumten, üppig bepflanzten Rabatten führt. Auftraggeber für diesen klassizistischen Ziergarten war Georg VI., dessen Gemächer auf dieser Seite lagen. Am Ende des Lindenwegs trifft man auf eine chinesische Bronzefigur der buddhistischen Gottheit Kuvera, die von steinernen Pekinesen flankiert wird.

Seit 1968 ist ein großer Teil des Anwesens (etwa 240 Hektar) als Landespark ausgewiesen, der nunmehr ganzjährig geöffnet ist. Das meist aus Heideland bestehende Areal wurde durch umfangreiche Baumbepflanzung verbessert und bietet nun zahlreichen Tier- und Pflanzenarten einen Lebensraum.

Juniperus × media *'Pfitzeriana' (Pfitzer-Wacholder) erzeugt einen gefälligen Kontrast zu den Felsen.*

RECHTS: *Unterhalb der Westfassade erstrecken sich die Ufer des Sees. Dekorative Laubbäume und Koniferen wachsen in einer eigens geschaffenen Felslandschaft.*

Duncombe Park

NORTH YORKSHIRE

Nur wenige historische Gärten überraschen den Besucher mit einer derart unmittelbaren Kraft wie Duncombe Park. Die Anlage hat zwar eine interessante Geschichte, dennoch ist der Ort für sich genommen bereits beredt genug.

brugh beraten, dessen Einfluß überall spürbar wird. Der Garten mitsamt der Terrassierung entstand kurze Zeit später.

Das Haus plazierte man an erhöhter Stelle am Rande des Marktfleckens Helmsley mit seiner spektakulären Burgruine aus dem 13. Jahrhundert. Zur einen Seite hin erstrecken sich fruchtbare Ebenen, und an der anderen Seite senkt sich ein recht steiler Hang in das Tal des Rye. Vor 1730 wurde der Grund südlich und östlich des Hauses zu zwei gewaltigen Terrassen geformt. Der Verlauf der östlichen Terrasse folgt einer scharfen Biegung des weiter unten fließenden Rye. Zwei um 1730 errichtete klassizistische Tempel markieren ihre Enden. Im Norden bietet eine offene ionische Rotunde (sie stammt möglicherweise von Vanbrugh und ist nahezu mit der von ihm für Stowe geschaffenen identisch) einen schönen Blick auf die Burgruine und die Dächer von Helmsley. Von der gesamten Ostterrasse aus werden die Flußbiegungen sowie kurz eine breite, formale Kaskade sichtbar. Ein am südlichen Ende auf einem Grashügel thronender dorischer Tempel markiert den Anfang der vollkommen geraden Südterrasse, die sich nach einer Spitzkehre mit dem hinter der östlichen Hausfassade verlaufenden Broadwalk schneidet. Beide Terrassen bestehen aus kurzgemähtem Rasen, flankiert von ungeschnittenen Eiben- und Buchsgruppen und einem von gestutzten Buchenhecken gesäumten Abhang. Dem heutigen Besucher eröffnet sich beim Gang über die Terrassen eine seit dem 18. Jahrhundert kaum veränderte Szenerie. Im nahen Rievaulx schufen die Duncombes oberhalb der Ruinen der großen Zisterzienserabtei später eine ähnliche Terrasse mit Tempeln und einem Grasweg.

LINKS: *Der erhöht liegende dorische Tempel setzt einen markanten Akzent am Schnittpunkt der südlichen und der östlichen Terrasse.*

Im Zuge der 1843 von Sir Charles Barry vorgenommenen Anbauten entstanden Parterres zu beiden Seiten des Hauses. Abgebildet ist das Südparterre, im Hintergrund eine Flora-Statue aus dem 18. Jahrhundert.

Der Gründer des Familienbesitzes war Sir Charles Duncombe, ein Bankier und 1708 auch Bürgermeister von London. Nachdem er dem Duke of Buckingham 1689 das Anwesen von Helmsley abgekauft hatte, erntete er den erhabenen Spott von Alexander Pope: »Und Helmsley, einst des stolzen Buckinghams Geschlecht / Geht an ein' Geldsack oder städt'schen Knecht.« Als Sir Charles 1711 unverheiratet starb, fiel das Erbe an seine Nichte, eine verehelichte Brown, die nun den Namen Duncombe annahm. Mit dem Bau des Hauses, wie wir es heute kennen, hatte man damals vermutlich schon begonnen, denn es findet sich in *Vitruvius Britannicus* (1713) abgebildet. Entworfen hatte es der Architekt William Wakefield aus dem nahegelegenen Easingwold. Er wurde vermutlich von Sir John Van-

Duncombe bietet noch vieles mehr, so etwa einige prachtvolle Bäume wie (bei Mill Bridge) die mit mehr als 46 Meter Höhe größte Holländische Linde (*Tilia × europaea*) Großbritanniens, sowie attraktive viktorianische Parterres an beiden Enden des Hauses und ein hübsches Gewächshaus aus dem 19. Jahrhundert. Unvergeßlich jedoch sind das würdevolle Wechselspiel der Tempel beim Beschreiten der Terrasse und die lieblichen Panoramen.

Chatsworth

DERBYSHIRE

Haus und Garten von Chatsworth waren seit dem 17. Jahrhundert dert ein Objekt ehrfürchtiger Bewunderung. Charles Cotton kam in seinem Gedicht »Wonders of the Peak« (1681) zu dem Schluß: »Dies ist das Paradies von gesetztem Stande / Inmitten von Wüste und ödem Sande«. Die aus Suffolk gebürtigen Cavendishs errichteten hier 1552 ihr erstes Haus, prächtig gelegen an den Hängen des breiten Derwent-Tals. Kurz nach Entstehen von Cottons Gedicht sollte das Haus durch ein spektakuläres Umbauprogramm vereinnahmt werden, initiiert vom 4. Earl of Devonshire und unter starker Beteiligung von William Talman, dem Hofarchitekten Wilhelms III. Die Ergebnisse zeigt ein Kupferstich von Kip (1707): ein palastartiges Barockhaus inmitten formaler Gärten von George London und Henry Wise, den größten Gartengestaltern der damaligen Zeit.

Kurz nach Fertigstellung der neuen Gärten notierte William Stukeley: »Die Gärten quellen über vor Glashäusern, Sommerhäusern, Wegen, Wildnissen, Orangenbäumen, mit all dem Mobiliar an Statuen, Urnen, Grünflächen usf., mit Kanälen, Bassins und Wasserspielen verschiedener Formen.« Eines der Wasserspiele bestand aus einer spektakulären formalen Kaskade, dessen Fluten sich über die Kuppel eines Wassertempels (erbaut von Thomas Archer) nach unten ergossen. Dieser Tempel wie auch ein Großteil der formalen Gärten von London und Wise blieben erhalten, wenngleich die Details weitgehend verlorengingen. Ein elegantes Gewächshaus aus dem Jahr 1698 beherbergt heute eine Kameliensammlung und bildet den Mittelpunkt eines Rosengartens.

Als modebewußter Zeitgenosse beauftragte der 4. Duke of Devonshire im Jahr 1760 Capability Brown mit der Umgestaltung von

OBEN: *Der Steinmetz Caius Gabriel Cibber schuf Sea Horse Fountain mit seiner zentralen Triton-Figur zwischen 1688 und 1691. In den 1950er Jahren kamen Stelzenhecken aus Linde im Stil eines formalen Gartens des 17. Jahrhunderts hinzu.*

LINKS: *Das Zentrum des Ring Pond bildet eine Fontäne mit einer bleiernen Ente aus dem 17. Jahrhundert. Das Rondell aus Buchenhecken zieren einige Steinbüsten aus dem 18. Jahrhundert, die in den 1930er Jahren vom Londoner Chiswick House hierher umzogen. Vom Becken aus verlaufen zwei auszackende Buchenhecken bergauf in eine Waldung.*

Park und Garten in eine Landschaft. Dieser entfernte einige formale Gärten südöstlich des Hauses und schuf den Great Slope (die heutigen Salisbury Lawns), einen breiten Rasen, der das Haus mit naturalistischem Waldland verband. Bei einem Besuch 1768 fand Horace Walpole die Gärten »stark verbessert ... viele törichte Wasserspiele entfernt, Eichen & Felsen in den Garten gefügt, & eine großartige Brücke errichtet«.

Im Jahr 1826 stellte der 6. Duke Joseph Paxton als Chefgärtner ein. Gemeinsam nahmen sie Veränderungen und gewaltige Erweiterungen vor. So entstanden ein riesiger Felsgarten (»das lieblichste Gefüge natürlicher Felsen«, wie Paxton meinte), ein großes Gewächshaus in Zusammenarbeit mit Decimus Burton, ein Pinetum (in den 1830er Jahren) für die zahlreichen, damals neu eingeführten Koniferen und eine große Fontäne (1843) im Kanalbekken zu Ehren eines vorgesehenen Besuchs des russischen Zaren Nikolaus, der jedoch niemals stattfand.

Paxton blieb mehr als 30 Jahre auf Chatsworth und wurde in einer Zeit, die das Gärtnern ernst nahm, zum Sinnbild des verantwortlichen Gärtners. Außerdem wurde er Direktor von Midland Railway, Abgeordneter für Coventry und zum Ritter geschlagen.

Der heutige Garten wird nicht nur hervorragend gepflegt, sondern von der Duchess of Devonshire (der Gattin des 11. Duke) individuell gestaltet, etwa mit einem Paar auszakkender Buchenhecken, einem Eibenlabyrinth, üppigen Rabatten und einem charmanten Miniaturgarten. Es ist diese anhaltende Vitalität, gepaart mit den brillanten Relikten der Vergangenheit, die Chatsworth seinen besonderen Reiz verleiht.

Blenheim Palace

OXFORDSHIRE

OBEN: *Diese Bleiausführung der klassisch-griechischen Kriegerfigur entstand in den 1920er Jahren für Achille Duchênes klassizistisches Wasserparterre.*

RECHTS: *Das 1908 angelegte italienische Parterre zeigt Muster aus gewöhnlichem und goldenem Buchs. Die dekorativen toskanischen Terrakottakübel sind mit Fuchsien und Pelargonien gefüllt.*

Voltaire sagte über Blenheim Palace, dies sei »une grosse masse de pierre, sans agrément et sans goût« (ein großer Haufen Steine, ohne Liebreiz und ohne Geschmack). Zwar stand Voltaire mit seiner Ansicht nicht allein da, doch kaum jemand würde den Charme der Gärten leugnen, die zu den attraktivsten und historisch reichsten Anlagen eines großen englischen Landsitzes zählen. Der Palast – der einzige nicht-königliche Palast des Landes – wurde ab 1705 von Sir John Vanbrugh und Nicholas Hawksmoor für den Duke of Marlborough errichtet. Mit Vanbrughs Worten war er von Beginn an als »eine private Wohnstätte« gedacht und zugleich »als Nationales Monument«, das »die einem solchen Monument eigenen Qualitäten, nämlich Schönheit, Herrlichkeit und Dauerhaftigkeit« aufweisen sollte.

Die Gärten wurden zur gleichen Zeit geplant wie das Haus selbst. 1705 wurde Henry Wise, Chefgärtner von Königin Anna, mit dem Entwurf einer Anlage betraut, die den Ambitionen des Palasts entsprach: der Zelebrierung von Marlboroughs großem Sieg über Ludwig XIV. in Blindheim an der Donau. Südöstlich des Palastes entwarf Wise einen formalen Garten mit einem 230-Meter-Parterre, gefolgt von einer formalen, hexagonalen Wildnis, die sich fast 800 Meter vom Palast entfernte. Bepflanzt mit Lorbeerbäumen, Stechpalmen und Eiben war sie mit geschwungenen Pfaden durchzogen.

Dieser Bereich wurde mit Mauern umfriedet, von deren befestigten Aussichtstürmen sich den Besuchern ein prächtiger Blick auf die immergrünen Bäume und auf sprudelnde Fontänen bot. Südöstlich der formalen Gärten schufen Vanbrugh und Wise einen großen Küchengarten, der leicht versetzt war, damit seine Mauern genau nach Süden wiesen. Bastionen mit einem Durchmesser von 30 Metern verliehen auch diesem Areal einen militärischen Charakter. Vanbrugh schrieb 1716 an den Duke of Marlborough: »Der Küchengarten, nun da die Bäume voller Kraft und Früchte sind, bietet in der Tat einen erstaunlichen Anblick. Alles, das ich je in England oder anderswo sah, ist nichts dagegen.«

Der Landschaftsgärtner Capability Brown ließ all dies in den 1760er Jahren entfernen. Nordwestlich des Palastes staute er das Flüßchen Glyme zu einem geschwungenen See auf, ließ jedoch in einer mittleren Einschnürung Vanbrughs Grand Bridge stehen. Auf Höhe der Brücke verlief einst eine Viereralle aus Ulmen hügelaufwärts, die nun mit Linden bepflanzt ist. Sie mündete auf der Hügelkuppe bei einer 40 Meter hohen dorischen Säule, die zwischen 1727 und 1730 errichtet wurde. Ihre Spitze bildete eine Statue des Herzogs, der eine geflügelte Siegesgöttin hielt, »wie ein gewöhnlicher Mann einen Vogel halten würde«. All dies ist ein Beispiel dafür, daß Brown in seinen Entwürfen an älteren formalen Elementen festhielt und sie zu einem wesentlichen Bestandteil seiner neuen Komposition machte.

In jüngerer Vergangenheit erfolgte die auffälligste Erweiterung der Gärten durch die klassizistischen Entwürfe von Achille Duchêne. An der südöstlichen Ecke des Palasts schuf er ab 1908 einen Italienischen Garten, dessen Fontäne von Waldo Story stammt. In gleicher Ausrichtung, jedoch südwestlich des Palasts, fügte er zwischen 1925 und 1930 die Water Terrace Gardens hinzu, genau an der Stelle, die Vanbrugh und Hawksmoor für die Plazierung eines Wassergartens vorgeschlagen hatten.

Der heutige Besucher betritt Blenheim durch Hawksmoors Triumphbogen in der Ortschaft Woodstock. Die Szenerie gleicht exakt der in Turners Aquarell (um 1832) – mit Browns sanften Hügeln, die sich zu Vanbrughs Brücke hinabsenken, und mit dem Palast, der sich majestätisch auf dem Hügelkamm erhebt.

Haddon Hall

DERBYSHIRE

Das Herrenhaus von Hadden Hall steht auf einem Steilufer über den Auen des mäandernden Flusses Wye, dessen aufsteigende Nebelschwaden die mittelalterlichen Gebäude mitunter verhüllen. Aufgrund der hohen Luftfeuchtigkeit entsteht ein Licht, das vor allem die Blütenfarben intensiver erscheinen läßt.

Sir Nikolaus Pevsner schrieb: »Haddon Hall ist das englische Castle par excellence, nicht die bedrohliche Festung auf einer uneinnehmbaren Felshöhe, sondern das große, weiträumige, graue, liebenswerte Haus der Ritter und ihrer Damen.« »Liebenswert« ist nicht das Wort, das einem im Zusammenhang mit Burgen gleich in den Sinn käme, doch Pevsner liefert eine lebendige Schilderung des Reizes dieser Stätte. Nur wenige Meilen von Chatsworth entfernt, zeigt es starke Unterschiede in puncto Architektur und Atmosphäre. Seine Historie reicht bis ins späte 12. Jahrhundert zurück, als Richard de Vernon die Genehmigung zur Errichtung einer – noch weitgehend erhaltenen – Befestigungsmauer erhielt. Das Castle, wie wir es heute vorfinden, entstand überwiegend im 14. und 15. Jahrhundert. Das Anwesen ging im 16. Jahrhundert durch Heirat der Erbin Dorothy Vernon an Sir John Manners über, dessen direkter Nachfahre, der 10. Duke of Rutland, heute hier lebt. Das derzeitige Bild des Gartens verdanken wir der Restaurierungstätigkeit seines Vaters.

Haddon Hall liegt auf einer waldigen Anhöhe über dem Fluß Wye, der an dieser Stelle ein bloßer Wasserlauf ist. Zwar ist die Geschichte der Gärten nicht besonders gut dokumentiert, doch immerhin weiß man, daß hier seit den Anfängen Obst und Gemüse angebaut wurden.

Nach einem Besuch im Jahr 1697 berichtete Celia Fiennes von »einem guten, alten Haus« und von »guten Gärten, doch nicht sehr interessant, entsprechend der heutigen Mode«. Was sie altmodisch fand, war genau das, was viel später die Arts-and-Crafts-Archi-

tekten nach Haddon Hall zog. Der Architekt und Gartenplaner H. Inigo Triggs fertigte 1901 einige maßstabsgetreue Zeichnungen an und schrieb in *Formal Gardens in England and Scotland,* daß der Garten »äußerst gut demonstriert, wie wichtig es ist, Haus und Garten als einen Entwurf anzusehen«. Diese Einheit rückt auch dem heutigen Gartenbesucher schlagartig ins Bewußtsein.

Die Gärten in ihrer jetzigen Gestalt datieren aus dem späten 16. Jahrhundert. Sie bestehen aus einer Reihe von Terrassen und Höfen unmittelbar neben den südlichen und östlichen Burgmauern und zeigen einen engen Bezug zum Castle. Die sechs Terrassen bieten wun-

In den Terrassengärten schaffen die zahlreichen Rosen einen herrlichen Kontrast zu den alten Mauern und Balustraden. Die stark duftende Kletterrose 'Albertine' flankiert die Stufen, die von der mittleren Terrasse zu Dorothy Vernon's Walk führen.

derbar geeignete Räume für eine Bepflanzung, die heute durch eine Sammlung von Rosen beherrscht wird, die von modernen Remontant-Rosen bis zu Alten Strauchrosen reicht. Die Burgmauern und Balustraden der Terrassen und Treppen sind perfekt für Kletterrosen geeignet.

Die Blühsaison wird durch andere Pflanzen stark verlängert. Zu Frühlingsanfang erscheinen die ersten Narzissen, gefolgt von zahlreichen Tulpen. Kletterpflanzen, vor allem Clematis, blühen vom Frühjahr bis in den Herbst und vermischen sich im Sommer mit Rosen. Unterhalb der südlichen Burgmauer trifft man auf der Fountain Terrace unter den Fenstern einer langen Galerie auf ein Beet voller Rittersporn, attraktiv unterpflanzt mit *Viola cornuta.* Im hinteren Teil von Dorothy Vernon's Walk weist eine lange Staudenrabatte nach Westen; ihre hohe Stützmauer ist mit Kletterpflanzen dekoriert.

Für ein derart prunkvolles Haus mit seiner reichen Historie sind die Gärten von Haddon eher bescheiden.

St. Paul's Walden Bury

HERTFORDSHIRE

St. Paul's Walden Bury zählt zu den wenigen formalen Gärten, darunter Melbourne Hall und Bramham Park, die seit dem frühen 18. Jahrhundert überlebt haben. Dies sind nicht allein historisch interessante, sondern auch besonders attraktive Gärten. St. Paul's Walden Bury, in einer überraschend ländlichen Ecke Hertfordshires nahe der Grenze zu Bedfordshire gelegen, konnte einen wunderbar unverfälschten Charakter bewahren. Das heutige Haus, teils klassizistisch im Stil der 1760er Jahre (möglicherweise von James Paine konzipiert) und teils viktorianisch-neoelisabethanisch, ersetzte ein zeitgenössisches Gebäude aus den 1730er Jahren. Dieses war für Edward Gilbert errichtet worden und ging später auf seine Tochter Mary Bowes über. Das Anwesen blieb bis heute im Besitz der Familie (der späteren Bowes Lyon).

Der von Edward Gilbert geschaffene Garten erschien für die damalige Zeit sehr altmodisch und gilt bis heute im wesentlichen als ein französischer Barockgarten aus englischer Sicht. Ausgehend von der Gartenfront des Hauses verläuft eine Partie *(patte d'oie)* aus drei Alleen hangabwärts. Die mittlere Allee ist breiter und viel länger als die beiden äußeren, und alle drei werden durch Hecken aus Rotbuche (*Fagus sylvatica*) gesäumt. Die sich hinter den Hecken ins Bild drängenden Waldungen erzeugen eine Landschaft, deren Naturalismus in einem Französischen Garten des 17. Jahrhunderts nicht denkbar gewesen wäre. Auch wäre der Planer eines französischen klassischen Gartens nicht glücklich gewesen über die für den Engländer so attraktiven, sanften Bodenwellen, deren Verlauf die Alleen folgen. Jeder der drei Durchblicke der *patte d'oie* besitzt einen Blickfang – der mittlere eine Herkulesfigur, der zweite eine Dianenstatue und der dritte den Turm der Dorfkirche All Saints, ein attraktives Beispiel für eine »geborgte Landschaft«. Dieses bis heute erhaltene Grundkonzept erfuhr im 20. Jahrhundert zahlreiche Verschönerungen.

1932 übernahm David Bowes Lyon – ein großer Gärtner, Pflanzensammler und von

1953 bis 1961 Präsident der Royal Horticultural Society – die Leitung des Gartens. Beraten durch Geoffrey Jellicoe, restaurierte er die bestehende Anlage und fügte verschiedene dekorative Gartengebäude hinzu. Zu diesem Zweck wurde der vorhandene Garten an einzelnen Stellen einfühlsam umgestaltet. Zu den Neuzugängen zählen ein hübscher Kuppeltempel aus dem 18. Jahrhundert – er stammt von Copped Hall und wurde am westlichen Ende eines Durchblicks plaziert, der die *patte d'oie* schneidet – und am östlichen Ende jenseits eines Sees ein aus Danson Hall (Kent) geretteter Tempel. Halb hinter Bäumen verborgen, befindet sich neben der zentralen Allee ein grasbewachsenes Amphitheater mit einem erhöht liegenden Tempel und einem Wasserbecken, das von der Kopie einer griechischen Kriegerstatue (hier als The Running Footman bekannt) überragt wird.

Außerhalb des formalen Gartens trifft man auf eine Zierbepflanzung aus zahlreichen Blütensträuchern – vornehmlich Eucryphia, Hortensien, Magnolien und Rhododendren –, die den formalen Bereich nicht beeinträchtigt, sondern das umgebende Waldland dekorativ auflockert.

OBEN: *Der vordere Rasen ist auf beiden Seiten mit Alleen aus verflochtener Linde dekoriert. Auf der westlichen Seite steht eine gelungene Kopie von Giambolognas Hercules und Antaeus.*

RECHTS: *Ein möglicherweise von Sir William Chambers entworfener Tempel aus dem 18. Jahrhundert wurde in den 1950er Jahren von einem Garten in Kent an diese markante Uferstelle versetzt.*

Dalemain

CUMBRIA

Dalemain verfügt über eine prächtige Lage oberhalb des breiten Tals des Flusses Eamont östlich von Ullswater. Das heutige Erscheinungsbild des aus rosafarben-silbrigem Sandstein errichteten Gebäudes entstand weitgehend in der Mitte des 18. Jahrhunderts, einzelne Partien reichen jedoch auch bis ins 12. Jahrhundert zurück. Die Hasells erwarben das Anwesen im späten 17. Jahrhundert; heute wird es von ihren Nachfahren bewohnt.

Sir Edward Hasell wandte sich dem Garten zu, gleich nachdem er sich in Dalemain niedergelassen hatte. 1685 zog er James Swingler hinzu, der als Berater für Entwässerungsarbeiten nach East Anglia gekommen war. Zu seinen Aufgaben in Dalemain gehörte die Ummauerung des Gartens und eines Obsthains sowie deren Bepflanzung. Im frühen 18. Jahrhundert gestaltete Sir Edwards Sohn das Parkland rund um das Haus in eine Landschaft um und staute den Fluß zu einem künstlichen See auf. Aus dieser Zeit blieb das frühgeorgianische Sommerhaus erhalten – eingefügt in die Gartenmauern und mit Chippendale-Sitzen ausgestattet. Später wurden zahlreiche Bäume gepflanzt. Eine Liste aus dem Jahr 1782 führt mehrere Apfelsorten auf, etwa den lokalen Keswick Codlin, einen von John Sander aus Keswick gezüchteten Kochapfel (»zart, weich und sehr saftig«). Ab Ende des 19. Jahrhunderts wurden die Gärten unter der Regie von William Stuart 50 Jahre lang auf höchstem Standard betrieben.

In den letzten 20 Jahren erfuhr der Garten eine glanzvolle Wiederbelebung durch seine Eigentümer. Sylvia Hasell, Tochter des letzten männlichen Vertreters der Linie, heiratete Bryce McCosh, und beide beschlossen kurzerhand, den Garten dem Publikum zu öffnen, um das Anwesen aus eigener Kraft unterhalten zu können. Sylvia McCosh, die den Garten bereits als Kind gekannt hatte, bereicherte die Bepflanzung und hob den Pflegestandard auf ein hohes Niveau. Heute setzt ihre Schwiegertochter, Jane Hasell McCosh, diese Arbeit fort.

Der sich an das Haus anschließende Terrassengarten besitzt einen Kiesweg, der eine tiefe, gut etablierte Staudenrabatte mit Rudbeckia, Delphinum, Phlox, winterhartem Geranium, Ligularia, Penstemon und Verbascum säumt. Die Steinmauer im Hintergrund zieren Kletterrosen, darunter die pausbäckige goldgelbe 'Easlea's Golden Rambler' und 'Emily Gray' mit ihren ungemein dekorativen, glänzenden Blättern. Der Weg führt vorbei an einer schönen Griechischen Tanne (*Abies cephalonica*) zu einem intimer wirkenden elisabethanischen Garten: Niedrige Buchshecken umschließen einige Miniaturbeete mit *Ruta graveolens*, Allium, Lilien, *Viola cornuta*, *Lavandula lanata* und Agapanthus. Ein Pfad führt um den Walled Garden mit Strauchrosen, Obstbäumen und – in einer Ecke – einem hübschen Gartenhaus im Tudorstil als Aussichtspunkt. Durch eine Tür in der nördlichen Mauer gelangen wir nach Lobb's Wood, wo ein geschwungener Pfad einen schönen Blick über Dacre Beck bietet.

Der an einem Ort mit reicher Historie von den McCoshs geschaffene Garten zeigt einen ungezwungenen Charme, der seiner Umgebung in nichts nachsteht und ihn dem Besucher absolut sympathisch macht.

LINKS: *Im oberen Teil des Walled Garden verläuft eine gemischte Rabatte entlang einer Mauer, die von alten Apfelbäumen gesäumt wird. Viele Strauchrosen (links: 'Constance Spry') sind geschickt mit Stauden unterpflanzt, zu einem früheren saisonalen Zeitpunkt etwa mit einem schönen Beet aus strahlend blauem Himalaja-Scheinmohn* (Meconopsis betonicifolia), *der sich in dem sauren Boden wohl fühlt.*

RECHTS: *Teil des elisabethanischen Gartens ist ein Knotengarten mit Buchshecken. Die schlichte Bepflanzung besteht aus Blöcken einzelner Gewächse – Weinraute* (Ruta graveolens), *Heiligenkraut, weiße* Viola cornuta *und graublättrigem, perennierendem* Erysimum *'Bowle's Mauve'.*

Nymans

WEST SUSSEX

Nymans zeichnet sich nicht allein durch seine Bepflanzung aus (darunter zahlreiche absolute Raritäten), sondern auch durch einen markanten, im wesentlichen aus dem 20. Jahrhundert stammenden Entwurf. Die Anlage ist das Produkt einer Familie, der Messels, die sich seit vier Generationen liebevoll um den Garten bemüht. Ludwig Messel erwarb das Anwesen im Jahr 1890. Zwischen 1925 und 1930 ersetzte sein Sohn Leonard ein aus dem frühen 19. Jahrhundert stammendes Haus durch eine »täuschend echte Beschwörung eines großen Herrenhauses des 14. bis 16. Jahrhunderts«, wie Ian Nairn in *The Buildings of England* schreibt. Das von Sir Walter Tapper entworfene Haus brannte nach dem Zweiten Weltkrieg jedoch weitgehend ab.

Als erster Gartenpartie wandte sich Ludwig Messel dem Walled Garden zu, dem wie ein Steigbügel geformten ehemaligen Küchengarten. Eine bogenförmige Südwand findet sich in zahlreichen Küchengärten des 18. Jahrhunderts, wie etwa im nahen Gravetye Manor von William Robinson. Der Walled Garden faßt in großen Teilen das Ambiente des gesamten Gartens zusammen, er gilt als erlesener Entwurf mit ausgewählter Bepflanzung. Der Raum wird durch kreuzförmig angeordnete Pfade geviertelt, in deren Schnittpunkt eine italienische Fontäne aus rotem Marmor steht, die von vier tonnenförmigen Eibenfiguren mit Krönchen umgeben ist. Der ungefähr von Norden nach Süden verlaufende Pfad wird von zwei gemischten Rabatten flankiert, die James Comber, Ludwig Messels Chefgärtner, als erster bepflanzt hatte. Ihr Entwurf wurde, ohne daß greifbare Beweise vorlägen, abwechselnd William Robinson und Gertrude Jeckyll zugeschrieben. Dies sind Rabatten für den Hochsommer mit vielen empfindlichen Stauden wie *Canna indica* 'Purpurea' und sorgfältig ausgewählten Einjährigen, deren Sortiment sich farblich alljährlich leicht verändert. Hinter den Rabatten entsteht eine völlig andere Atmosphäre. Hier finden sich unzählige, formlos angeordnete Zierbäume und -sträucher (einige recht empfindliche Arten profitieren von dem Mauerschutz), die mit Zwiebelgewächsen wie Hundszahn und Kaiserkrone unterpflanzt sind. Mit *Styrax japonica* begegnen wir einem Laubbaum, der sich für eine geschützte Lage und neutralen bis sauren Boden am besten eignet. Seinen glockenförmig hängenden, weißen Blüten folgt im Frühsommer eine dekorative, eichelförmige Frucht und im Herbst eine liebliche, warmgelbe Blattfärbung. Außerdem trifft man verschiedene Magnolien an, die herrliche, hier gezüchtete *Eucryphia × nymansensis* und der nordamerikanische Schneeflockenstrauch (*Chionanthus virginicus*). Viele von ihnen sind Raritäten.

Im Lauf der Jahre fügten die Messels dem Garten zahlreiche Elemente hinzu. Ein in den 1890er Jahren angelegtes Pinetum wurde durch den verheerenden Sturm des Jahres 1987 fast zerstört. Viele der jungen Bäume entstammen den durch das Unwetter vernichteten Altbäumen. Der ab etwa 1910 geschaffene Top Garden besteht aus gemischten Rabatten sowie einigen Bäumen und Sträuchern wie Hartriegel, Magnolien, Ebereschen und Scheinbuchen. In den 1920er Jahren wurde ein Rosengarten mit einer Sammlung Alter Strauchrosen von Frau Willmott angelegt. Er wurde kürzlich neu bepflanzt und ergibt, unterpflanzt mit winterhartem Geranium, ein hübsches Bild.

Nur wenige Gärten haben durch den Sturm im Jahr 1987 stärker gelitten, doch die Genesung verlief bemerkenswert rasch und wohlorganisiert, so daß sich der Garten erneut voller Selbstvertrauen präsentieren kann.

Eibenhecken mit ihren gewaltigen Zinnen rahmen den Taubenturm ein und spiegeln die Giebelarchitektur des Hauses wider.

Caerhays Castle

CORNWALL

Caerhays Castle entstand 1808 nach Entwürfen von John Nash für die Trevanions – ein »sehr pittoreskes, burgartiges Herrenhaus in superber Lage«, wie Sir Nikolaus Pevsner schrieb. Das Anwesen wurde 1852 von Michael Williams erworben, dessen seit dem 18. Jahrhundert in Cornwall ansässige Familie zu den wichtigsten kornischen Gärtnerdynastien gehörte. Michael Williams kam von Scorrier House bei Redruth, das sein Großvater 1778 errichtet hatte. Dessen erlesener, für seine Bäume berühmter Garten verfügte nach einer Darstellung in *The Garden* (1881) über »einen der schönsten und gepflegtesten Kamelienwege Englands«. Die Williams' hatten weitere exzellente Gärten in Burncoose und Tregullow, die noch heute im Familienbesitz und von hohem Interesse sind.

Caerhays liegt auf einer Erhebung, die nach Süden in Richtung Porthluney Cove und das Meer weist. Die hinter dem Castle steil aufragenden, bewaldeten Höhen bieten Schutz auch vor den schärfsten Winden. Zwischen Eingangshäuschen und Castle erstreckt sich ein kurviger See gegen Osten.

Er wurde möglicherweise von Humphry Repton angelegt, doch es mangelt an schlüssigen Beweisen. Unstrittig ist jedoch, daß Repton mit John Nash zusammenarbeitete, und daß er beim nicht sehr weit entfernten Antony House eine seiner wunderbarsten Landschaften schuf.

Die erlesene Atmosphäre des Gartens verdankt sich in erster Linie John Charles Williams, der ab 1897 eine bemerkenswerte Pflanzensammlung aufbaute, wobei er von dem idealen Mikroklima und der prächtigen Lage profitierte. Williams war einer der bedeutendsten Förderer der Pflanzenexpeditionen von George Forrest, der ab 1904 zahlreiche kostbare Gewächse aus China einführte, darunter über 300 neue Rhododendren und mehrere Kamelien wie *Camellia saluensis*, die – in den 1920er Jahren in Caerhays mit *C. japonica* gekreuzt – die Hybride *C. × williamsii* ergab, aus der zahlreiche hervorragende Sorten entstanden. Williams beteiligte sich an der Finanzierung noch weiterer Expeditionen, etwa denen von Reginald Farrer, Frank Kingdon-Ward und E. H. Wilson. Letzterer entdeckte 1908 in China die exquisite, kleine Rhododendronart *R. williamsianum*, die später nach ihm benannt wurde.

Um all die neuen Pflanzen in Caerhays aufnehmen zu können, wurden die Waldungen ausgelichtet. Unter den asiatischen Blütensträuchern sind hier neben den Kamelien und Rhododendren die Magnolien am stärksten vertreten. Einer der besten Funde von George

RECHTS: *Über dem Burgtor (rechts davon ein Wall aus Kamelien) erhebt sich eine gewaltige* Magnolia campbellii.

LINKS: *Caerhays beherbergt einige der größten englischen Exemplare der 1865 aus dem Himalaja eingeführten* Magnolia campbellii.

Forrest war *M. campbellii* ssp. *mollicomata*, die ihre gewaltigen, mauve-rosafarbenen Blüten sehr früh entfaltet. Caerhays verfügt über einige Exemplare, die aus den ersten, von Forrest 1924 aus Yünnan abgeschickten Saaten gezogen wurden. Ein weiterer von Forrests Importen (1918) ist die immergrüne, magnolienartige *Michelia doltsopa* mit ihren duftenden, weißen Blüten, die hier landesweit erstmals zu sehen waren. Dieses sehr empfindliche Gewächs findet man außerhalb Cornwalls nur selten in England.

Zwar verkörpert Caerhays Castle vornehmlich eine Pflanzensammlung, doch die Bepflanzung wirkt sehr natürlich und nutzt die prächtige Lage aufs beste.

Der staunende Besucher wird unschwer die Ergriffenheit der Pflanzenjäger bei der Begegnung mit einem neuen Wunderding in den dichtbewachsenen Dschungeln nachvollziehen können.

The Savill Garden

SURREY

Dies ist der einzige Garten in diesem Buch und meines Wissens in ganz Großbritannien, der nach seinem Schöpfer benannt ist. Eric Savill (ab 1955 Sir Eric) arbeitete in einem Familienunternehmen von vereidigten Inspektoren und wurde daraufhin 1931 zum Deputy Surveyor von Windsor Park and Woods ernannt. Windsor Park ist eines der ältesten königlichen Anwesen. Es geht auf Wilhelm den Eroberer zurück, der eine altsächsische Jagdhütte ganz in der Nähe des heutigen Windsor Castle übernommen hatte. Seit frühesten Zeiten ist belegt, daß königliche Gärtner im Great Garden von Windsor tätig waren. Bereits 1296 war ein gewisser Adam »Gärtner von des Königs Garten innerhalb des Castle«. Windsor Great Park war spätestens ab dem 16. Jahrhundert eine gestaltete Landschaft, als man dort nachweislich Eichen pflanzte. Im 18. Jahrhundert schuf der Duke of Cumberland einen exotischen Landschaftsgarten in Virginia Water (ganz in der Nähe von Savill Garden) mit Gebäuden von Henry Flitcroft. Der Duke of Cumberland war Ranger von Windsor Great Park, dessen Erscheinungsbild er durch Anpflanzung einer gewaltigen Anzahl von Bäumen und Durchführung eines Entwässerungsprogramms veränderte. Die pittoresken Wasserläufe und Seen waren Teil eines Dränagesystems, das weitläufige Sumpf- und Heidelandschaften in fruchtbaren Boden verwandelte.

Als Eric Savill seine Arbeit aufnahm, gab es am östlichen Rand des Great Park eine zum Gut gehörige Baumschule, der er einen Waldgarten angliederte.

Die königliche Familie interessierte sich von Anfang an sehr für diese Umgestaltungen. Nach einer Besichtigung sollen König Georg V. und seine Gattin Mary gesagt haben: »Dies ist sehr klein, Mr. Savill, doch sehr nett.« Der Garten wurde zunehmend erweitert (die heutige Fläche beträgt ungefähr 14 Hektar), bis eine außergewöhnliche Sammlung vor allem von Bäumen und Sträuchern entstanden war.

Stark auf dem sauren Boden vertreten sind Heidekrautgewächse sowie Azaleen, Kamelien und Rhododendren in riesiger Zahl. Diese

OBEN: *Die Jubilee Bridge überspannt einen Wasserlauf, dessen Uferbepflanzung dekorative Früchte und Herbstfarben zeigt.*

LINKS: *Herbstliches Farbenspiel der scharlachroten Blätter von* Cotinus coggygria *und der buttergelben Blätter des Spitzahorns.*

sind häufig zwischen alten Waldbäumen gepflanzt (vor allem herrliche Eichen) und mit kleineren Zierbäumen wie Hartriegel und japanischen Ahornen vermischt. Auch wenn es sich bei zahllosen dieser Gewächse um Gartenvarietäten handelt, würden in der Natur derart viele verschiedene Pflanzen niemals am gleichen Ort vorkommen. Die dichte Bepflanzung – häufig mit Stauden und Zwiebelgewächsen unterfüttert und von geschwungenen Pfaden durchzogen – erzeugt jedoch eine einfühlsame Vision idealisierter Natur.

Außer den unmittelbar ins Auge fallenden Gehölzen trifft man auf exzellente krautartige Pflanzen (vor allem auf feuchteliebende Arten entlang den Ufern eines Wasserlaufs) und auf wunderbar gepflegte Staudenrabatten. In Savill Garden beteiligt man sich außerdem aktiv am Erhalt von Gartenpflanzen. Zusammen mit dem ebenfalls im Windsor Great Park gelegenen Valley Garden werden mehrere nationale Sammlungen unterhalten, etwa von Zwergkoniferen, Stechpalmen, Magnolien, Mahonia, Pernettya, Pieris und Rhododendronarten.

Clare College

CAMBRIDGESHIRE

Die im Zentrum von Cambridge am Ostufer der Cam gelegenen Colleges mit ihrer prächtigen Aussicht auf die waldigen Backs genießen eine Lage, die den Charme eines Landschaftsparks des 18. Jahrhunderts besitzt. Die besten verfügen zudem über eigene Gärten, die teils in abgeschiedenen Höfen verborgen sind, oft jedoch mit auffälliger Uferlage auftrumpfen. Clare College vereint all diese Vorteile mit eigenen schönen Gebäuden und »geborgten Landschaften«, die aus den benachbarten Colleges bestehen, vor allem der großen Kapelle des King's College gleich nebenan.

Clare College wurde im 17. und 18. Jahrhundert gegründet und vollständig neu erbaut. Seine Lage in bezug auf den Fluß und die absichtsvolle optische Verbindung von Old Court, Cam-Brücke und einem bis zur Queens' Road reichenden Durchblick zeugen von einem bemerkenswerten Gespür für die Umgebung. Vom Old Court gelangt der Besucher durch einen großen Torbogen aus dem frühen 17. Jahrhundert zu einer Brücke, die mit Seepferdchen und dem auf einem Delphin reitenden Arion ausgeschmückt ist. Von der Brücke aus zum College zurückblickend, erkennt man hinter einem Eisengitter die nicht zugänglichen, satten Rasenflächen und Rabatten des Rektoratshauses.

Der Fellows' Garden liegt am anderen Flußufer im Norden, unmittelbar hinter einer geraden Allee, die von der Brücke ausgeht. Ein umschlossener Garten hatte hier bereits 1688 bestanden, die derzeitige Anlage wurde jedoch unmittelbar nach dem Zweiten Weltkrieg geschaffen. Sie stammt von Prof. Neville Willmer und verkörpert eine ansehnliche Mischung aus Formellem und Informellen, bei der Rasenflächen und schöne Solitäre mit kunstvolleren dekorativen Intermezzi versehen sind. Erwähnenswerte Bäume sind eine riesige Virginische Sumpfzypresse (*Taxodium distichum*), ein Taubenbaum (*Davidia involucrata*) und ein alter Judasbaum (*Cercis siliquastrum*). Zwei Staudenrabatten beschränken sich auf die Farben Violett und Gelb. Die Details sind subtil gestaltet: Ein zentraler Kiespfad wird von feinen Rasenstreifen flankiert und führt zu einem schmalen Spalt in einer Eibenhecke, die sich nach oben verjüngt. Ein formaler, abgesenkter Wassergarten mit Mauern aus altem Ziegel und hohen Echten Zypressen, die sich über ein Wasserbecken mit ausgezacktem Rand erheben, zeigt sich durch die Arts-and-Crafts-Bewegung beeinflußt.

Prof. Willmer, der sich besonders für die Farbwahrnehmung interessierte, konnte mit den violetten und gelben Rabatten sowie den entlang der Cam verlaufenden Rabatten in kräftigem Rot und Orange den nachhaltigen Effekt einer harmonischen Farbwahl demonstrieren.

Blickfang am Ende der Achse, die von der Brücke durch die Bäume führt, sind zwei schmiedeeiserne Tore, die zur Queens' Road hinausführen. Am anderen Ende der Straße trifft man in den Gärten des Memorial Court auf einige interessante Bäume (wie etwa eine Kaukasische Flügelnuß) und Skulpturen von Barbara Hepworth und Henry Moore.

LINKS: *Beetpflanzen und verhaltene Farben prägen diese Partie. Weißes Löwenmäulchen und weiße Lilien erzeugen eine kühle Farbwirkung dieser im Halbschatten liegenden Rabatte.*

RECHTS: *Die Farben der Staudenrabatten beschränken sich auf Violett und Gelb. Helenium, Katzenminze und Taubenskabiose werden von gelber Königskerze und tiefblauem Rittersporn überragt.*

Holker Hall

CUMBRIA

Holker Hall liegt auf den bewaldeten Hängen der Halbinsel Cartmel, die von Norden aus in die Bucht von Morecambe hineinragt. Die Prestons erwarben das einst zur Priorei von Cartmel gehörende Anwesen kurz nach Auflösung der Klöster im 16. Jahrhundert. Seither befand es sich im Besitz von nur zwei Familien – den Lowthers und den heute dort lebenden Cavendishs. Das Haus litt im 19. Jahrhundert unter zwei großen Bränden. Das heutige Erscheinungsbild des neuen Flügels – im neoelisabethanischen Stil und aus rosafarbenem Stein errichtet – wurde weitgehend in den 1870er Jahren von den Architekten Paley und Austin aus Lancashire geschaffen.

Die Geschichte der Gärten beginnt im frühen 18. Jahrhundert, als Sir Thomas Lowther eine formale Anlage im Stil der damaligen Zeit schuf, wozu 1729 einige Statuen auf dem Seeweg von London abgeschickt wurden. Lord George Cavendish ersetzte den Garten gegen Ende des 18. Jahrhunderts durch 80 Hektar Parkland. Er pflanzte einige schöne neue Bäume – etwa Libanonzedern (*Cedrus libani libani*), von denen ein prächtiges Exemplar erhalten blieb. In den 1840er Jahren ließ sich sein Enkel, der 7. Duke of Devonshire, von Sir Joseph Paxton beraten, der unter dem 6. Duke als Chefgärtner auf Chatsworth gearbeitet hatte. So kamen ein Arboretum (einschließlich der erst kurz zuvor eingeführten Chilefichte, *Araucaria araucana*) hinzu, ein Gewächshaus, Balustradenterrassen nahe des Hauses und ein großer, ummauerter Küchengarten. Anfang des 20. Jahrhunderts schuf der Arts-and-Crafts-Designer Thomas Mawson einen Rosengarten mit Pergola.

Umfang und Attraktivität der Bepflanzung nahmen im 20. Jahrhundert stetig zu, so daß Holker heute einen der besuchenswertesten Gärten im Norden Englands darstellt. Saurer Boden, hohe Regenmengen und mildes Klima bieten ideale Bedingungen für die (erstmals

unter Sir Joseph Paxton gepflanzten) Koniferen und Rhododendren (einige gehen auf die im späten 19. Jahrhundert von Hooker eingeführten Pflanzen zurück). Auch Hartriegel, Prachtglocke, Eucryphia, Hoheria, Magnolie, Ahorn und Stewartia wissen diese außergewöhnlichen Bedingungen zu schätzen. Die Waldungen sind reich an Zwiebelgewächsen, und die formalen Bereiche nahe des Hauses, das einen hübschen architektonischen Rahmen bietet, sind kunstvoll bepflanzt. Das für unsere Zeit charakteristische Interesse am Naturschutz zeigt sich vor allem in zwei Gartenbereichen: Im Wiesengarten wird das Gras erst sehr spät gemäht, damit sich verschiedene Wiesenkräuter aussähen können; exotischere Pflanzen wie der Türkenbund sind bereits naturalisiert. Die im Waldgarten unterhaltene Sammlung der *Styracaceae* enthält einige der schönsten Blütengehölze Asiens.

Alle historischen Gärten besitzen einige interessante, aus früheren Zeiten überlieferte Elemente. Als eines der reizvollsten Beispiele zeugt Holker Hall zudem von einem immer noch lebendigen gärtnerischen Interesse.

OBEN: *Die im Waldgarten stehende italienische Fontäne ist von einem Ring aus Steinplatten und Kopfsteinpflaster umgeben. Das schlangenartige Geäst eines 100 Jahre alten Rhododendrons* (R. arboreum) *ist sehr dekorativ.*

RECHTS: *Die formalen Gärten am Haus sind mit einer üppigen Zierbepflanzung versehen. Über den Beeten mit* Alchemilla mollis, *Artemisia, Lavendel und Veilchen setzen Lorbeerkirsche* (Prunus lusitanica) *und steinerne Urnen einen Gestaltungsakzent.*

Bicton Park Gardens

DEVON

Belege für einen mittelalterlichen Wildpark in Bicton gibt es schon früh, doch detaillierte Zeugnisse finden sich erst für die Zeit ab dem 18. Jahrhundert. Ein bestehendes Herrenhaus wurde um 1800 von James Wyatt für die Familie Rolle umgebaut, die im 17. Jahrhundert hierher eingeheiratet hatte. Anfang unseres Jahrhunderts verlieh der Architekt Sir Walter Tapper dem Haus sein heutiges, neogeorgianisches Erscheinungsbild.

Der Italienische Garten wurde in einiger Entfernung südlich des Hauses im frühen 18. Jahrhundert unter Henry Rolle (Abgeordneter für Barnstaple und 1. Lord Rolle of Stevenstone) angelegt. Den Garten schrieb man André Le Nôtre zu, allerdings ist dies nicht belegt, da er 1700 starb und Unklarheit darüber besteht, ob er je nach England kam. Außer dem formalen, axialen Entwurf und der Verwendung des Elements Wasser gibt es keinerlei augenfällige Ähnlichkeit mit seinen bekannten Arbeiten. Der Garten besteht aus Grasterrassen mit einem rechteckigen Becken und Kanal als Querachse, umstanden von Irischen Eiben und zeitgenössischen Statuen. Dieses Ensemble ist auf einen weiter im Süden stehenden Obelisken ausgerichtet.

Das nördliche Ende des Italienischen Gartens mit seinen Fontänen und den mit Beet-

Der im frühen 18. Jahrhundert angelegte Italienische Garten besitzt einen Kanal und einige schöne arkadische Figuren. Die künstlichen Bodenerhebungen ziert ein gepflegter Rasen.

pflanzen bestückten Rabatten ist stark durch den Geist des 19. Jahrhunderts geprägt. Büsten von Sir Walter Raleigh und Lord Nelson zieren eine Reihe viktorianischer Gewächshäuser. Hinter dem westlichen Saum des Italienischen Gartens steht das Palm House, eines der frühsten und schönsten Gewächshäuser, die erhalten blieben. Es wurde um 1820 von der Londoner Firma W. & D. Bailey errichtet – unter Verwendung des krummlinigen Glasdachs, das J. C. Loudon erfunden hatte. Die gewölbten Dächer des aus drei Teilen bestehenden Palm House – es wurde erst kürzlich restauriert und attraktiv bepflanzt – wirken wie aufgeblähte Segel. Die dünnen Glasscheiben sind in zierlichen Metallrahmen eingefaßt.

Im Spätsommer wird die Attraktivität einer gemischten Rabatte durch die dekorativen Samenhülsen des Judassilberlings (Lunaria annua) *und des Ziertabaks* (Nicotiana glauca) *gewahrt.*

Auch die unmittelbare Umgebung des Hauses – in dem heute das Devon College of Agriculture untergebracht ist – atmet den Geist des 19. Jahrhunderts. Die Zufahrt besteht aus einer prächtigen Allee von Chilefichten (*Araucaria araucana*), die 1842 unter Beratung durch James Veitch, einen bekannten Baumexperten aus Exeter, gepflanzt wurden. Die Chilefichte gelangte 1839 erstmals in größeren Mengen nach England. Veitchs Baumschule bot sie 1843 im *Gardeners' Chronicle* zum Verkauf an, nachdem er »Vieltausende aus der Saat gezogen« hatte. Die Allee in Bicton ist daher eine der ältesten und besterhaltenen Ansammlungen dieser für die frühviktorianische Zeit besonderes charakteristischen Baumart. Vor allem das sich südlich und östlich ans Haus anschließende Parkland ist reich an Bäumen weit älteren Datums; einige Eßkastanien (*Castanea sativa*) etwa stammen aus der Mitte des 18. Jahrhunderts. Hier stehen außerdem zahlreiche herrliche Eichen, darunter eine Spanische Eiche (*Quercus × hispanica* 'Lucombeana' 'William Lucombe') – über 30 Meter hoch und nach dem Inhaber einer Exeter Baumschule benannt, von dessen 1763 gezogenem Baum dieses Exemplar vermutlich abstammt. Die Tatsache, daß in diesen Teilen des Gartens zahlreiche neue Bäume gepflanzt wurden, ist ermutigend. Eher bedauerlich ist dagegen die Aufteilung des Areals auf drei verschiedene Grundstücke, die es dem heutigen Besucher erschwert, den Garten voll auszukosten.

Sheffield Park Garden

EAST SUSSEX

Das neogotische Herrenhaus wurde vor 1779 nach den Entwürfen von James Wyatt für den 1. Earl of Sheffield errichtet. Seit dem 13. Jahrhundert war das Anwesen mehrmals im Besitz der Familie de la Warr gewesen. Ein zu ihrer Zeit 1745 erstellter Grundstücksplan zeigt, daß der mittelalterliche Wildpark in eine künstliche Landschaft mit Baumgruppen und Alleen aus Eichen und Eschen verwandelt worden war. Etwas später entstand unterhalb des Hauses ein See. Eine 1766 anläßlich des Todes von Lord de la Warr erstellte Inventarliste führt Gartenbänke und einen »Gothick seat« auf.

Nach Errichtung seines neuen Hauses rekrutierte Lord Sheffield zunächst Capability Brown und unmittelbar darauf Humphry Repton. Wo des einen Arbeit endete und die des anderen begann, ist schwer zu sagen. Ein Aquarell von Samuel Hieronymous Grimm (1787) zeigt den First Lake (oder Ten Foot Pond) mit naturalistischen Ufergehölzen und Baumgruppen und -gürteln in der Ferne. Da eventuelle Baumpflanzungen von Brown zu diesem Zeitpunkt noch keine Wirkung gezeigt hätten, entstand dieses Bild durch Ausdünnen und vermutlich auch Auflockern einer älteren Bepflanzung.

Repton schrieb später über seine Tätigkeit in den Jahren 1789 und 1790: »Ein sehr schöner See wurde der Szenerie einer Stätte hinzugefügt, die überquellt mit den vollkommensten pittoresken Effekten der gotischen Architektur.«

Lord Sheffield ließ bis zu seinem Tod im Jahr 1822 gewaltige Mengen an Bäumen pflanzen. Im weiteren Verlauf des Jahrhunderts beauftragte sein Enkel, der 3. Earl, Pulham & Sons mit der Errichtung einer Kaskade und einer Brücke und der Anlage zweier weiterer Seen näher am Haus.

Arthur Soames, ein vermögender Brauereibesitzer, erwarb das Anwesen 1910 und machte sich mit unbändiger Energie an die Umgestaltung der Gärten. Vor allem erweiterte er die vom 3. Earl gegen Ende des 19. Jahrhunderts angelegte Sammlung von Koniferen. Trotz der Verluste durch die Stürme in den Jahren 1987 und 1990 bilden sie weiterhin einen dekorativen Rahmen vor allem an den Ufern der Seen. Zwischen die Immergrünen pflanzte Soames Ziergehölze wie etwa Ahorne und Rhododendren.

Ihre runde Gestalt konstrastiert auffallend mit den langgestreckten Virginischen Sumpfzypressen (*Taxodium distichum*), *Picea breweriana* und Westlicher Hemlock (*Tsuga heterophylla*).

Arthur Soames blieb kinderlos. Sein Neffe veräußerte Haus und Garten im Jahr 1953. Später ging der Garten an den National Trust über. Mit seiner erstaunlichen Vielfalt an Bäumen und Sträuchern gleicht der Garten heute einem Landschaftsarboretum, doch die Besucher – ob Botaniker oder nicht – schätzen gleichermaßen die Seenlandschaft mit ihren geschickt angelegten Pfaden.

Noch immer besitzt der Garten jene mysteriöse, traumartige Qualität, die Virginia Woolf 1937 wie folgt beschrieb: »Die großen Teiche bei Sheffield Place [sic] ... sind gesäumt von roten, weißen und purpurnen Spiegelungen, denn die Ufer stehen voller Rhododendren, und wenn der Wind über die wirklichen Blüten streicht, erzittern die Wasserblüten und fahren ineinander.«

Das neogotische Herrenhaus, vom jenseitigen Ufer des Middle Lake betrachtet. Die hohen Koniferen bilden einen auffälligen Kontrast zur Kugelgestalt der Sträucher.

Newby Hall

NORTH YORKSHIRE

Auch wenn Newby Hall Merkmale aus den verschiedensten gartengeschichtlichen Perioden zeigt, ist das eigentliche Wesen dieses Gartens seinen heutigen Besitzern, Robin und Jane Compton, zu verdanken. Der Ort wird bereits im 13. Jahrhundert als Besitz der Familie de Nubie erwähnt, nach der er bis heute benannt ist. Sir William Blackett, der das Anwesen 1689 erworben hatte, ließ wenig später das alte Haus abreißen und etwas weiter vom Fluß entfernt ein neues Gebäude errichten. Es wurde angeblich von Sir Christopher Wren entworfen, doch hierfür liegen keine greifbaren Beweise vor – sieht man von der außergewöhnlichen Schönheit des Hauses ab. 1748 wurde das Haus an die Wedells veräußert, die einige neue Flügel anbauen ließen. 1765 wurde Robert Adam mit dem Entwurf exquisiter Interieurs beauftragt, darunter eine Skulpturengalerie für Wedells frisch erworbene Sammlung klassischer Antiquitäten. All dies ist bis heute erhalten, hervorragend restauriert und unterhalten von Jane Compton.

Ab 1694 verfügte Newby mit Peter Aram, einem ehemaligen Schüler des in königlichen Diensten stehenden George London, über einen ausgezeichneten Chefgärtner. Interessanterweise arbeitete Aram zuvor in Fulham Palace für Bishop Compton, einem Vorfahren der heutigen Eigentümer, der ihn für Newby empfahl. Celia Fiennes beschrieb Newby nach einem Besuch 1697 als »das feinste Haus, das ich in Yorkshire sah«. Nicht weniger begeistert äußerte sie sich über den Garten: »feine Kieswege ... Blumenrabatten und grüne Ufer mit Blumentöpfen«. Ein kurz nach ihrem Besuch von Kip angefertigter Kupferstich bestätigt ihre Beschreibung. Er zeigt westlich des Hauses einen Vorhof mit Geländer, von dem drei Alleen ausgehen. Eine von ihnen (eine Doppelallee) läuft zum Fluß hinab. Über die gärtnerischen Aktivitäten Wedells (gest. 1792) ist nichts bekannt. Loudon fand bei seinem Besuch 1837 wenig Lobenswertes – »Eine Masse von Blumenbeeten ... ungemein schlecht placiert ... ohne besonderen Ausweis, und man sieht sogleich, daß sie dort zu nichts dienlich sind.« Der im späteren Verlauf des 19. Jahrhunderts südlich des Hauses entstandene Statue Walk geht vermutlich auf den Architekten William Burges zurück, der die Kirche von Newby errichtet hatte. Um die Jahrhundertwende wirkte Ellen Willmott beratend bei der Schaffung eines Steingartens und einer bogenförmigen Pergola mit, die als prachtvolle Zeugnisse dieser Epoche überlebt haben.

Der Garten präsentiert sich heute als eine ansehnliche Mixtur von gestalteten und naturbelassenen Partien. Wo sich im 18. Jahrhundert südlich des Hauses quadratische Grasparzellen mit Statuen befunden hatten, erstrecken sich heute zwei gemischte Rabatten von 300 Meter Länge. Diese Hauptachse des Gartens wird durch Eibenhecken akzentuiert, die bis zum Fluß hinabreichen. Der noch vorhandene Statue Walk bildet in größerer Nähe zum Haus eine markante Querachse – ausladende Irische Eiben wechseln sich mit Statuen ab; die Formenstrenge der Sockel wird durch *Cotoneaster horizontalis* etwas aufgelockert. Zu beiden Seiten der Staudenrabatten entstanden in den 1930er Jahren zwei hübsche, formal gestaltete Gärten: ein Senkgarten für Alte Rosen und ein Herbstgarten. Sylvia's Garden liegt nördlich des Statue Walk und dient als Garten für Frühling und Sommer. Weiter vom Haus entfernt trifft man hinter den Eibenhecken, die die beiden Rabatten flankieren, auf einen außergewöhnlich reichen Bestand an Ziergehölzen und auf die nationale Hartriegel-Sammlung (Cornus).

OBEN: *Ein byzantinischer Stampftrog bildet den Mittelpunkt in Sylvia's Garden. Plattenwege vierteln das Areal. Symmetrische Bepflanzung und bedachtsame Farbwahl sorgen für Ausgewogenheit.*

RECHTS: *Vom westlichen Ende des Statue Walk ausgehend, verläuft eine Rosenpergola leicht hangabwärts. Markante Steinsäulen und schlanke Eisenbögen kennzeichnen diesen ungewöhnlich breiten, mit Frauenmantel* (Alchemilla mollis) *unterpflanzten Laubengang.*

Westbury Court Garden

GLOUCESTERSHIRE

Regionale Varianten englischer Gartenstile sind in vielen Fällen durch den Einfluß des großstädtischen Geschmacks verlorengegangen. Westbury Court macht jedoch eine Ausnahme – teils deshalb, weil man einen Garten dieses Typs nur an den Ufern des Severn hinter Gloucester vorfindet, und auch deshalb, weil es das Haus, für das der Garten angelegt wurde, nicht mehr gibt und der lange vernachlässigte Garten zufällig überlebte.

Kips Kupferstich in Atkyns' *Ancient and Present State of Gloucestershire* (1712) zeigt den ursprünglichen Garten von Westbury Court in seiner Blütezeit. In einer Bildecke erblickt man nahe der Pfarrkirche ein giebelreiches jakobitisches Herrenhaus und dahinter ein betörend schönes Muster aus Alleen, Wasserspielen und zugeschnittenen Büschen, das Ganze eingefaßt durch Ziegelmauern. Den Schlußpunkt eines langen, schmalen Kanals bildet ein elegantes Gartenhaus mit Säulen und Spitzgiebel.

Das Anwesen gehörte im 17. Jahrhundert den Colchesters. Der von Kip dargestellte Garten wurde ab 1697 für Maynard Colchester geschaffen. Im benachbarten Flaxted Abbey lebte Catherine Boevey, deren Vater ein Amsterdamer Kaufmann war. Auch ihr Garten besaß einen formalen Kanal (bei 20 der 58 in Atkyns' Buch dargestellten Gärten ist dies der Fall). Im 17. Jahrhundert waren in diesem Teil Englands formale Wassergärten mit niederländischem Einfluß offenbar weit verbreitet. Westbury ist das einzige erhaltene Beispiel. Über die Anfänge sind wir dank der Rechnungsbücher von Maynard Colchester, die im Gloucestershire Record Office archiviert sind, bestens informiert. Hier finden sich eine detaillierte Aufstellung der Kosten für das Ausheben von Kanälen, die Namen und Mengen der Pflanzen und vieles mehr.

OBEN: *Die den Kanal zierende Neptunfigur aus dem frühen 18. Jahrhundert ragt einsam aus den Seerosen hervor.*

LINKS: *Das einem Kupferstich von Kip nachgebildete Parterre ist ausnahmslos mit Gewächsen bepflanzt, die vor 1700 üblich waren: Zwergbuchs* (Buxus sempervirens *'Suffruticosa'), Garten-Ringelblume* (Calendula officinalis), *Jungfer im Grünen* (Nigella damascena) *und Schleifenblume* (Iberis sempervirens).

Die Colchesters blieben fast 300 Jahre auf Westbury. In dieser Zeit entstanden – und verschwanden – zwei weitere Gebäude. Das Anwesen wurde 1960 veräußert. Der National Trust erwarb den Walled Garden 1967 und begann mit einer grundlegenden Restaurierung. Viele Mauern und die Grundstruktur des Gartens hatten überlebt, doch die häufigen Überflutungen durch den Severn hatten die Eibenhecken absterben lassen. Kips Kupferstich und die Aufzeichnungen Colchesters kamen den Restaurierungsarbeiten sehr zugute. Dem heutigen Besucher präsentiert sich ein Garten, der das Werk Maynard Colchesters bestmöglich reproduziert. Der lange Kanal wird von frischen Eibenhecken gesäumt, die stellenweise durch kugelförmig geschnittene Stechpalmen aufgelockert werden. Der elegante Pavillon am Ende des Kanals wurde tadellos restauriert. Von seinem oberen Fenster aus präsentieren sich die symmetrisch angelegten Gärten von ihrer besten Seite. Die Mauern (einige datieren aus der Zeit vor Colchester) dienen als Spalier für alte Obstbaumsorten; überall im Garten kommen Sorten zum Einsatz, die aus der Zeit vor 1700 stammen. Im Hauptteil des Gartens folgt man einer Mode des 17. Jahrhunderts und präsentiert die Blumen in schmalen Beeten. (Die tiefe Rabatte mit massierter Bepflanzung kam erst im 19. Jahrhundert auf.) Die alte Atmosphäre zeigt heute jenen Charakter, der 1908 in *Country Life* als »würdevoll und genußreich, überaus befriedigend und verführerisch« beschrieben wurde.

Studley Royal

NORTH YORKSHIRE

Den geschwungenen Ufern des River Skell in seinem prächtigen Tal folgend, erschließt sich dem Besucher von Studley Royal die Entwicklung der englischen Gartenmode im 18. Jahrhundert. Der aus einer alteingesessenen Familie stammende John Aislabie hatte das Anwesen 1699 geerbt. Mit Lord Burlington und Sir John Vanbrugh befreundet, wurde er 1718 zum Schatzkanzler ernannt. Zwei Jahre zuvor hatte er auf Studley mit der Anlage eines neuen Gartens begonnen, der recht weit vom Haus entfernt an den Ufern des Flusses lag, den er zu einer Kaskade aufstaute und zur Schaffung weitläufiger, formaler Wasserbecken nutzte. Diese gigantische Aufgabe, an der zeitweilig 100 Arbeiter mitwirkten, war erst nach etwa zehn Jahren abgeschlossen. Die Arbeiten wurden 1720 unterbrochen, als man Aislabie im Rahmen einer Geldaffäre der Korruption beschuldigte und in den Londoner Tower einkerkerte. Nach seiner Freilassung zog er sich 1723 nach Yorkshire auf seine Besitztümer zurück, um durch Gartenarbeit Abstand zu gewinnen. Bis 1729 hatte Aislabie zwei Millionen Pfund aus unrechtmäßig erworbenen Profiten zurückgezahlt, was eine ungefähre Vorstellung von dem Vermögen vermittelt, das er weiterhin sein eigen nannte.

So war er in der Lage, immense Summen für seinen Garten und die exquisiten Gebäude auszugeben und seinem Sohn William genug zu hinterlassen, damit dieser das Anwesen ausbauen und in Hackfall einen weiteren großen Garten schaffen konnte.

Die erste Gartenpartie von Studley – die Kaskade und die geschwungenen Wasserflächen, die Moon und Crescent Ponds – ist zwar formal gestaltet, zeigt jedoch nicht die Starrheit, wie sie in den französischen und niederländischen Wassergärten des 17. Jahrhunderts üblich war. Studley brillierte darüber hinaus durch seine einzigartige, herrlich natürliche Lage, die Aislabie in keiner Weise ungenutzt ließ. Die Talhänge wurden mit Buchen, Ulmen und Waldkiefern bepflanzt, und prachtvolle Gebäude zierten die Anhöhen. Hierzu zählten ein Banketthaus, das höchstwahrscheinlich von Colen Campbell, einem Schützling Burlingtons, entworfen wurde, sowie ein neogotischer, achteckiger Turm auf einem Felsvorsprung über dem halbmondförmigen Teich (Crescent Pond). Ein kleiner Pavillon, Anne Boleyn's Seat, ermöglicht den unverstellten Blick auf Ruinen, in diesem Fall die von Fountains Abbey weit unten an den Ufern des Flusses. Durch eine Flußschleife optisch vom übrigen Garten getrennt, galt diese exquisite Zisterzienserabtei aus dem 12. Jahrhundert seit jeher als entlegenster Blickfang von Aislabies Garten, obwohl sie erst lange nach dessen Tod, im Jahr 1768 von seinem Sohn William aufgekauft wurde.

Die formalen Wasserbecken und die Kaskade verfügen nicht über die strenge Symmetrie französischer Barockgärten. Ihre Lage an der Talöffnung kündet bereits von den Anfängen eines landschaftsbetonten Stils. Die in beherrschender Position auf den waldigen Höhen gelegenen, dekorativen Gebäude fallen in die Blütezeit der Mitte des 18. Jahrhunderts herrschenden Landschaftsmode.

Die Abteigebäude – gewiß das wertvollste neogotische Gartenornament – gehören zur späteren Tradition des Pittoresken. Diese unterschiedlichen Zutaten werden durch die Harmonie der natürlichen Umgebung erfolgreich miteinander vereint.

Der Temple of Piety spiegelt sich in den Wassern des Moon Pond mit seiner Neptunstatue, gesäumt von den halbmondförmigen Crescent Ponds.

West Dean Gardens

WEST SUSSEX

West Dean Park liegt im Tal des Flusses Lavant. Die West Sussex Downs bilden einen malerischen Hintergrund. Das geräumige neogotische Herrenhaus, 1804 von James Wyatt entworfen, zählt nicht gerade zu seinen heitersten Werken. Es wurde 1893 in größerem Umfang von George & Peto umgebaut. Aus dieser Zeit stammen auch die Interieurs. Als Baumaterial diente der lokale Flintstein, der in solchen Mengen benötigt wurde, daß die Vorräte vor Ort nicht ausreichten und das Material anderswo beschafft werden mußte. Das Gebäude beherbergt heute eine kunsthandwerkliche Ausbildungsanstalt und ist für den Gartenbesucher nicht zugänglich.

Ein Garten wird erstmals 1622 erwähnt, als James Lewkenor ein Haus errichten ließ; in dieser Zeit entstand auch ein Park. 1768 führte man offenbar landschaftsgestaltende Arbeiten durch, und 1804 wurde der Park erweitert. Nach einem Besuch bei Lord Selsey äußerte sich J. C. Loudon recht schroff: »Der Fleck ist keineswegs von der Natur geprägt, und vielleicht hätte die Kunst etwas mehr leisten können.« Verblüfft hatte ihn allerdings ein Weg durch einen mit Goldregen bepflanzten Gittertunnel. Auch zeigte er sich von den Bäumen beeindruckt, von denen er einige vermaß und für sein bedeutendes achtbändiges Werk *Arboretum et Fruticetum Britannicum* (1838) beschrieb. Trotz der Verwüstungen durch den Sturm im Jahr 1987 kann West Dean weiterhin mit guten Bäumen aufwarten. Einige von ihnen wurden in der edwardianischen Ära durch königliche und aristokratische Gäste gepflanzt, andere wiederum reichen in Loudons Zeit zurück.

William James erwarb das Anwesen 1891 und beauftragte George & Peto mit weiteren Arbeiten. Im großen ummauerten Küchengarten wurden 13 herrliche Gewächshäuser zur Kultivierung frostempfindlicher Früchte und exotischer Blumen für das Haus errichtet. Dieser kürzlich restaurierte Garten vermittelt eine lebendige Vorstellung von dem entsprechenden Bedarf eines wohlhabenden Haushalts in der damaligen Zeit. Harold Peto entwarf 1911 eine großartige Pergola mit feinen Steinsäulen und Querbalken aus Eiche, bepflanzt mit Rosen, Clematis und Wisteria. Durch den Laubengang führt ein von farbenfrohen Krautartigen flankierter Steinpfad. Er mündet bei einem neogotischen Sommerhaus mit einer merkwürdigen Pflasterung aus Pferdezähnen und Flintstein. Der Pfad wird auf halbem Weg durch ein quadratisches Seerosenbecken unterbrochen. Am anderen Ende – am Rand eines schön bepflanzten Senkgartens – bildet ein reetgedecktes Sommerhaus einen Blickfang. In einiger Entfernung zum Haus befindet sich neben St. Roche's Hill eine separate Sammlung schöner Bäume und Sträucher: St. Roche's Arboretum.

Garten und Park sind deutlich durch das 19. Jahrhundert geprägt, etwa durch die ungezwungene Kombination von Solitärbäumen und formalen Anklängen. Edward James, letztes Mitglied der Familie, das hier lebte, überließ das Anwesen einer gemeinnützigen Lehranstalt. Zuvor hatte er sich als großer Förderer der Surrealisten gezeigt.

Im viktorianischen ummauerten Küchengarten vermengen sich Zierpflanzen und Gemüse. Bei dieser spätsommerlichen Bepflanzung paßt das Blattwerk einer purpurnen Form der Christpalme (Ricinus communis) *auffallend gut zu den Dahlien.*

RECHTS: *Harold Petos aufwendige Pergola – mit Seerosenbecken und neogotischem Sommerhaus im Hintergrund. Zu den verwendeten Kletterpflanzen zählen Clematis, Rosen und Wisteria. Am Fuß der Säulen ist ausreichend Platz für Stauden.*

Mottisfont Abbey

HAMPSHIRE

Die Abtei von Mottisfont wurde im frühen 13. Jahrhundert von Augustinern nahe einer Quelle (lat.: *fons*) im Tal des Flusses Test errichtet. Nach Auflösung der Klöster ging das Anwesen im Tausch gegen Chelsea und Paddington Manor an Lord Sandys über, einen der Höflinge Heinrichs VIII. Das von Lord Sandys errichtete Haus war kaum bewohnbar, als das Anwesen vor 1740 in den Besitz der Mills gelangte. Das heutige Gebäude besitzt einige attraktive Relikte aus dem 13. Jahrhundert, ist allerdings von einem eleganten Ziegelhaus aus der Periode Georgs II. überbaut. Das Anwesen wurde 1934 an Gilbert Russell veräußert, dessen Witwe es 1957 dem National Trust übereignete.

Über einen Garten aus der Zeit vor unserem Jahrhundert ist nur wenig bekannt. Die schönen Ziegelmauern des Küchengartens datieren aus den 1740er Jahren. In *Select Illustrations of Hampshire* (1833) nennt G. F. Prosser einige ansehnliche Bäume: »Der Ziergarten präsentiert bemerkenswert schöne Exemplare der Platane, Buche, Weißtanne, immergrünen Eiche und Zypresse.« Bei der Platane handelt es sich um *Platanus × acerifolia*, einen gleichermaßen ausladenden wie prächtigen Baum, der bis heute erhalten ist und der zu den zwei oder drei größten Exemplaren im ganzen Land zählt, obwohl einiges darauf hindeutet, daß er aus zwei Bäumen besteht. Unter Gilbert Russell erfolgten einige attraktive Entwicklungen. Geoffrey Jellicoe entwarf 1936 einen Weg mit verflochtenen Linden, der von der nordwestlichen Hausecke ausgeht. Die Bäume stehen in kleinen, quadratischen Beeten, deren schattige Lage im Frühling mit Polstern aus blauem Schneeglanz (*Chionodoxa luciliae*) belebt wird. Norah Lindsay legte 1938 unterhalb der südlichen Hausfront ein Parterre an. Die durch Buchshecken gebildeten, mit Beetpflanzen gefüllten Abteilungen verstehen sich als Spiegelbild der Struktur eines Fächerfensters über der Vordertür.

Den bei weitem höchsten Rang genießt die Sammlung von Alten Rosen, die im Winter 1972/73 in den ummauerten ehemaligen Küchengarten umzog. Graham Stuart Thomas, der die alten Rosensorten als einer der ersten wiederentdeckte und mehrere Bücher zu diesem Thema verfaßte, war als Berater für die Gärten des National Trust tätig. Unter seiner Leitung wurde die Rosensammlung neu angelegt, wobei man die prächtigen Mauern für die kletternden Sorten nutzte und vor allem eine Umgebung schuf, welche die Sammlung als einen wunderbaren Garten anstatt eines bloßen Rosenmuseums präsentiert. Hierzu wurde das Areal (ein unregelmäßiges Viereck) in vier buchsgesäumte Bereiche unterteilt und durch Kiespfade verbunden, die auch die Mauerbeete flankieren. Es versteht sich, daß bei der Kultivierung der Rosen ein beispielhafter Sachverstand waltet. Der interessierte Besucher wird jedoch auch Graham Thomas' unzählige raffinierte Ideen für die Auswahl geeigneter Begleitpflanzen zu schätzen wissen. Hier geht es nicht um snobistische Raritäten; statt dessen findet man weißen Fingerhut oder Jakobsleiter, Akelei in großer Zahl und in vielen Farben, Polster aus Gartennelken und Kissen aus Artemisia oder Wiesensalbei. Sie sind neben den exquisiten Rosen genau die richtigen Pflanzen: unprätentiös, doch wirkungsvoll.

Die für den spätviktorianischen Stil charakteristische Rosenpergola, girlandenartig bewachsen mit Kletterrosen – 'Debutante' in hellem Rosa und 'Bleu Magenta' in Purpur.

Great Dixter

EAST SUSSEX

Die Gärten von Great Dixter verdanken ihr Renommee vor allem der Tatsache, daß sie im wesentlichen von einer Person geschaffen wurden – von Christopher Lloyd, einem der bekanntesten und einflußreichsten Gartenbuchautoren unserer Zeit. Lloyd ist mit seinen eigenständigen Ansichten einer der wenigen Schriftsteller, die in der Theorie und der Praxis des Gärtnerns gleichermaßen bewandert sind. Den Besuchern von Great Dixter präsentiert sich daher kein versteinerter, musealer Garten, sondern ein in ständigem – oftmals anregendem – Wandel begriffenes Werk.

Das Haus von Great Dixter ist ein Hallenbau aus dem 15. Jahrhundert, 1910 prachtvoll erweitert unter der Regie von Sir Edwin Lutyens für Christopher Lloyds Vater Nathaniel, der selber Architekt war und ein ausgezeichnetes Buch über die gärtnerische Verwendung von Eibe und Buchsbaum verfaßte.

Das purpurne Blattwerk von Canna indica *'Purpurea' bildet einen markanten Hintergrund für Dahlia 'Bishop of Llandaff' und die zarten Blütenstände von* Verbena bonariensis.

Lutyens war auch an der Gestaltung der Gärten mit Hilfe von Eibenhecken beteiligt. Von Nathaniel Lloyd stammen einige dekorative Formschnitt-Figuren und ein hübscher Senkgarten in einem zwischen den Scheunen gelegenen Hof, bei dem Mauer- und Ziegelwerk einen wichtigen Faktor darstellen. Christopher Lloyd wuchs hier auf und kehrte nach einer gärtnerischen Ausbildung und späteren Lehrtätigkeit 1954 hierher zurück.

Ruhmreichster Schauplatz seiner Gartenexperimente war die berühmte Long Border. Diese Rabatte liegt am östlichen Ende des Hauses, weist nach Südwesten, ist 60 Meter lang und 4,5 Meter breit und wird von einem Steinplattenweg gesäumt. Lloyd war ein Pionier der gemischten Rabatte. In seinem ersten Buch (*The Mixed Border*, 1957) und in zahlreichen Artikeln rief er dazu auf, alle Arten von Pflanzen in enger Nachbarschaft miteinander zu vergesellschaften. Dies bezieht sich

selbstverständlich auf Gehölze und Stauden, jedoch auch auf einjährige Beetpflanzen, die im Frühsommer eingesetzt werden können, wenn die permanente Bepflanzung unansehnlich zu werden beginnt. Lloyds Long Border bleibt daher über einen außergewöhnlich langen Zeitraum interessant – am intensivsten von April bis Oktober – und verkörpert einen eindeutig modernen Gartenstil. In einem Garten früherer Generationen hätte man, wenn etwa der Rosengarten seinen Reiz verloren hätte, sein Interesse einfach einem anderen Gartenteil zugewandt.

Lloyd experimentiert unablässig mit neuen Farbverbänden, so daß regelmäßige Besucher seiner Long Border einige höchst individuelle

Kirsch- und purpurfarbener Phlox sowie verschiedenfarbige Dahlien heben sich vor dem dunklen Blattwerk von Cotinus coggygria *ab. Die gelben Blüten der emporstrebenden Königskerze sind ein unerwartetes, doch gefälliges Intermezzo.*

Kombinationen vorfinden. Es wäre jedoch absolut verkehrt, ihn für einen verstiegenen Farbfanatiker zu halten, denn seit jeher legt er großen Wert auf die Blattform als einem wesentlichen Bestandteil der gärtnerischen Kunst. Sein Buch *Foliage Plants* (1973) unterstreicht den Aspekt des Habitus einer Pflanze, und die zugrundeliegenden Prinzipien finden sich in der Long Border realisiert. Das dem Blattwerk eigene dekorative Potential zeigt sich hier anhand von Pflanzen wie der Cardy, der Stechpalme (*Ilex × altaclarensis* 'Golden King'), *Euonymus × fortunei* 'Silver Queen', *Helleborus foetidus*, dem Chinaschilf (*Miscanthus sinensis* 'Silver Feather') sowie dem prachtvollen goldenen Traubenholunder (*Sambucus racemosa* 'Plumosa Aurea').

Lloyds einflußreichstes Buch *The Well-Tempered Garden* (1970) vermittelt einen umfassenden Überblick über die Kunst und Praxis dieses Gartenstils. Es offeriert dem Leser neben einer Unzahl praktischer Tips eine Sichtweise, die ihn zum Experimentieren ermutigt und ihn vor überholten ästhetischen Leitlinien warnt.

Holdenby House

NORTHAMPTONSHIRE

Die Struktur alter Gärten ist so markant, daß die lebendige Atmosphäre früherer Zeiten auch dann erhalten bleibt, wenn die meisten Details und alle ursprünglichen Pflanzen nicht mehr existieren. Holdenby House war einer der führenden Renaissancepaläste Englands und besaß unter Sir Christopher Hatton einen der größten Gärten. Als Lord Chancellor war Hatton einer der Vertrauten von Königin Elisabeth I. Dem Gerücht nach soll er sogar ihr Geliebter gewesen sein. Zumindest war er ein loyaler und erfolgreicher königlicher Diener, was ihm mit einigen riesigen Anwesen gelohnt wurde, die zu seinem Besitz in Holdenby hinzukamen – darunter Ely Palace in London, aus dem die Königin den Bischof von Ely vertrieb, um ihrem Lord Chancellor ein Stadthaus zu bieten. Hatton war an beiden Stätten gärtnerisch aktiv; seiner Londoner Tätigkeit gedenkt der Straßenname Hatton Garden.

Der Palast von Holdenby wurde zwischen 1570 und 1583 unter dem Einfluß von Architekturtheoretikern der italienischen Renaissance wie Alberti und Serlio errichtet, deren Bücher in englischer Sprache veröffentlicht worden waren. Sie vertraten die – in England damals neuartige – Auffassung, daß Haus und Garten miteinander harmonieren sollten. In Holdenby ragte von der Mitte des Hauses ausgehend eine gewaltige Erdplattform mit einem raffinierten Muster aus Parterres nach vorn. Links und rechts führten Terrassen hinab, flankiert von einem Teich und einer Bowlingallee. Die Terrassen sind bis heute erhalten und deutlich sichtbar.

Im Civil War wurde Holdenby von den Parlamentsanhängern übernommen, die Karl I. 1647 hier gefangensetzten. Nach seiner Exekution wurde das Haus verkauft und später mit Ausnahme des Küchenflügels abgerissen. Dieser bildete den Grundstock für das im 19. Jahrhundert errichtete Gebäude. Erhalten blieben zwei prächtige Tore aus Stein und Ziegel, die ursprünglich zu einem seitlich gelegenen Vorhof führten. Bei der Anlage seines Gartens ordnete Sir Christopher Hatton den Abriß eines Dorfes an, das er – getreu dem Geiste der Renaissance – in symmetrischer Form auf der Achse des neuen Gartens wiederaufbauen ließ. Eine Zeichnung, die kurz nach Vollendung der Gärten angefertigt wurde, verdeutlicht dies bis ins kleinste Detail.

Holdenby macht heutzutage durchaus einen Besuch lohnend – das modellierte Land und die verloren wirkenden dekorativen Tore erzeugen einen nachhaltigen Eindruck. Das Anwesen wird von den heutigen Eigentümern, die Rosemary Verey 1980 mit dem Entwurf eines formalen Miniaturgartens elisabethanischer Prägung beauftragten, gut unterhalten. Durch einen Saum aus Eibenhecken verlieh sie ihm den Charakter eines geheimen Gartens, wobei sie nur solche Pflanzen verwandte, die in einem englischen Garten des Jahres 1580 verfügbar waren. Unterschiedliche Buchsfiguren folgen einem Pfad, der um eine Sonnenuhr herumführt. Die umgebenden Beete verströmen den kräftigen Duft von Artemisia, Melisse, Ysop, Lavendel und Weinraute. Das Gärtchen verkörpert ein gelungenes Zitat des einst großen elisabethanischen Gartens.

LINKS: *Einer der beiden großen Torbögen aus dem Jahr 1583, die zu Sir Christopher Hattons Garten der späten Tudorzeit gehörten.*

RECHTS: *Hügel aus Heiligenkraut, Buchsfiguren und Wogen aus Rosmarin geben dem von Rosemary Verey entworfenen Tudor-Garten eine dekorative Struktur. Als Schattenspender dient ein Sommerhaus, das aus einer Eibenhecke herausgeformt wurde.*

Badminton House

AVON

Der zuvor auf Raglan Castle in Monmouthshire lebende Edward Somerset, 4. Earl of Worcester, erwarb das Anwesen 1608. Es wurde erst nach der Restauration zum Hauptsitz der Familie; das alte Haus baute man um, und irgendwann im späten 17. Jahrhundert wurde ein prunkvoller neuer Garten angelegt. Der 3. Marquis of Worcester, der 1682 zum 1. Duke of Beaufort ernannt worden war, benötigte ein Anwesen von entsprechendem fürstlichen Glanz. Zeitgenössische Gemälde, Zeichnungen und Stiche vermitteln einen lebendigen Eindruck vom Umfang der Arbeiten. Eine Zeichnung (um 1670) von Hendrik Danckerts zeigt das neu umgebaute Haus von Norden aus sowie Parkland und eine angedeutete Allee. Bis 1699 hatte Leonard Knyff einige Gemälde des Anwesens erstellt. Die Stiche, die Kip danach anfertigte, zeigen einen der spektakulärsten Gärten seiner Zeit. Das Haus bildet das Zentrum zahlreicher strahlenförmig verlaufender Alleen. Einzelne Partien sind unterschiedlichen Wildarten zugeteilt (Rot-, Dam- und Virginia-Hirsche). Detailansichten der Umgebung des Hauses zeigen raffinierte formale Gärten mit einer östlich des Gebäudes verlaufenden Hauptachse. Sie erstreckt sich zwischen reichgeschmückten Parterres und durchschneidet eine gewaltige, formale Heckenwildnis. Zwei in Badminton House erhaltene Gemälde (um 1705) von Thomas Smith bestätigen das allgemeine Bild, wenngleich sie ihm in einzelnen Details widersprechen.

Die formalen Gärten aus dem späten 17. Jahrhundert hatten nicht lange Bestand. In Canalettos beiden berühmten Gemälden von Haus und Park (1748) herrscht eine nur bedingt von Formalität geprägte Atmosphäre vor, da Thomas Wright, den man den »Magier von Durham« nannte, bereits am Werk gewesen war. Zwar wurden seine Pläne für die Ostseite – gewundene Pfade, Menagerie, »magischer« mathematischer Hain und andere Wunderwerke – nie in die Tat umgesetzt, doch immerhin errichtete er 1747 eine rustikale Einsiedelei – eine von zwei dieser Schöpfungen aus dem 18. Jahrhundert, die in England erhalten blieben. Ein Root House (mit einem Gerüst aus verflochtenen Wurzeln), Ragged Castle und – als Blickfang – Castle Barn wurden ebenfalls nach seinen Entwürfen erstellt. Kurz zuvor hatte man William Kent für Arbeiten an dem Haus herangezogen. Im Park errichtete er um 1745 die Worchester Lodge. Auf einem Hügelkamm liegend, bildete sie den drei Kilometer von der nördlichen Hausfront entfernten Schlußpunkt einer Allee.

Spuren der Alleen aus dem 17. Jahrhundert haben sich bis heute erhalten. Die Geschichte des Gartens liegt jedoch keinesfalls nur in der Vergangenheit. Die verstorbene Duchess of Beaufort war eine versierte Gärtnerin. Als Lady Caroline Somerset beauftragte sie Russell Page ab 1964 mit einigen brillanten Entwürfen für das Dower House. Später bat sie ihn um die Planung eines neuen formalen Gartens auf dem historischen Grund östlich des Hauses. Hier realisierte Page seine letzte Auftragsarbeit – ein verhaltenes, doch wirkungsvolles Ensemble aus Eibe und Buchs.

OBEN: *Worcester Lodge wird mit dem weiter nördlich und etwas tiefer gelegenen Haus durch eine drei Kilometer lange Allee verbunden.*

RECHTS: *Auf einem Hügelkamm stehend, bildet William Kents Worcester Lodge einen imposanten Blickfang.*

Sissinghurst Castle

KENT

Harold Nicolson schrieb 1937 an seine Frau Vita Sackville-West: »Niemals war Sissinghurst schöner ... aber dank Deines außergewöhnlichen Geschmacks gleicht dieser Garten keinem anderen und ist ganz der Deinige.« Der zum Mythos gewordene Name »Sissinghurst« steht nicht nur für eine Art des Gärtnerns, sondern aufgrund des unkonventionellen Auftretens seiner Eigentümer auch für eine Lebensweise. Obwohl dies unsere Sicht des Gartens von Sissinghurst insgesamt entstellt hat, ist seine Geschichte unausweichlich mit dem Leben von Vita Sackville-West verknüpft, die eine seltene Mischung von Sinn und Sinnlichkeit verkörperte. Als Dichterin mit einer reichen Vorstellungskraft war sie zugleich eine ungemein kenntnisreiche Gärtnerin. Ihre entsprechenden Schriften, vor allem die wöchentliche Kolumne, die sie von 1947 bis 1961 für den *Observer* verfaßte, zählen zu den Höhepunkten der Gartenliteratur dieses Jahrhunderts. Sie zeigen eine Gärtnerin, die mit ihrem Thema auf das engste praktisch vertraut, aber auch sehr aufgeschlossen für die Poesie und Ästhetik von Pflanzen und Gärten ist.

Vita Sackville-West wurde auf Knole geboren. Nachdem sie 1913 Harold Nicolson geheiratet hatte, verbrachte sie die ersten Ehejahre in Konstantinopel, wo Harold als Diplomat tätig war. Beide lebten, wie sie schrieb, in »einem hölzernen türkischen Haus mit einem Gärtchen, einer Weinreben-Pergola und einem Granatapfelbaum voller scharlachroter Früchte«. Im Jahr 1915 erwarben sie, nicht weit von Knole entfernt, ein Haus namens Long Barn, wo sie ihren ersten Garten schuf.

Sissinghurst Castle erstand das Paar 1930 – ein Gewirr aus wildromantischen, verfallenen, meist aus der Tudorzeit stammenden Gebäuden, mit einem Garten voller Unrat, »verstrickt in einem Geflecht aus Winden, Nesseln und Holunder«. Dieser Grund bot jedoch nach entsprechender Bearbeitung eine prächtige Abfolge von Räumen mit herrlichen Mauern und dekorativen Gebäuden. Die Arbeiten wurden so aufgeteilt, daß Harold weitgehend für die Gesamtplanung verantwortlich zeichnete, Vita dagegen für die Bepflanzung. Ihr Hang zum Üppigen und Dramatischen wurde durch seine Liebe zur klassischen Ordnung und Disziplin gezügelt. Vitas Vorlieben reichten von erlesenen Rosen bis zu schlichten alten Apfelbäumen. Sie ging so weit, diese beiden Extreme zu vereinen, indem sie die aristokratische *Rosa alba* 'Madame Plantier' im Obstgarten an einem Apfelbaum wachsen ließ.

Aus Sissinghurst wurde ein Garten der Räume, die den verschiedenen Stilen der Bepflanzung mit ihren auffallend kontrastierenden Effekten eine spezielle Umgebung bieten. Ein kaltgrüner Eibenkorridor verläuft östlich der formal bepflanzten Abteilungen und teilt diese von einem dahinterliegenden Obstgarten ab. Ein weißer Garten mit einem raffinierten Muster aus buchsgesäumten Beeten verströmt eine eindringliche Atmosphäre. Ein Rondell aus Eibenhecken bildet ein ruhiges Zentrum für eine größere, mit Alten Rosen besetzte Fläche. Das südliche Cottage besitzt einen Garten voller glänzender Orange- und Rottöne.

Vita Sackville-West starb 1962, Nicolson 1968. Neben Sissinghurst hinterließen sie dem National Trust auch zwei kundige Gärtnerinnen – Pamela Schwerdt und Sibylle Kreutzberger, die mit Vita Sackville-West zusammengearbeitet hatten und ihre Tradition fortsetzten. Die Federführung liegt nunmehr in den Händen von Sarah Cook. Aufgrund dieser Konstellation hat sich Sissinghurst in den letzten 30 Jahren verändert und bleibt doch ein äußerst schöner Garten. Vielleicht besteht der größte Erfolg seiner Schöpfer darin, daß sie einen Plan und einen Stil des Gärtnerns ersonnen haben, der auch lange nach ihrem Tod neu interpretiert und belebt werden kann.

Frühling im Nußhain mit seinen kentischen Haselnüssen und einer dichten Unterpflanzung aus Farnen, Geranium, Wolfsmilch und Labkraut.

Tresco Abbey

ISLES OF SCILLY

Der Schlüssel zu den Gärten von Tresco liegt in dem klimatischen Vorteil, den sie genießen. Die Scilly Islands, weit vor der Südwestküste Cornwalls gelegen, kennen kaum Frost, dafür aber viel Sonne und eine hohe Luftfeuchtigkeit. Die einzigen gärtnerischen Hindernisse bilden die starken Winde, denen alle westlichen Landesteile Großbritanniens ausgesetzt sind. Die Benediktiner kamen im 10. Jahrhundert nach Tresco. Das Abteigebäude verfiel jedoch bereits vor Auflösung der Klöster.

Die Gartenhistorie der Inseln beginnt im Jahr 1834, als Augustus Smith sich auf Tresco niederließ, ein neues Haus errichtete und unverzüglich damit anfing, einen Garten anzulegen. Als erstes galt es, einen Windfang in Form von Bäumen zu schaffen. Smith terrassierte die steilen Hänge und begann recht früh mit der Einführung frostempfindlicher Pflanzen, vor allem Sukkulenten, die den Garten berühmt machten. Smith starb 1872. Ihm folgte sein Neffe Algernon Smith Dorrien Smith, der seinen Nachnamen in Dorrien-Smith umänderte. Die nachfolgenden Generationen der Dorrien-Smiths haben zum Bild der Gärten beigetragen, deren Wesenszüge und Ausmaße jedoch seit den Tagen von Augustus Smith unverändert blieben.

Die Gärten liegen am südwestlichen Ausläufer der Insel auf einigen zum Teil recht steilen Südhängen. Trotz der dichten Bepflanzung, die stellenweise an einen subtropischen Dschungel erinnert, liegt dem Entwurf ein durchdachtes Konzept zugrunde. Einige Wege, die entweder den Konturen der Hänge folgen oder senkrecht nach unten verlaufen, bilden ein stringentes Muster und lassen Blicke durch das Blattwerk zu.

Im Felsgarten vermischt sich das lebendige Blau von Agapanthus *mit den gewaltigen Stachelköpfen des mexikanischen* Dasylirion acrotrichum.

Tresco ist weltweit einer der prächtigsten Pflanzenhorte, doch wäre es nicht richtig, nur seinen botanischen Wert zu sehen. In vielen seiner Abteilungen verfügt Tresco über den umfassendsten Pflanzenbestand aller britischer Gärten. Sogar in Europa kommen ihm nur ein oder zwei mediterrane Gärten, darunter der Giardino Hanbury in La Mortola, gleich. Besonders reich vertreten sind Pflanzen der südlichen Hemisphäre, speziell Australasiens – darunter zahlreiche Sträucher (fast 50 Arten und Sorten von *Olearia* und weitaus mehr Strauchveronica-Gewächse), jedoch auch richtige Bäume wie *Eukalyptus* (wenigstens 20 Arten) und *Acacia.* Immer wieder trifft man auf empfindliche Stauden; einige von ihnen, wie

etwa *Geranium maderense* und *Echium pininana* sind derart selbstaussähend, daß sie überall im Garten vorkommen. Von besonderem Interesse für den vom (kalten) Festland kommenden Gärtner sind die zahlreichen, im Freien wachsenden Pelargonien. Einige sind vertraute Kulturformen, doch sind hier auch manche seltenen Arten zu sehen. Zahlreiche Pflanzen fielen 1987 einer strengen Kälteperiode zum Opfer. Weitere Schäden entstanden, als 1990 die umgebenden Baumgürtel, welche die empfindlicheren Pflanzen vor den salzhaltigen Brisen schützen sollen, durch Stürme zerstört wurden. Unterstützt durch Gelder von English Heritage, wurden die Schäden bemerkenswert rasch behoben, so daß sich dieser Garten erneut in seiner wunderbaren Vielfalt und Fülle präsentieren kann.

Die felsigen Hänge sind mit einer verblüffenden Zahl von Exoten bepflanzt, die sich hier offenbar sehr wohl fühlen. Agaven fallen wegen ihrer markanten Blattform ins Auge. Für kräftige Farben sorgen Pelargonien, blaue und weiße Schmucklilien und rote Fetthenne. Solche scheinbar kunstlosen Arrangements verlangen einen hohen Pflegeaufwand.

Heale Gardens

WILTSHIRE

In abgeschiedener Lage und von der Straße aus nicht sichtbar, liegt Heale House dicht am Ufer des Flusses Avon im Woodford Valley. Eine Buchenallee säumt die Zufahrt zu dem Haus, das – halb hinter Bäumen verborgen – erst ganz zuletzt in den Blick gerät. Das Gebäude, das im 17. Jahrhundert als für Wiltshire charakteristische Mixtur aus feinem Ziegel und steinernen Einsprengseln erbaut wurde, ist gegen Ende des 19. Jahrhunderts durch den Arts-and-Crafts-Architekten Detmar Blow erweitert worden.

Louis Greville, der das Anwesen 1890 erworben hatte, beauftragte Harold Peto 1906 mit einem Entwurf für die Gärten. Der Architekt Peto, Sohn von Sir Morton Peto aus Somerleyton Hall, hatte 1892 in Nizza ein Büro eröffnet und an der Riviera zahlreiche Häuser und Gärten entworfen. Seine Gärten zeigten sich stark von der Architektur beeinflußt – inspiriert durch die Gebote der italienischen Renaissancegärten und durchdrungen von einer Liebe zur klassischen Strenge. Vornehmlich im Südwesten Englands schuf Peto einige architektonisch geprägte Gärten, die sich unauffällig in ihre ländliche Umgebung einfügen. In Heale war sein wichtigstes

OBEN: *Einige der Rosensorten, die die Balustraden der Flußterrasse girlandenartig bewachsen, sind garteneigene Züchtungen. Links die auffälligen Blätter von* Gunnera manicata.

RECHTS: *Die von Harold Peto entworfenen formalen Gärten vor der südlichen Hausfassade liegen an einer langen Zentralachse. Als Blickfang dient ein schmiedeeisernes Tor, an das sich ein Feld anschließt.*

Werk der West Garden, ein symmetrischer, auf die Vordertür des Hauses ausgerichteter Terrassengarten, der zu einer gepflasterten Querterrasse ansteigt. Die Bepflanzung stammt fast ausnahmslos von Lady Anne Rasch, Grevilles Großnichte, die sich 1959 hier niederließ. Sie ersetzte Petos Bepflanzung mit Stauden durch eine Mixtur aus Sträuchern, Alten Rosen und Intermezzi aus dekorativen Gewächsen wie *Cotinus coggygria* 'Royal Purple' und dem goldblättrigen *Philadelphus coronarius* 'Aureus'.

Greville, einst als Diplomat in Tokio tätig, begann 1901 südlich des Hauses mit der Anlage eines Japanischen Gartens einschließlich eines über dem Wasser hängenden Teehauses, eines Winterlampions und einer prächtigen, scharlachroten Bogenbrücke. Auf einem Rasenareal erstreckt sich ein ehemaliger Küchengarten aus dem 18. Jahrhundert mit traditionellen Mauern aus Lehm und Stroh, in dem heute Obst, Gemüse und Zierpflanzen wachsen. Eine Pergola, die 1968 errichtet wurde, verläuft entlang der Südseite, gesäumt von Buchshecken und dekoriert mit *Rosa* 'Easlea's Golden Rambler' und der purpurblättrigen Weinrebe *Vitis vinifera* 'Purpurea'. Tunnel aus Spalieräpfeln halbieren diesen Gartenteil. In seinem Zentrum befindet sich ein von Buchswällen umstandenes Wasserbecken. Die Rabatten entlang den Mauern sind mit Zierpflanzen gefüllt, in den zentralen Beeten wachsen jedoch Früchte, Gemüse und Schnittblumen.

Heale House ist ein ausgezeichnetes Beispiel für einen besonders englischen Gartenstil, der sich durch die Zusammenfügung verschiedenartiger Elemente zu einem harmonischen Ganzen auszeichnet. Das äußerst dekorative alte Gebäude an einer Flußschleife, Petos Terrassen, der exotische Japanische Garten und die Mixtur aus Zierpflanzen, Obst und Gemüse im Walled Garden wirken wie ein unverzichtbarer Bestandteil eines unausgesprochenen, virtuosen Plans.

Belsay Hall

NORTHUMBERLAND

Im Frühling erzeugen die strahlenden Farben des Rhododendron einen augenfälligen Kontrast zu den groben Steinflächen.

Belsay Hall, ein schmuckloses klassizistisches Herrenhaus, dessen Kühle durch den warmen, honigfarbenen Stein lokaler Provenienz etwas gemildert wird, wurde zwischen 1810 und 1817 errichtet. Entworfen hatte es sein Eigentümer, Sir Charles Monck, der seinen eigentlichen Namen Middleton abgelegt hatte, um in mütterlicher Linie ein Erbe antreten zu können. Monck ließ sich durch die Architektur der griechischen Antike inspirieren, die er auf seiner Hochzeitsreise studiert hatte. Der Stein für das Gebäude wurde vor Ort gebrochen, und Sir Charles verwandelte die so entstandene Schlucht in eine durch die Theorie des Pittoresken inspirierte, einzigartige Landschaft. Das Pittoreske war eine Reaktion auf die als mild empfundenen Landschaften eines Capability Brown mit ihren glatten, ereignislosen Rasenflächen und abgerundeten Baumgruppen. Angestrebt wurde nun etwas Rauheres, Aufregenderes und vor allem Dramatischeres. Der führende Theoretiker des Pittoresken, Richard Payne Knight, mokierte sich in seinem Gedicht *The Landscape* (1794) über die Fadheit Browns und über Humphry Reptons »gezierte Pfade aus Kies, die sich vor uns winden / in endlosen Serpentinen, die nichts uns lassen finden«.

Die Middletons lebten bereits seit dem 14. Jahrhundert auf Belsay, als sie das bis heute als pittoreske Ruine erhaltene Castle als Höhepunkt des Gartenhauptwegs errichteten. Ein Kupferstich der Gebrüder Buck aus dem Jahr 1728 zeigt vor dem Castle den Walled Garden, der mit symmetrischen Reihen aus Sträucher-Kugeln und -Pyramiden sowie über Rasenflächen hinwegblickenden Statuen als

Trotz einer gewissen Exotik ist die Bepflanzung des Quarry Garden naturalistisch arrangiert und profitiert von der Vielfalt der gebotenen Lebensräume. Hier wachsen zahlreiche schattenliebende Pflanzen, vor allem Farne, doch auch empfindlichen Pflanzen wie der japanischen Aralie (Aralia elata) *bietet die Schlucht ausreichend Schutz.*

typisches Produkt dieser Epoche gilt. Das zur Landschaft umgestaltete Parkland wurde in der zweiten Hälfte des 18. Jahrhunderts ausgiebig bepflanzt, und Sir William Middleton schuf mit Castle Bantam eine der damals modernen neogotischen Zierfarmen.

Sir Charles Moncks Quarry Garden erzeugt einen starken Kontrast zu dem neuen Herrenhaus. Ein sich nach oben windender Pfad wird durch schwindelerregend schroffe Wände aus grobbehauenem Fels flankiert, deren Wirkung Sir Charles durch einen Kamm aus Eiben steigerte. Die Bepflanzung der Schlucht ist ein interessantes und sehr frühes Beispiel für eine naturgemäße Auswahl, die auch den Lebensraum berücksichtigt. Bis 1854 waren hier 28 Farnarten angesiedelt worden (viele von ihnen sind heute noch vorhanden). Sir Charles' Enkel, Sir Arthur Middleton, bereicherte den Quarry Garden um einige exotische Blütensträucher wie etwa Rhododendren. Wenn sie blühen, fühlt man sich förmlich in eine Himalaja-Schlucht versetzt. Der Pfad mündet auf einer Weide, wobei die über das hohe Gras herausragenden Burgruinen einen erlesenen Blickfang ermöglichen.

Die blumenreichen Südterrassen datieren aus der gleichen Epoche wie das Haus selbst. Sie wurden später um einige interessante Elemente ergänzt. Sir Arthur errichtete einen neuartigen, pflegeleichten »Wintergarten« aus dichtstehender Heide und pflanzte zahlreiche Zierbäume und -sträucher. Glanzpunkt von Belsay ist jedoch der Quarry Garden.

Birmingham Botanical Gardens

WEST MIDLANDS

Diese Gärten als »botanisch« zu bezeichnen, ist irreführend, denn sie sind in erster Linie für die breite Öffentlichkeit gedacht. Geschaffen wurden sie von der Birmingham Botanical and Horticultural Society, die das Grundstück 1829 erwarb. John Claudius Loudon, den man um die Anlage neuer Gärten für die abschüssige, 6,5 Hektar große Fläche gebeten hatte, reagierte mit einem charakteristischen, fließenden Entwurf, der die verschiedenen Ebenen durch einige geschwungene Wege miteinander verband. Ein kreisförmiges Glashaus war eines der Elemente, die niemals realisiert wurden. Hier stehen heute einige einzelne Gewächshäuser. Loudons futuristischer Entwurf glich einem riesigen Bienenkorb mit einer gewaltigen zentralen Wendeltreppe, die dem Besucher einen Blick auf die dschungelartige, tropische Vegetation bieten sollte. Dies hätte das größte Glashaus seiner Zeit werden können.

Die dekorativen Blätter von Strelitzia augusta *wuchern über einem Becken des Tropenhauses.*

RECHTS: *In den Gewächshäusern gedeihen viele tropische und subtropische Pflanzen. Im Hintergrund der Fontäne sind eine Dattelpalme* (Phoenix dactylifera) *und die Blätter einer Obstbanane* (Musa × paradisaica) *erkennbar.*

Die sich rasch entwickelnden Gärten öffneten 1832 ihre Pforten. Bereits 1834 präsentierten sie nicht weniger als 9000 Pflanzenarten. Diese Blüte setzte sich im gesamten 19. Jahrhundert fort. Heute verkörpern sie eine Kombination aus vorzüglichen Pflanzensammlungen, inspirierenden Schaugärten und einem Freizeitpark mit einem Pavillon für Musikdarbietungen, die in den Sommermonaten an jedem Sonntag nachmittag stattfinden. Die viktorianische Atmosphäre blieb mit virtuos präsentierten Sommerbeetpflanzen gewahrt.

Der Pflanzensammler E. H. »China« Wilson, der von 1893 bis 1897 hier wirkte, gilt als einer der erfolgreichsten Entdecker neuer Pflanzen, die vornehmlich aus China stammen. Ihm zu Ehren wurde eine Sammlung von Pflanzen zusammengestellt, die er eingeführt hatte. Sie umfaßt vertraute Gewächse wie die Königslilie (*Lilium regale*), die Zaubernuß (*Hamamelis mollis*) und die als Heckenpflanze universell für einen Cottage-Garten geeignete *Lonicera nitida*, aber auch den Taubenbaum (*Davidia involucrata*).

Gewächshäuser waren im 19. Jahrhundert ein wesentlicher Bestandteil jedes großen Gartens. In öffentlichen Gärten hatten sie den Zweck, exotische Früchte aus entlegenen Teilen des Empires auszustellen. Birmingham verfügt noch über eine Reihe solcher Gewächshäuser mit einer tropischen Sammlung von Palmen und Sukkulenten. Im Zuge einer im ausgehenden 19. Jahrhundert aufgekommenen Begeisterung für das Bergsteigen vornehmlich in den Alpen wurde der Felsgarten (Alpinum) modern. William Robinsons *Alpine Flowers for Gardens*, das erste Buch zu diesem Thema, erschien 1871. Birminghams Alpinum wurde zwischen 1894 und 1895 von der in York ansässigen Spezialfirma James Backhouse & Sons aus mehr als 100 Tonnen Mühlsteinquarz geschaffen. In einem Gebirgsgarten gedeihen nunmehr alpine Phloxe, Glockenblumen, Enzian und Steinbrech.

Die Birmingham Botanical Gardens finden den Zuspruch zahlreicher unterschiedlicher Besuchergruppen. Die Gärten konnten sich ihre Atmosphäre des 19. Jahrhunderts erhalten und erfüllen bis heute die idealistischen Zielsetzungen ihrer Gründer – als Stätte der Muße und der Bildung.

1 Abbots Ripton Hall
2 Abbotsbury Sub-Tropical Gardens
3 Alton Towers
4 Anglesey Abbey
5 Arley Hall
6 Athelhampton House
7 Audley End
8 Badminton House
9 Belsay Hall
10 Bicton Park Gardens
11 Biddulph Grange
12 Birmingham Botanical Gardens
13 Blenheim Palace
14 Blickling Hall
15 Borde Hill
16 Bowood House
17 Bramdean House
18 Bramham Park
19 Broughton Castle
20 Caerhays Castle
21 Castle Howard
22 Chatsworth
23 Chelsea Physic Garden
24 Chiswick
25 Clare College
26 Cliveden
27 Cobham Hall
28 Compton Acres
29 Cottesbrooke Hall
30 Cragside House
31 Dalemain
32 Duncombe Park
33 Exbury House
34 Forde Abbey
35 Great Dixter
36 Hackfall Wood
37 Haddon Hall
38 Hampton Court
39 Hatfield House
40 Hawkstone Park
41 Heale Gardens
42 Heligan
43 Helmingham Hall
44 Hestercombe House
45 Hever Castle
46 Hidcote Manor
47 Holdenby House
48 Holker Hall
49 Howick Hall
50 Iford Manor Gardens
51 Kew Gardens
52 Kiftsgate Court
53 Knightshayes Court
54 Leonardslee Gardens
55 Levens Hall
56 Mannington Hall
57 Mapperton House
58 Melbourne Hall Gardens
59 Misarden Park
60 Montacute House
61 Mottisfont Abbey
62 Mount Edgcumbe
63 Muncaster Castle
64 Newby Hall
65 Nymans
66 Oxford Botanic Garden
67 Packwood House
68 Painshill Park
69 Painswick Rococo Garden
70 Penns in the Rocks
71 Penshurst Place
72 Port Lympne Gardens
73 Renishaw Hall
74 Rousham Park
75 Saling Hall
76 Sandringham House
77 Scotney Castle
78 Seaton Delaval Hall
79 Sheffield Park Garden
80 Sissinghurst Castle
81 Sizergh Castle
82 Somerleyton Hall
83 St Paul's Walden Bury
84 Stourhead
85 Stowe Landscape Gardens
86 Studley Royal
87 Sudeley Castle
88 Tatton Park
89 The Courts
90 The Manor House, Upton Grey
91 The Savill Garden
92 Thorp Perrow Arboretum
93 Tintinhull House
94 Trebah
95 Tresco Abbey
96 Warwick Castle
97 Wentworth Castle Gardens
98 West Dean Gardens
99 Westbury Court Garden
100 Woburn Abbey

Avon

BADMINTON HOUSE
GL9 1DB
☎ *01454/218346 (Öffnungszeiten)*

Bedfordshire

WOBURN ABBEY
MK43 0TP
☎ *01525/290666*
Öffnungszeiten: Ende Dez bis Ende März, Wochenenden: 10.30–15.45 Uhr; Ende März bis Ende Okt, täglich 10 bis 16.30 Uhr. Die Privatgärten sind nur per Führung zugänglich.

Berkshire

CLIVEDEN
Taplow, Maidenhead, SL6 0JA
☎ *01628/605069*
Öffnungszeiten: täglich, März bis Sep 11–18 Uhr; Okt bis Dez 11–16 Uhr

Buckinghamshire

STOWE LANDSCAPE GARDENS
Buckingham, MK18 5EH
☎ *01280/822850*
Öffnungszeiten: Mo, Mi, Fr und So 10–17 Uhr

Cambridgeshire

ABBOTS RIPTON HALL
Huntingdon, PE17 2PQ
☎ *01487/7735655 (Öffnungszeiten)*

ANGLESEY ABBEY
Lode, Cambridge, CB5 9EJ
☎ *01223/811200 (Öffnungszeiten)*

CLARE COLLEGE
Trinity Lane, Cambridge, CB2 1TL
☎ *01223/333200*
Öffnungszeiten: Mo–Fr ganzjährig 14–16 Uhr sowie an einigen Wochenenden im Juli, Aug und Sep

Cheshire

ARLEY HALL
Bei Northwich, CW9 6NA
☎ *01565/777353*
Öffnungszeiten: April bis Okt, Di–So und auf einen Montag fallende Bank Holidays 12–17 Uhr

TATTON PARK
Knutsford, WA16 6QN
☎ *01565/654822*
Öffnungszeiten: täglich, April bis Sep 10.30–17 Uhr; Okt bis März 11–15 Uhr

Cornwall

CAERHAYS CASTLE
Gorran, St. Austell, PL26 6LY
☎ *01872/501144*
Öffnungszeiten: Ende März bis Anfang Mai, Mo–Fr 11–16.30 Uhr

THE LOST GARDENS OF HELIGAN
Bei Mevagissey, St. Austell, PL26 6EN
☎ *01726/844157 oder 843566*
Öffnungszeiten: täglich 10–16.30 Uhr (letzter Einlaß)

MOUNT EDGCUMBE
Cremyll, Torpoint, PL10 1HZ
☎ *01752/822236*
Öffnungszeiten: Park und untere Gärten täglich von 8 Uhr bis Einbruch der Dämmerung; Earl's Garden und Haus April bis Okt Mi–So und Bank Holidays 11–17 Uhr

TREBAH
Mawnan Smith, bei Falmouth, TR11 5JZ
☎ *01326/250448*
Öffnungszeiten: täglich 10.30–17 Uhr

Cumbria

DALEMAIN
Penrith, CA10 0HB
☎ *017684/86450*
Öffnungszeiten: April bis Okt So–Do 11.15–17 Uhr

HOLKER HALL
Cark-In-Cartmel, Grange-over-Sands, LA11 7PL
☎ *015395/58328*
Öffnungszeiten: April bis Okt So–Fr 10–18 Uhr (letzter Einlaß 16.30 Uhr)

LEVENS HALL
Kendal, LA8 0PD
☎ *015395/60321*
Öffnungszeiten: April bis Sep So–Do 11–17 Uhr

MUNCASTER CASTLE
Ravenglass, CA18 1RQ
☎ *01229/717614*
Öffnungszeiten: täglich 11–17 Uhr

SIZERGH CASTLE
Bei Kendall, LA8 8AE
☎ *015395/60070*
Öffnungszeiten: So–Do 12.30–17.30 Uhr

Derbyshire

CHATSWORTH
Bakewell, DE45 1PP
☎ *01246/582204*
Öffnungszeiten: Ende März bis Okt täglich 11–17 Uhr (letzter Einlaß)

HADDON HALL
Bakewell, DE45 1LA
☎ *01629/812855*
Öffnungszeiten: April bis Sep 11–17.45 Uhr (letzter Einlaß 17 Uhr); im Juli und Aug So geschlossen

MELBOURNE HALL GARDENS
Melbourne, DE73 1EN
☎ *01332/862502*
Öffnungszeiten: April bis Sep 14–18 Uhr Mi, Sa, So und Bank Holidays

RENISHAW HALL
Renishaw, Sheffield, S31 9WB
☎ *01246/432042 (Öffnungszeiten)*

Devonshire

BICTON PARK GARDENS
East Budleigh, Budleigh Salterton, EX9 7DP
☎ *01395/568465*
Öffnungszeiten: April bis Sep 10–18 Uhr, März und Okt 10–16 Uhr

KNIGHTSHAYES COURT
Tiverton, EX16 7RQ
☎ *01884/257381*
Öffnungszeiten: April bis Okt täglich 11–17.30 Uhr

Dorset

ABBOTSBURY SUB-TROPICAL GARDENS
Abbotsbury, Weymouth, DT3 4LA
☎ *01305/871387*
Öffnungszeiten: täglich, Sommer: 10–17 Uhr, Winter: von 10 Uhr bis Einbruch der Dämmerung

ATHELHAMPTON HOUSE
Athelhampton, Dorchester, DT2 7LG
☎ *01305/848363*
Öffnungszeiten: April bis Okt Di, Mi, Do, So und Bank Holidays 12–17 Uhr; Juli bis Aug Mo und Fr 12–17 Uhr

COMPTON ACRES
Canford Cliffs Road, Poole, BH13 7ES
☎ *01202/700778*
Öffnungszeiten: 10.30–18.30 Uhr

FORDE ABBEY
Bei Chard, TA20 4LU
☎ *01460/220231*
Öffnungszeiten: täglich 10–16.30 Uhr; Haus 13–16.30 Uhr So, Mi und Bank Holidays

MAPPERTON HOUSE
Bei Beaminster, DT8 3NR
☎ *01308/862645*
Öffnungszeiten: März bis Okt täglich 14–18 Uhr

East Sussex

GREAT DIXTER
Northiam, Rye, TN31 6PH
☎ *01797/252878*
Öffnungszeiten: April bis Mitte Okt Di–So (sowie Bank Holidays) 14–17 Uhr

PENNS IN THE ROCKS
Groombridge, Tunbridge Wells, TN3 9PA
☎ *01892/864244 (Öffnungszeiten)*

SHEFFIELD PARK GARDEN
Sheffield Park, Uckfield
TN22 3QX
☎ *01825/790231 (Öffnungszeiten)*

Essex

AUDLEY END
Saffron Walden
☎ *01799/522399*
Öffnungszeiten: Mi–So (und Bank Holidays) 10–17 Uhr; Haus 12–17 Uhr

SALING HALL
Great Saling, bei Braintree, CM7 5DT
☎ *01371/850243*
Öffnungszeiten: Mai bis Juli Mi 14–17 Uhr

Gloucestershire

HIDCOTE MANOR
Hidcote Bartrim, Chipping Campden, GL55 6LR
☎ *01386/43833*
Öffnungszeiten: täglich (außer Di und Fr) April bis Okt 11–18 Uhr

KIFTSGATE COURT
Chipping Campden, GL55 6LW
☎ *01386/438777*
Öffnungszeiten: April bis Sep Mi, Do und So 14–18 Uhr; Juni bis Juli Sa und Bank Holidays 14–18 Uhr

MISARDEN PARK
Stroud, GL6 7JA
☎ *01285/821303*
Öffnungszeiten: Ostern bis Ende Sep Di, Mi und Do 9.30–16.30 Uhr

PAINSWICK ROCOCO GARDEN
Painswick House, Painswick, GL6 6TH
☎ *01452/813204*
Öffnungszeiten: Mi–So 11–17 Uhr

SUDELEY CASTLE
Winchcombe, Cheltenham, GL54 5JD
☎ *01242/604357*
Öffnungszeiten: täglich, März 11–16 Uhr; April bis Okt 10.30–17.30 Uhr

WESTBURY COURT GARDEN
Westbury-on-Severn, GL14 1PD
☎ *01452/760461*
Öffnungszeiten: April bis Ende Okt Mi–So und Bank Holidays 11–18 Uhr (Karfreitag geschlossen); übrige Monate nach Vereinbarung

Greater London

CHELSEA PHYSIC GARDEN
66 Royal Hospital Road, SW3 4HS
☎ *0171/353 5646*
Öffnungszeiten: April bis Okt Mi 14–17 Uhr, So 14–18 Uhr

CHISWICK HOUSE
Burlington Lane, W4 2RP
☎ *0181/995 0508*
Öffnungszeiten: täglich von 7.30 Uhr bis Einbruch der Dämmerung

Hampshire

BRAMDEAN HOUSE
Bei Alresford, SO24 0JU
☎ *01962/771214 (Öffnungszeiten)*

EXBURY HOUSE
Exbury, Southampton, SO45 1AZ
☎ *01703/891203*
Öffnungszeiten: Mitte Feb bis Ende Okt täglich 10–17.30 Uhr

THE MANOR HOUSE
Upton Grey, Basingstoke, RG25 2RD
☎ *01256/862827*
Öffnungszeiten: Mai bis Juli Mi 14–16.30 Uhr; Gruppen nach Vereinbarung

MOTTISFONT ABBEY
Romsey, SO51 0LP
☎ *01794/341220 oder 340757*
Öffnungszeiten: April bis Mai und Juli bis Okt Sa–Mi 12–18 Uhr; Juni Sa–Do 12–20.30 Uhr

Hertfordshire

HATFIELD HOUSE
Hatfield, AL9 5NQ
☎ *01707/262823*
Öffnungszeiten: West Gardens: Ende März bis Anfang Okt täglich 11–18 Uhr (Karfreitag geschlossen); East Gardens: Mo 14–17 Uhr (an Bank Holidays geschlossen)

ST. PAUL'S WALDEN BURY
St. Paul's Walden, Hitchin, SG4 8DP
☎ *01438/871218 (Öffnungszeiten)*

Isles of Scilly

TRESCO ABBEY
Isles of Scilly, TR24 0QQ
☎ *01720/422849*
Öffnungszeiten: täglich 10–16 Uhr

Kent

COBHAM HALL
Cobham, DA12 3BL
☎ *01474/824319 oder 823371*
Öffnungszeiten: April, Juli und Aug Mi, Do und So 14–17 Uhr

HEVER CASTLE
Bei Edenbridge, TN8 7NG
☎ *01732/865224*
Öffnungszeiten: täglich März bis Nov von 11 Uhr bis Einbruch der Dämmerung

PENSHURST PLACE
Penshurst, Tonbridge, TN11 8DG
☎ *01892/870307*
Öffnungszeiten: April bis Okt und März-Wochenenden 11–18 Uhr

PORT LYMPNE GARDENS
Port Lympne Estates, Lympne, CT21 4PD
☎ *01303/264647*
Öffnungszeiten: täglich von 10 Uhr bis Einbruch der Dämmerung

SCOTNEY CASTLE
Lamberhurst, TN3 8JN
☎ *01892/891081*
Öffnungszeiten: April bis Ende Okt Mi–Fr 11–18 Uhr, Sa und So 14–18 Uhr (bzw. Einbruch der Dämmerung), Bank Holidays 12–18 Uhr; Karfreitag geschlossen; letzter Einlaß 1 Stunde vor Schließung

SISSINGHURST CASTLE
Sissinghurst, bei Cranbrook, TN17 2AB
☎ *01580/712850*
Öffnungszeiten: April bis Okt Di–Fr 13–18.30 Uhr, Sa, So und Karfreitag 10–17.30 Uhr; letzter Einlaß 1/2 Stunde vor Schließung

Norfolk

BLICKLING HALL
Blickling, Norwich, NR11 6NF
☎ *01263/733084*
Öffnungszeiten: März bis Okt Di, Mi, Fr, Sa, So und Bank Holidays 11–17 Uhr

MANNINGTON HALL
Norwich, NR11 7BB
☎ *0126/358 4175*
Öffnungszeiten: Ostern bis Okt So 12–17 Uhr; Juni bis Aug Mi, Do und Fr 11–17 Uhr

SANDRINGHAM HOUSE
Sandringham, PE35 6EN
☎ *01553/772675*
Öffnungszeiten: Ostern bis Okt 10.30–16.45 Uhr; gegen Ende Juli für zwei Wochen geschlossen (Näheres telefonisch)

Northamptonshire

COTTESBROOKE HALL
Cottesbrooke, NN6 8PF
☎ *01604/505808*
Öffnungszeiten: Ende April bis Ende Sep Do 14–17.30 Uhr; Bank Holidays 14–17.30 Uhr; letzter Einlaß 17 Uhr

HOLDENBY HOUSE
Holdenby, NN6 8OJ
☎ *01604/770074*
Öffnungszeiten: Ostern bis Ende Sep So 14–18 Uhr; Juli bis Aug Do 13–17 Uhr; Bank Holidays 13–18 Uhr

Northumberland

BELSAY HALL
Belsay, bei Ponteland, NE20 0DX
☎ *01661/881636*
Öffnungszeiten: täglich, April bis Okt 10–18 Uhr; Nov bis März 10–16 Uhr

CRAGSIDE HOUSE
Rothbury, Morpeth, NE65 7PX
☎ *01669/620333 oder 620266*
Öffnungszeiten: täglich, April bis Okt 10.30–17.30 Uhr; Country Park 10.30–19 Uhr; Haus 13–17.30 Uhr

HOWICK HALL
Bei Alnwick, NE66 3LB
☎ *01665/577285*
Öffnungszeiten: April bis Okt täglich 13–18 Uhr

SEATON DELAVAL HALL
Seaton Sluice, Whitley Bay, NE26 4QR
☎ *0191/2373040 oder 1493*
Öffnungszeiten: Mai bis Sep Mi, So und Bank Holidays 14–18 Uhr

North Yorkshire

CASTLE HOWARD
York, YO6 7DA
☎ *01653/648333*
Öffnungszeiten: Mitte März bis Ende Okt von 10 Uhr bis Einbruch der Dämmerung; letzter Einlaß 16.30 Uhr

DUNCOMBE PARK
Helmsley, YO6 5EB
☎ *01439/770213*
Öffnungszeiten: 11–16.30 Uhr; Juli bis Aug täglich; Mai, Juni und Sep Mi–Sa; April und Okt Mi und So

HACKFALL WOOD
Grewelthorpe, bei Ripon
Öffnungszeiten: täglich, von Sonnenaufgang bis Anbruch der Dämmerung

NEWBY HALL
Ripon, HG4 5AE
☎ *01423/322583*
Öffnungszeiten: April bis Sep Di–So 11–17.30 Uhr; Haus 12–17 Uhr

STUDLEY ROYAL
Fountains Abbey und Studley Royal
Ripon, HG4 3DY
☎ *01765/608888 oder 601005*
Öffnungszeiten: Jan bis März 10–17 Uhr (bzw. Anbruch der Dämmerung, falls früher); April bis Sep 10–19 Uhr; Okt bis Dez 10–17 Uhr (bzw. Anbruch der Dämmerung, falls früher); Nov bis Jan Fr geschlossen

THORP PERROW ARBORETUM
Bedale, DL8 2PR
☎ *01677/425323*
Öffnungszeiten: täglich, von Sonnenaufgang bis zum Anbruch der Dämmerung

Oxfordshire

BLENHEIM PALACE
Woodstock, OX20 1PX
☎ *01993/811325*
Öffnungszeiten: täglich, Mitte März bis Ende Okt 10.30–16.45 Uhr

BROUGHTON CASTLE
Banbury, OX15 5EB
☎ *01295/262624 oder 720041*
Öffnungszeiten: 14–17 Uhr; Mitte Mai bis Mitte Sep Mi und So; Juli bis Aug Do; Bank Holidays

OXFORD BOTANIC GARDEN
Rose Lane, Oxford, OX1 4AX
☎ *01865/276920*
Öffnungszeiten: täglich 9–17 Uhr; am 25. Dez und Karfreitag geschlossen

ROUSHAM PARK
Bei Steeple Aston, OX6 3QX
☎ *01869/347110*
Öffnungszeiten: täglich 10–16.30 Uhr (letzter Einlaß)
Haus: April bis Sep Mi, So und Bank Holidays 14–16.30 Uhr (letzter Einlaß)

Shropshire

HAWKSTONE PARK
Weston, Shrewsbury, SY4 5LG
☎ *01630/685242*
Öffnungszeiten: Aug täglich 14–16.30 Uhr

Somerset

HESTERCOMBE HOUSE
Cheddon Fitzpaine, Taunton, TA2 8LQ
☎ *01823/337222*
Öffnungszeiten: Mai bis Sep Sa und So 14–17 Uhr; Okt bis April Mo–Fr 9–17 Uhr

MONTACUTE HOUSE
Montacute, TA15 6XP
☎ *01935/823289*
Öffnungszeiten: Mi–Mo 11.30–17.30 Uhr (oder Einbruch der Dämmerung, falls früher)

TINTINHULL HOUSE
Tintinhull, bei Yeovil, BA22 8PZ
☎ *01935/822545*
Öffnungszeiten: April bis Okt Mi–So und Bank Holidays 12–18 Uhr

South Yorkshire

WENTWORTH CASTLE GARDENS
Low Lane, Stainborough, Barnsley, S75 3ET
☎ *0226/772566 (Öffnungszeiten)*

Staffordshire

ALTON TOWERS
Alton, ST10 4DB
☎ *01538/702200*
Öffnungszeiten: Mitte März bis Anfang Nov täglich 9–17 Uhr

BIDDULPH GRANGE
Grange Road, Biddulph, Stoke-on-Trent, ST8 7SD
☎ *01782/517999*
Öffnungszeiten: April bis Okt Mi–Fr 12–18 Uhr, Sa, So und Bank Holidays 11–18 Uhr; Anfang Nov bis Mitte Dez Sa und So 12–16 Uhr

Suffolk

HELMINGHAM HALL
Helmingham, Stowmarket, IP14 6EF
☎ *01473/890363*
Öffnungszeiten: Ende April bis Mitte Sep So 14–18 Uhr

SOMERLEYTON HALL
Bei Lowestoft, NR32 5QQ
☎ *01502/730224*
Öffnungszeiten: 12.30–17 Uhr; April bis Juni und Sep So, Do und Bank Holidays; Juli bis Aug Di–Do, So und Bank Holidays; Haus 14–17 Uhr

Surrey

HAMPTON COURT
East Molesey, KT8 9AU
☎ *0181/7819500*
Öffnungszeiten: täglich von 7 Uhr bis Einbruch der Dämmerung

PAINSHILL PARK
Portsmouth Road, Cobham, KT11 1JE
☎ *01932/864674*
Öffnungszeiten: Anfang April bis Mitte Okt So 11–17 Uhr; Gruppen an anderen Tagen nach Vereinbarung

ROYAL BOTANIC GARDENS, KEW
Richmond, TW9 3AE
☎ *0181/9401171*
Öffnungszeiten: täglich ab 9.30 Uhr; saisonal unterschiedliche Schließungszeiten telefonisch erfragen

THE SAVILL GARDEN
Wick Lane, Englefield Green, Egham, TW20 0UU
☎ *01753/860222*
Öffnungszeiten: täglich, März bis Okt 10–18 Uhr; Nov bis Feb 10–16 Uhr

Warwickshire

PACKWOOD HOUSE
Lapworth, Solihull, B94 6AT
☎ *01564/782024*
Öffnungszeiten: täglich, April bis Sep 14–18 Uhr; Okt 12.30–16.30 Uhr

WARWICK CASTLE
Warwick, CV34 4QU
☎ *01926/408000*
Öffnungszeiten: täglich, Ende Okt bis Ende März 10–18 Uhr; August-Wochenenden 10–19 Uhr

West Midlands

BIRMINGHAM BOTANICAL GARDENS
Westbourne Road, Edgbaston, Birmingham, B15 3TR
☎ *0121/4541860*
Öffnungszeiten: Mo–Sa 9–20 Uhr, So 10–20 Uhr (oder Einbruch der Dämmerung, falls früher)

West Sussex

BORDE HILL
Borde Hill Lane, Haywards Heath, RH16 1XP
☎ *01444/450326 oder 412151*
Öffnungszeiten: täglich, Mitte März bis Anfang Okt 10–18 Uhr

LEONARDSLEE GARDENS
Lower Beeding, Horsham, RH13 6PP
☎ *01403/891212*
Öffnungszeiten: April bis Okt täglich 10–18 Uhr

NYMANS
Handcross, Haywards Heath, RH17 6EB
☎ *01444/400321*
Öffnungszeiten: März bis Okt Mi–So und Bank Holidays 11–19 Uhr, letzter Einlaß 1 Stunde vor Schließung

WEST DEAN GARDENS
West Dean, Chichester, PO18 0QZ
☎ *01243/811301*
Öffnungszeiten: täglich 11–17 Uhr; letzter Einlaß 16.30 Uhr

West Yorkshire

BRAMHAM PARK
Wetherby, LS23 6ND
☎ *01937/844265 (Öffnungszeiten)*

Wiltshire

BOWOOD HOUSE
Bowood Estate, Calne, SN11 0LZ
☎ *01249/812012*
Öffnungszeiten: April bis Okt täglich 11–18 Uhr

THE COURTS
353 The Walk, Holt Trowbridge, BA14 6RR
☎ *01225/782340*
Öffnungszeiten: April bis Okt So–Fr 14–17 Uhr

HEALE GARDENS
Middle Woodford, Salisbury, SP4 6NT
☎ *01722/782504*
Öffnungszeiten: täglich 10–17 Uhr

ILFORD MANOR GARDENS
Ilford Manor, Bradford-on-Avon, BA15 2BA
☎ *01225/863146*
Öffnungszeiten: April und Okt So 14–17 Uhr; Mai bis Sep Di–Do, Sa und So 14–17 Uhr; andere Tage und Zeiten nur nach Vereinbarung

STOURHEAD
Stourton
Warminster, BA12 6QD
☎ *01747/841152*
Öffnungszeiten: täglich von 9 Uhr bis Einbruch der Dämmerung

Register

Kursiv hervorgehobene Seitenangaben beziehen sich auf Bildlegenden. Der Eintrag »NC« (National Collections) verweist auf Pflanzen, die in Großbritannien einen Teil landesweiter Sammlungen bilden.